教育扶贫的
国际经验与中国路径

陈波涌　唐智彬　著

湖南大学出版社·长沙

内 容 简 介

本书从多学科视角对教育扶贫进行了深入的分析，对经济合作与发展组织、世界银行等国际组织推动教育扶贫的政策、实践与经验进行了全面整理，对 12 个国家教育扶贫经验进行了系统梳理和总结，试图明确教育在扶贫体系中的重要地位。基于国际经验，本书以我国教育扶贫的现行框架为基础，针对性地提出对教育扶贫事业发展的展望和建议，具有现实指导意义。

图书在版编目（CIP）数据

教育扶贫的国际经验与中国路径/陈波涌，唐智彬著. —长沙：湖南大学出版社，2021.3（2022.8 重印）

ISBN 978-7-5667-2132-7

Ⅰ.①教…　Ⅱ.①陈…　②唐…　Ⅲ.①教育—扶贫—研究　Ⅳ.①G51

中国版本图书馆 CIP 数据核字（2020）第 269120 号

教育扶贫的国际经验与中国路径
JIAOYU FUPIN DE GUOJI JINGYAN YU ZHONGGUO LUJING

著　　者：陈波涌　唐智彬
责任编辑：刘　锋　向彩霞
印　　装：河北文盛印刷有限公司
开　　本：710 mm×1000 mm　1/16　　印　　张：16.75　字　　数：243 千字
版　　次：2021 年 3 月第 1 版　　印　　次：2022 年 8 月第 2 次印刷
书　　号：ISBN 978-7-5667-2132-7
定　　价：68.00 元

出 版 人：李文邦
出版发行：湖南大学出版社
社　　址：湖南·长沙·岳麓山　　　　邮　　编：410082
电　　话：0731-88822559（营销部），88821173（编辑室），88821006（出版部）
传　　真：0731-88822264（总编室）
网　　址：http：//www.hnupress.com
电子邮箱：463229873@qq.com

目　次

第一章　多学科视角下的教育扶贫分析

　　贫困是伴随着人类发展的一种社会现象，减贫是促进人类发展的过程，是国际组织和各国政府长期以来的任务与使命。教育扶贫既是实现扶贫目标的重要手段，同时也包含在反贫困的目标之中。联合国教科文组织在相关报告中提出："教育系统的首要目标应是减少来自社会边缘和处境不利阶层的儿童在社会上易受伤害的程度，以打破贫困和排斥现象的恶性循环。"中国精准扶贫战略中，教育尤其是职业教育也被赋予重要的意义。通过国际视野与本土立场相结合研究职业教育扶贫政策体系与实践路径，总结经验，反思问题，是提升我国职业教育精准扶贫水平，探索中国特色职业教育扶贫路径的重要课题。

　　贫困问题历来是学者们关注的重点。如马克思认为制度造成贫困；马尔萨斯将贫困归因于物质再生产满足不了越来越多的人口增长所引起的消费增长；刘易斯的贫困文化理论解释了贫困代际传递；而布尔迪厄强调贫困是因为穷人在市场竞争中缺乏必要的文化资本。国内学者如朱玲、汪三贵、康晓光、吴国宝等在贫困问题上也取得了大量成果。

　　从20世纪60年代开始，国内外关于扶贫开发理论的研究大致经历了从"贫困文化理论""资源要素理论""人力素质贫困理论"到"系统贫困理论"的发展，进而形成经济、文化、教育、结构调整等方面的扶贫方式。扶贫相关理论研究方面，人力资本理论影响最大。如贝克尔（Becker）和奇斯威克（Chiswick，1966）发现美国各地区的教育不平等与收入不平等正相关。格雷戈里奥（Gregorio）和李（Lee，2002）的研究获得了相似的结论。阿扎拉迪斯（Azaradis）和德拉森（Drazen，1990）证明了人力资本积累与教育投资中存在较强的相关性。20世纪80年代以后，美国经济学家罗默（Romer，1986）和卢卡斯（Lucas，1988）等提出的"新增长理论"，将知识和技术看作是经济增长的内生变量，通过教育和培训获得的专业化人力资本是经济增长的主要因素，进而带来扶贫效应。但也有研究者发现教育投资并没有带来显著消除贫困的效果，如普里切特（Pritchett，2001）、沃尔夫（Wolf，2002）、伊斯特利（Easterly，2001）、泽维尔·博纳尔（Xavier Bonal，2007）等。国内学者如汪三贵（2008）发现我国农村前期的人力资本积累是三十年减贫成就的重要经验之一。周亚虹等（2010）实证分析发现农村职业教育对于改善农村家庭收入有着显著的作用。程名望等（2014，2015，2016）发现健康与教育所体现的人力资本对农村减贫有显著作用。

国内教育扶贫研究成果也较多。从研究分布看，热点问题主要集中在政府主导、多元模式、创新实践三种教育扶贫主题的研究，而近年来"产业扶贫"和"智力扶贫"，尤其是"职业教育扶贫"成为新的关注点。如曾天山（2016）、萧今（2007）、王嘉毅（2016）、孟照海（2016）、陈全功（2009）、王芳（2001）、单丽卿（2015）、张诗亚（2013）、刘慧群（2010）、许锋华（2016）、李兴洲（2017）、任有群（2017）等都有代表性的研究。

通过梳理文献发现，职业教育扶贫研究形成了"价值论"（朱德全，2017）、"收益论"（李鹏，2017）、"定向论"（许锋华，2017）、"功能论"

（李延平，2017）、"对策论"（张琦，2017）等代表性的观点，研究者们从各自角度出发，论证了职业教育在扶贫中的定位与相互关系。随着研究的深入，教育扶贫政策体系、教育扶贫机制优化、教育精准扶贫的治理路径也成为重要主题，一些重要模式的探索，如"互联网+"职业教育精准扶贫、定向职业教育扶贫、职业教育专项扶贫等主题也得到了关注。还有部分研究者从比较视角对教育扶贫进行研究，如张彩云等（2016）分析了发达国家贫困地区的教育支持政策；郑皓瑜（2016）研究了拉美国家实施的以促进人力资本发展为理念的新一代教育扶贫政策"有条件现金转移支付计划"等；余祖光（2007）基于联合国文件分析了职业教育的扶贫助困功能。

国外职业教育扶贫也有较多成果。如国际劳工组织和联合国教科文组织（1999）在联合声明中提到"教育和培训可以传授增加收益和创收的技能和知识，帮助摆脱贫困"；联合国教科文组织 2001 年发布的《修订的关于技术和职业教育的建议书》（以下简称《建议书》），通篇贯穿维护教育平等、扶贫助困的宗旨，《建议书》包括 10 个部分 100 条，其中 7 个部分共有 12 条专门论及扶贫助困；世界银行大量的文献指出教育是减少贫困的基本手段（世界银行，1999，2001，2004），认为人力资本不平等决定了增长最快的三种收入不平等（世界银行，2009）。其他研究，如西蒙·麦格拉斯（Simon McGratha，2012）等基于近十年职业教育培训为国际社会发展带来的利益回报分析认为，要从明确的理论立场来重新审视职业教育在贫困地区发展中的角色。埃乔莱纳（Atchoarena，2002）等分析了撒哈拉以南非洲国家职业教育的情况并得出一个重要趋势，该地区在发展非正规部门培训以及通过技能开发实现反贫困的积极性越来越高。塞缪尔·科恩（Samuel Cohn，2012）基于工人接受教育程度与被录用及享受高收入的正比关系研究了巴西开展职业教育扶贫的状况，认为推动职业教育培训是减少失业重要的公共政策之一。

第一节　教育阻断贫困的相关理论研究

所谓"龙生龙凤生凤，老鼠的儿子会打洞"，这句俗话除了有基因遗传上的解读之外，还有着阶层固化的意味。阶层固化是与社会流动相对应，可用来描述社会流动的一种特殊状态或非正常状态。[①] 社会流动按照流动范围可划分为代际流动和代内流动，其中代际流动是指同一家庭中上下两代人之间社会地位的变动。而在经济学的研究中，阶级固化现象表现为"贫困恶性循环"，正如它的提出者拉格纳·纳克斯所说，"穷国之所以穷，就是因为它们穷"。大量有关代际流动的研究表明，教育在阻碍代际贫困传递中具有重要作用，可以将其视为教育的一种功能。从人力资本论的角度来说，通过教育扶贫能提高人的知识技能水平，从而提高劳动者的生产率，最终实现个人劳动收入的增长；从社会学的角度来说，"边缘化"的下等阶层依靠教育来完成个体的"上升流动"，从而打破阶层固化。

一、社会学视角下教育阻断贫困的研究

社会学研究者从社会分层的角度分析代际流动的问题，较有代表性的有卡尔·马克思和马克斯·韦伯提出的两种不同分层模式，我国社会学家根据本国情况也做了大量研究，除了上、中、下阶层这样的分类外，钱民辉[②]（2004）归纳出了较符合中国客观情况的社会分层，分别为总体性精英阶层、知产阶层、平民阶层和需救济阶层。其中需救济阶层是 20 世纪 90

---

① 熊志强. 当前青年阶层固化现象及其原因探讨［J］. 中国青年研究，2013（6）：17-21.
② 钱民辉. 教育真的有助于向上社会流动吗——关于教育与社会分层的关系分析［J］. 社会科学战线，2004（4）：194-200.

年代资源重新积聚的一个直接后果，是教育扶贫需要帮扶的对象。

（一）文化资本视角下的教育扶贫研究

在中国，一般认为进入精英高校是贫困农村学子实现个人"上升流动"的途径之一。谢爱磊①（2018）等多名学者在对4所"985工程"重点建设高校近2 000名学生持续的追踪调查结果表明，来自农村和城市的大学生，在大学的学业成绩相差不明显，但在社会成就（学生组织参与以及任职情况）上存在一定的差异，早期的文化资本投资对大学生在校期间课外活动参与程度造成了一定影响。农村籍大学生因早期文化资本投资不足，在大一刚接触社团时表现出不够自信、缺乏才艺和技术，同时意识不到参与半官方学生组织的重要性。文化资本是指一种思维方式和对生活的态度，在这种方式中，"期望行为、预期语言能力、显性和内隐的价值观、知识、对学校文化的态度以及与学术文化的关系都是学生成功所必需的能力"②，城市与农村籍大学生家庭背景的"不公平"，造成了他们在大学期间表现力的不同，文化资本只是受家庭背景影响的一个方面。在一次精英教育的比较研究的采访中，一位来自法国底层的大学生为他所受的"不公"对待而极力争辩：他认为"关键的不公平"在于家庭背景，建立一个公平的教育体系极其复杂，但重要的是你来自哪里、家庭背景、在家庭吃饭时所谈论的话题。③ 一个人所处的家庭成长环境，既不是国家也不是教育系统能够干涉的，否则就会导致严重的不公平，因为人们是从不同的起跑线开始的。根据社会学家布尔迪厄的理论，学校系统是通过学术才能和文化遗产

① 谢爱磊，洪岩璧，匡欢，等."寒门贵子"：文化资本匮乏与精英场域适应——基于"985"高校农村籍大学生的追踪研究［J］. 北京大学教育评论，2018，16（4）：45-64，185.

② HENRY M，KNIGHT J，LINGARD R，et al. Understanding Schooling：An Introductory Sociology of Australian Education ［M］. London：Routledge，2006.

③ BROWN P，POWER S，THOLEN G，et al. Credentials，Talent and Cultural Capital：A Comparative Study of Educational Elites in England and France ［J］. British Journal of Sociology of Education，2016，37（2）：191-211.

之间的隐性联系来复制合法文化的机构。尽管存在机会均等和精英统治的意识形态，但统治阶级除了要求教育系统复制现有的合法文化并培养能够合法操纵文化的代理人之外，别无其他要求。① 这意味着，有着"不公"家庭背景的学生迈入期望的大学，备受期望的大学文化表现出来的却是精英统治阶层的意识，因而底层阶级的学子未能在大学取得满意的表现，在这样不利的情况下，大学教育就无法实现打破阶层固化、促进社会流动的功能。一份有关社会阶层不平等的研究证明，教育差异与社会经济不平等的加剧有关。如果社会阶层污染了学校对学生选择的过程，那么教育差异可能会加剧社会阶层在教育结果上的不平等。② 相对于文化上的不平等而言，经济上的不平等是扶贫工作更易于解决的问题，所谓"扶贫先扶智"，教育扶贫正是解决这种"文化差异"的一剂良方，人的思想、意识是贫困的根源所在，人只有在主观意识上摆脱贫困，才能真正走出困境。高等教育促进代际流动的功能更为显著，接受过高等教育的劳动者，其子女职业代际流动性更强，但如何让贫困群众有机会搭上这一快车实现代际内的职业、收入流动，需要从教育扶贫做起。贫困儿童受教育的时间越长，越有助于他们将来进入高收入群体，也就是说，教育作为一种重要的代际流动机制，能帮助儿童从弱势经济地位提升到更高的经济地位。③

（二）代际流动视角下的教育扶贫研究

促进代际流动的教育扶贫应是阶段化的，从贫困家庭养育一个孩子来说，在孩子不同年龄阶段需要采取不同的措施，除了经济上的补贴之外，

① MILLS C. Reproduction and Transformation of Inequalities in Schooling: The Transformative Potential of the Theoretical Constructs of Bourdieu [J]. British Journal of Sociology of Education, 2008, 29 (1): 79-89.

② MARKS G N. Cross-National Differences and Accounting for Social Class Inequalities in Education [J]. International Sociology, 2005, 20 (4): 483-505.

③ GUO C B, MIN W F. Education and Intergenerational Income Mobility in Urban China [J]. Frontiers of Education in China, 2008, 3 (1): 22-44.

文化上的"栽培"必不可少。国外一个大规模儿童项目的最新报告提出，除了应给儿童提供保障健康的营养之外，培训母亲成为儿童保育工作者也有重大影响，菲利普·派恩斯早期儿童发展计划发现，接触过一系列综合干预措施如喂养、保健、家访和儿童发展中心等的父母，他们的孩子在发展的测试中表现得更具优势，对于那些早期开始学前准备和持续时间很长的儿童，其影响更为深远①，因此教育扶贫工作应该从孩子未进入小学之前的入学准备工作做起，此为第一阶段。

就我国情况而言，部分地区于 2019 年启动了由国家卫健委、联合国儿童基金会开展的"国家农村儿童早期服务项目"，项目主要开展国家基本公共卫生服务、儿童养育风险筛查、儿童早期发育风险筛查及儿童养育知识宣传咨询指导等儿童早期发展服务等内容。目前项目还处于试点阶段，未面向全国推广，但我们能够预判，如果能够对贫困地区儿童进行早期的干预，为儿童提供更有益、健康的成长环境从而促进儿童全面的发展，这是乡村振兴战略的重要举措，也是消除贫困促进社会代际流动的第一步。

一项有关南非学校教育的研究明确了儿童在校何时落后以及随时间变化的落后程度，研究者选取了多个具有代表性的不同年级的学生来进行分析。研究发现，到三年级时，60%的贫穷孩子已经比富有的同龄人落后三年的学习时间；随着他们在学校时间的推移，这一差距也在扩大，到九年级时，他们比富有的同龄人落后五年的学习时间。② 贫困的差距会导致不同家庭儿童所受教育的差距逐渐增加，向穷人提供的低质量教育会最终成为他们的贫困陷阱，使得阶级再生产阻碍社会代际流动。因此，在贫困地区需要保证贫困儿童的义务教育质量，此为第二阶段。

---

① ENGLE P L, BLACK M M. The Effect of Poverty on Child Development and Educational Outcomes [J]. Annals of the New York Academy of Sciences, 2008, 1136 (1): 243.

② SPAULL N. Schooling in South Africa: How Low-Quality Education Becomes a Poverty Trap [J]. South African Child Gauge, 2015 (12): 34-41.

檀学文将中国教育扶贫的目标概括为"多上学、上得起、上好学、促成长"。[①] 其中"多上学""上得起"是前提,"上好学"便是对教育质量的要求。当然,如何保证义务教育质量是个十分庞大的话题,国内不少学者从多角度进行了研究。鲍传友认为应合理配置公共资源,从而减小城乡差距[②];乔宝云等关注了中国的财政分权问题,提出对贫困地区实行专项转移支付来改善该地区教育状况[③];庞丽娟等提倡应从解决农村义务教育教师队伍建设的现存问题入手,完善教师队伍建设[④];段成荣等关注了留守儿童的教育问题,提高农村教育质量才能解决留守儿童的教育问题[⑤]。笔者认为,如今保证教育质量的核心问题已经从原来的关注物质条件转移到了关注"人"之上,随着物质条件的改善,我们不仅要保证贫困儿童有学可上,更要追求"上好学"。例如,农村儿童义务教育阶段的"三六"学段制,儿童达到入学年龄后可就近到村小学习三年,此后转去乡镇或县城学校寄宿完成义务教育,如此,对个体而言能够得到家庭的照顾也能满足学生日后发展的需求。[⑥] 个体的学习环境、农村教师的培养、留守儿童的成长,都是我们所关注的"人"的问题。以人为本,是保证农村义务教育质量的核心。

教育扶贫的第三阶段是高中教育阶段。这一阶段的学生便要面临"两难"的选择。选择普高,即选择了大学,接受高等教育后选择社会地位较

---

① 檀学文. 中国教育扶贫:进展、经验与政策再建构 [J]. 社会发展研究,2018,5(3):223-241,246.

② 鲍传友. 中国城乡义务教育差距的政策审视 [J]. 北京师范大学学报(社会科学版),2005(3):16-24.

③ 乔宝云,范剑勇,冯兴元. 中国的财政分权与小学义务教育 [J]. 中国社会科学,2005(6):37-46,206.

④ 庞丽娟,韩小雨. 我国农村义务教育教师队伍建设:问题及其破解 [J]. 教育研究,2006(9):47-53.

⑤ 段成荣,吕利丹,王宗萍. 城市化背景下农村留守儿童的家庭教育与学校教育 [J]. 北京大学教育评论,2014,12(3):13-29,188-189.

⑥ 王嘉毅,封清云,张金. 教育与精准扶贫精准脱贫 [J]. 教育研究,2016,37(7):12-21.

高的职业、获得高起薪；选择中职，即提前选择职业，除小部分"好"学校的"好"学生能通过对口升学进入高校外，大部分农村中职学生都选择了就业。经过高考，若是"寒门出贵子"，无疑是促进代际流动的，但重新审视这一现象会发现，这仅仅是普高留给"寒门"的上升途径，而对于"寒门"而言，通过职业教育实现个人社会地位的上升概率是很小的。一是职业教育的定位，职业教育是让受教育者获得职业知识技能与道德，对国家而言是一种基层劳动力的储备，而高精尖人才的培养并非职业教育的范畴；二是职业教育的地位，虽然官方层面越来越强调职业教育是一种教育类型，但社会对职业教育的认可度不高，国家对职业教育的建设从未止步，百姓和社会却是"不买账"的态度；三是职业教育的上升渠道，我国的学制为分支制，职业教育上升途径不畅的问题明显存在，就现实情况而言，就读于中职院校的学生难以接受高等教育特别是本科、研究生层次的教育。因此高中阶段的教育扶贫除了应该保障在普高就读的贫困学生的学习、经济情况之外，更应该关注的是农村的职业教育问题。中职院校应该如何发展、如何为贫困学生提供上升路径，是教育扶贫急需解决的问题。

（三）职业与收入代际流动视角下的教育扶贫研究

完成三个阶段的教育扶贫之后，我们再从整体的角度看待职业与收入代际流动。人们通常认为教育是获得好工作的通行证，虽然受教育程度较高的工人会比受教育程度低的工人的生产率更高，但如果劳动力市场被分割开来，教育可能无法提供获得好工作的机会。[①] 因此，教育扶贫对代际流动的促进作用是以确保劳动力市场不出现严重分割为前提的，而我国存在着较为明显的劳动力市场分割。随着我国经济的市场化，劳动力市场分割程度在城镇区域日益减弱，居民职业代际流动程度增加，但收入的代际

---

① PAGÉS C, STAMPINI M. No Education, No Good Jobs? Evidence on the Relationship Between Education and Labor Market Segmentation [J]. Journal of Comparative Economics, 2009, 37 (3): 387-401.

流动在减小。① 尽管个人的收入水平与父辈的收入水平的关联程度上升，对于城镇居民的职业选择而言是有益的，但扶贫阵地"农村"的状况不容乐观，劳动力市场的分割一直是贫困群众获得更好工作的阻碍。与劳动力市场分割理论相反的"对抗论"则认为教育对原有生产关系的复制能力是较弱的，教育能直接影响人的社会地位，其促进代际流动的功能比对生产关系的复制功能更强。② 不同理论对教育扶贫的价值评估不同，但教育扶贫的初衷不能因为其价值而受到影响，教育扶贫的出发点是"人"，落脚点也应该是"人"，只要能改善民生，帮助贫困群众实现个人的全面发展、获得更有价值的人生，这件事便值得做。至于教育扶贫在代际流动上的影响，在对贫困群众职业、收入上的改善与帮助，仅是其部分功能，不应该成为扶贫工作的"出发点"。

二、经济学视角下教育阻断贫困的研究

社会学家对代际流动的探究一般是对其模式的归纳总结，而经济学家的研究则偏向于追问代际流动的本质和规律，他们擅长利用基本的经济概念，如供给、需求、投资等来解释代际流动的运行机制。

（一）西方经济学视角下的教育扶贫研究

要理解代际流动的内部运行机制就要从资本运行的理论说起，首先是以西方著名经济学家舒尔茨（Theodore W. Schultz）为代表的人力资本理论，它解释了传统经济理论无法解释的二战后德国、日本经济迅速恢复的现象，认为现代经济增长的源泉是在劳动力和资本质量的变化、对其他投

---

① 郭丛斌，闵维方. 教育与代际流动的关系研究——中国劳动力市场分割的视角［J］. 高等教育研究，2011，32（9）：5.

② 郭丛斌，闵维方. 教育：创设合理的代际流动机制——结构方程模型在教育与代际流动关系研究中的应用［J］. 教育研究，2009，30（10）：5-12.

入的更全面核算以及组织、政策环境或技术的变化中寻求的。① 舒尔茨早先研究的是农业经济的问题，他否定了空间、土地及自然资源对人类发展的决定作用，而认为人所具有的素质、技能、知识水平以及复杂经济活动的处理能力是一种特殊资本，在一定程度上决定了个人的发展。

微观经济学对个人、家庭、农场和公司的研究已经证明，在美国和许多低收入国家中，人口的受教育程度与他们在市场和非市场（家庭）生产活动中的生产力和绩效之间具有很强的经验规律性，受教育程度较高的人群比受教育程度较低的人群获得更多的收入和产出。② 有足够的经济理论证明教育对代际流动的促进作用，其运行机制是个体人力资本的提升。出于经济学的考虑，教育高回报率让人们更热衷于在子女的人力资本上做投资，让后代拥有更高的知识水平、素质及其他能力，完成个体在社会阶层上的"上升流动"。贝克尔（Becker）和托姆斯（Tomes）分别在 1979 年和 1986 年提出了一种代际传播的经济模型，如果一个家庭的人力资本和金融资产都是可以继承的，一个家庭的金融资产持有量可能为负，家庭内会通过比较两种投资的回报来选择子女的人力资本投资水平。假设人力资本的投资的回报最初非常大，那么遗产中的第一美元将用于人力资本的投资，收益大过成本后，此项投资将增加家庭资源，从而继续进行额外的人力资本投资，直到设定的收益递减且两项投资的收益相等为止。③

按照西方经济学人力资本理论的观点，教育对代际流动的促进是立足于提高子女的能力和素质水平，从而提高个体的劳动生产率，使劳动者达

---

① DENISON E F. The Sources of Economic Growth in the United States and the Alternatives Before Us [R]. New York: The Committee for Economic Development, 1962.

② PSACHAROPOULOS G. Returns to Education: A Further International Update and Implications [J]. The Journal of Human Resources, 1985, 20 (4): 583-604.

③ GRAWE N D, MULLIGAN C B. Economic Interpretations of Intergenerational Correlations [J]. Journal of Economic Perspectives, 2002, 16 (3): 45-58.

到更高的薪资水平。教育扶贫在其中的作用在于提高人的素质、技能、知识水平以及对复杂经济的处理能力，增强贫困群众的"脱贫意识"是"反贫困"的动力源泉。往往在越贫困、落后的地区，人们越意识不到教育是增加个体人力资本从而达到更高薪资水平的重要途径，让子女过早地进入劳动力市场，甚至在未完成义务教育的情况下进入劳动力市场更大程度上会导致贫困的代际传递，因此，教育扶贫工作根本上要促使人思想的改变，阻断贫困思想的"恶性循环"。与此同时，外在力量的帮扶也必不可少。精准扶贫是我国现阶段扶贫工作的重要导向，教育扶贫实现了从"大水漫灌"到"精准滴灌"的转变，通过对特定贫困群众进行建档立卡、动态管理、脱贫销号、返贫挂号等措施，对困难家庭在学前教育、义务教育、高中阶段教育、高等教育以及就业创业和职业技能培训方面进行帮扶。[①] 不论其获得的教育是出于家庭的投资还是公共教育的投资，其结果都是人力资本的累积，在促进个体社会阶层"上升流动"的作用上仍然是一致的。

（二）马克思主义政治经济学视角下的教育扶贫研究

马克思主义政治经济学与西方经济学的观点是完全相对立的。如果把"人力"笼统地看作与物质资本相同的一种"资本"，从剩余价值理论出发，人力资本是剥削对象，而物质资本是剥削工具。在工人以工资得到收入的同时，资本家也以利润的形式得到收入，这是自相矛盾的。工人不能把自身劳动力看作资本、把对劳动力的投资看作资本的累积，否则工人也成了"资本家"。实质上，劳动者的工资是来源于自身的劳动，而资本家所获得的利润是来源于被雇佣劳动者所创造的剩余价值。[②] 在舒尔茨看来，劳动者因为自身技能与知识的增长而实现收入的增长就是"人力资本"累

---

① 李兴洲. 新中国70年教育扶贫的实践逻辑嬗变研究 [J]. 教育与经济，2019，35（5）：3-7.

② 陈应鹤. 人力投资与经济增长——舒尔茨的"人力资本"理论述评 [J]. 社会科学，1991（6）：73-76.

积所获得的利润；而在马克思主义政治经济学中，能带来收入或者更多收入的并不是资本，例如劳动者凭借自身知识与技能所带来的收入，这并不存在雇佣与被雇佣的关系，因此也不存在"资本"一说。马克思主义如何解释知识和技能所带来的收入？这其中的一部分是作为生产再生产"技能和知识"所获得的。通常，作为高技能与知识水平的个体，其维持自身生活、学习和培训的成本也就越高。例如在北京工作的白领与贫困地区的农民在维持个人生活上的投资差距是比较大的，这部分工资是"白领"维持日常生活所必需的。另一部分收入则来源于"知识与技能"的运用。无论该"白领"为公司所带来的"知识与技能"劳动是多还是少，这部分剩余价值都会被资本家无偿榨取。[①]

虽然，舒尔茨的人力资本理论与马克思主义政治经济学对"人力"是否能作为"资本"上有较大差别，甚至存在对立，但他们都试图解释了教育所带来的"知识与技能"增长从而促进收入水平提高的运行机制。他们从不同的角度出发，阐明了教育扶贫在经济学上的理论意义，也等同于从原理上解释了教育是如何促进代际流动的。

（三）可行能力理论视角下的经济与教育扶贫

1998 年诺贝尔经济学奖的获得者阿马蒂亚·森（Amartya Sen）曾在自己的领域探讨过经济与教育的问题，他认为从教育的角度出发更适合进行可行能力理论的研究。他在 1990 年提出的可行能力包括一个人的能力或行为，即能够得到良好营养、避免突发的疾病或死亡、阅读、写作和交流、参与社区生活、在公众场合露面而不会感到羞耻等。他承认收入或商品与能力之间互助关系的重要性，收入或商品是提高能力的重要手段；但同时他也非常重视这样一个事实，即提高生活能力通常会扩大一个人的可行能

---

① 丁冰. 舒尔茨"人力资本"论的意义与马克思资本理论的比较——纪念马克思诞辰 190 周年 [J]. 山东社会科学，2008（7）：91~97.

力，使其更有生产力，获得更高的收入。也就是说，他承认了人力资本的重要性，但人力资本的概念需要在人的能力方面得到补充。① 按照他的理论来理解，教育扶贫的工作除了提升人的知识、技能水平之外，还应该关注贫困人群的可行能力的增长。可行能力理论认为人贫困的根源是人的能力被剥夺，这意味着贫困人群存在功能性活动能力的缺失，教育的缺失所造成的人力资本不足或是教育的不平等都会造成可行能力被剥夺。争取应有权利特别是受教育权是获得可行能力的基本保障，教育公平作为我国的一项长期任务在贫困人群受教育权的保障中发挥着极为重要的作用。② 可行能力理论是基于哲学与经济学的视角对人的能力需求进行的探讨，从该角度出发，教育的功能不仅仅是知识与技能水平的提高，更是对个人能力发展的促进，从而实现收入的增长，这与人力资本理论、马克思主义政治经济学中资本理论所选角度不同，但其本质是一致的。

第二节　教育公平问题的多学科视角研究

"公平"本是一个社会学名词，意味着普遍的平等。从社会学的角度来看，教育公平意味着更多的人能够享受到教育的权利，获得知识、技能水平的提升，从而实现个人的全面发展；而从经济学的角度来看，教育公平意味着更合理的教育资源配置，公平并非意味着将所有的资源等量分配给每个个体，实现教育资源的合理分配拥有一个十分复杂的机制。

---

① SAITO M. Amartya Sen's Capability Approach to Education: A Critical Exploration [J]. Journal of philosophy of education, 2003, 37 (1): 17-33.

② 郭晓娜. 教育阻隔代际贫困传递的价值和机制研究——基于可行能力理论的分析框架 [J]. 西南民族大学学报（人文社科版），2017, 38 (3): 6-12.

一、社会学视角下的教育公平研究

（一）科层制教育视角下的贤能主义

教育公平可以看作社会公平在教育领域的一种体现，扩大受教育人群是促进社会公平的重要措施。但科层制（官僚制）教育存在悖论：一方面，在教育起点上，教育机会不断扩大，教育公平看似增长；另一方面，在教育过程中，弱势群体的教育期望受到了限制，他们往往被看作教育的失败者。

在现代社会，教育的功能得以落实，在于有贤能主义这一制度设计，它是科层制的选材机制，根据竞争者的智力、能力等内在因素来替代社会阶级、性别、种族等外在因素选拔人才，来决定其所接受的教育或承担的工作。它将成就归因于个体的智力与努力，在崇尚个人奋斗与民主公正的现代社会，这一筛选方式具有一定的科学性。[①] 在这样的逻辑下，知识与技能的获得完全是个体努力的结果，与家庭经济、社会地位关联程度低，弱势群体也对这样的选拔机制接受度更高，即使存在质疑也会将无法实现社会阶层的上升流动归因于自身的内在因素。在我国，针对高中毕业生的选拔性考试，也就是人们常说的"高考"，也在一定程度上体现着贤能主义。在高考中，分数起着决定性作用，无论你是来自社会精英阶层还是弱势群体的家庭，分数面前人人平等，但它没有考虑到家庭经济、社会地位对"分数"造成的影响，片面地将结果归因于个体的智力与能力。[②]

总的来说，贤能主义一方面无视了智力的社会历史建构性，智力的定义在不断地改变；另一方面忽略了家族因素，看似公平的"贤能主义"，事实上加剧了教育的不平等。

---

① 刘云杉. 超越贤能主义 [J]. 教育研究与实验，2009（2）：13-19.
② 孟照海. 教育扶贫政策的理论依据及实现条件——国际经验与本土思考 [J]. 教育研究，2016，37（11）：47-53.

　　美国经济学研究者塞缪尔·鲍尔斯和赫伯特·金蒂斯将新马克思主义冲突论引入教育社会学之中，通过大量的数据统计与分析得出，在美国的教育制度中，决定个人社会地位的主要因素并非个人的能力与智力。虽然学历在很大程度上反映了个人的社会地位，但学历的获得是与个人的家庭以及社会地位相对应的，即智力、能力和学历的划分在很大程度上是具有阶级属性的，不同阶级的后代处在不同的起跑线上，学校教育成为阶级再生产的工具。[1]

　　在扶贫工作中，阶级虽然经常被忽视，但其对社会变革至关重要。其中包括弱势群体的生活态度、社会信仰和行为等错综复杂的问题，这些因素会使穷人的社会地位更加低下。以个人为中心的阶级地位归因于经济能力与个人努力，认知偏见使得不平等的结构性根源难以"发现"。对种族、族裔、性别、宗教和低收入群体的偏见限制了受教育机会的获得，群体间权力的差异使建立强大的跨阶级联盟难以实现。[2]

　　但如果将精英与非精英阶层的日常生活长久隔离，可能最终导致社会灾难。认知精英主义和孤立主义已经发展到了一定程度，这与教育的发展、复杂的职业发展和复杂组织的发展有关，而不是与能力本身的选择有关。西方学者认为，即使是在 20 世纪中期，美国仍然是一个大多数聪明的人都从事各种各样工作的社会。随着 20 世纪的结束，这个群体中有很高比例的人现在集中在少数几个智商高的职业中。

　　（二）分类视角下的教育公平研究

　　社会学对教育公平的研究多是从理论的角度出发，例如从现象分类的

---

　　① 李淼. 和谐社会视阈下的城乡二元结构基础教育公平问题研究［D］. 南京：南京航空航天大学，2011.

　　② BULLOCK H E. Social Barriers to Poverty Reduction：Barriers to and Opportunities for Poverty Reduction［EB/OL］.（2014-12-10）. https：//www. undp. org/... /docs/2014_ Barriers_ to_ and_ Prospects_ for_ Poverty_ Reduction. pdf.

角度看待教育公平问题，其中有两个较为著名的理论。

一是麦克马洪的三类型说。该理论将教育公平分为三个维度：第一，水平公平。同等条件的学生应该获得同等对待，这意味着政府、学校、教师等教育的提供者应给予有相同需求的受教育者同样的对待。例如，同一个年龄段的学生理应得到相同的教育资源。第二，垂直公平。不同条件的学生应获得不同的对待，政府、学校、教师应为不同需求的学生提供不同的待遇。例如，不同性别的学生应有不同的引导方式。第三，代际公平。这指的是上一代不平等待遇的延续。例如，父辈的受教育程度低导致子辈在获得知识技能、从业、就业等方面的困境。[①] 在我国，为了保证学龄儿童的受教育权，义务教育阶段更注重的是水平性的公平，让适龄的儿童都有学可上；而在高中阶段，为了体现教育机会的均等，更侧重于垂直性的公平。

二是胡森的时期说。该理论根据受教育的阶段不同，将教育公平分为三个类别：第一，起点公平。人人都享有受教育权，国家应为所有适龄儿童提供均等的入学机会，包含贫困儿童、残障儿童等。第二，过程公平。这是教育质量的体现，为了避免贫困学生因经济困难无法维持在校的基本生活，国家应尽可能多地提供基本公共教育服务。第三，结果公平。这可以理解为所有人都有取得学业成功的机会。在我国，高考模式的不断变革是社会对结果公平的追寻。

(三) 马克思主义的教育公平观

马克思与恩格斯所论述的教育公平观包含两个方面，一是每个公民应享有受教育的权利，二是人的自由发展和全面发展。其中，受教育权也是每个儿童所享有的基本社会权利。基本权利与非基本权利相对，基本权利

---

① 陈勇志，邓云洲. 西方经济学视野中的教育公平 [J]. 广州大学学报（社会科学版），2004(4)：82-87，96.

不因个体的出身、才能、贡献等而不同，而非基本权利作为一项较为高级的权利，会受到出身、才能、贡献等因素的影响。为了保证儿童都获得受教育的基本权利，恩格斯认为应在儿童成为独立个体前由国家出资实施普遍教育。马克思所提出的人的全面发展理论与资本主义劳动过程中的社会分工所形成的片面、畸形的发展理论不同，马克思认为资本家往往为本阶级的子女、后代提供更优质的教育，而力图减少被剥削阶级的教育费用让其处于较低的文化程度[①]，即使资产阶级愿意让劳动者及其子女获得教育，也是为了自身利益扩大化，让劳动者所具备更高的技能、更丰富的生产知识，从而更大程度地剥削劳动者的剩余价值。[②]

按照马克思的观点，教育是劳动力价值的组成部分，劳动力的提升需要消耗一定量的商品等价物，而生产资料的私有制会阻碍无产阶级劳动者获得高质量的、长期的教育，仅能得到的是培训时间被压缩的一些职业技能培训。经过短时间的职业教育后，被剥削者将从事单一的、大量的、耗费体力的劳动，而资产阶级通过剥削，不仅累积了资本，同时也获得了能够增长智力、从事科学活动的时间。[③]

二、经济学视角下的教育公平研究

自由经济主义最早谈论到了效率的公平问题。效率是指劳动生产率和资源利用率，多数情况中会将效率与资源的有效配置结合起来讨论。自由经济主义认为当资源配置达到最佳状态即最高效率意味着"公平"。这种观点在后期遭到了许多经济学家的反对，福利经济学家提出了"帕累托最

---

① 李森. 教育公平理念的演进历程及其时代特性 [J]. 高教发展与评估, 2011, 27 (5)：18, 127.
② 郭彩琴. 论马克思恩格斯的教育公平观 [J]. 马克思主义研究, 2007 (1)：55-59.
③ 李森. 和谐社会视阈下的城乡二元结构基础教育公平问题研究 [D]. 南京：南京航空航天大学, 2011.

优"（帕累托效率）。[①] 在福利经济学的观点中，资源配置的理想状态是实现"帕累托最优"，对每个个体来说资源都得到了最合理的配置，任何调整和重新分配都没有必要，在这样的情况下，劳动生产率、资源利用率最高，即实现了经济理想和道德理想的统一。[②]

古典经济学家认为收入的不平等使得人们更加愿意积极生产，从而提高劳动生产率、促进经济发展；而发展经济学家则认为收入的不平等会阻碍经济的增长。研究社会不平等与经济增长之间的关系实质上是在研究公平与效率之间的关系，而社会总体资源稀缺，如何有效地配置资源成为"公平"与"效率"之间的较量。研究表明，教育公平能为弱势群体提供跨越阶级上升流动的机会，实现人力资本的增值从而促进经济增长。[③] 这符合教育阻断贫困的相关理论，教育公平的实现为弱势群体的上升流动提供了机会。

教育经济学家认为社会中教育活动存在三个基本问题：一是我们要生产怎样的教育产品，应该培养何种层次和类别的人才；二是如何培养不同层次与类别的人才；三是如何配置教育产品。事实上，这三个问题都是教育资源配置的问题。[④] 教育资源是社会资源的一部分，教育资源配置的合理与否关系着社会的公平与否，而包括教育资源在内的任何资源都是有限的，其分布也是不均的，国家政策的出台、社会经济水平以及人口数量的变化等均会影响资源的配置。

教育基尼系数是用来衡量教育公平程度的一项指标，长期以来，国内

---

① 陈勇志，邓云洲. 西方经济学视野中的教育公平 [J]. 广州大学学报（社会科学版），2004（4）：82-87，96.

② 王卓. 教育资源配置问题的理论研究 [D]. 长春：东北师范大学，2005.

③ 许长青，周丽萍. 教育公平推动经济增长？——来自美国 1978—2015 年数据的经验分析 [J]. 教育经济评论，2017，2（4）：82-102，62.

④ 范先佐. 论教育资源的合理配置与教育体制改革的关系 [J]. 教育与经济，1997（3）：7-15.

外学者用教育基尼系数来分析教育公平问题。以往研究表明，教育不平等程度与教育发展水平存在以库兹涅茨曲线（Kuznets Curve）所表现的"倒U"关系。[①] 经测算，2010 年至 2017 年间我国教育基尼系数总体维持在0.21—0.22，总体来说处于较为公平的阶段；但东部地区、中部地区、西部地区之间存在差异，2017 年，东部地区与中部地区的教育系数均为0.21，而西部地区教育基尼系数高达 0.26。[②] 在国家一系列政策的刺激下，西部地区的人均受教育年限在不断增长，教育不平等程度则小幅波动。

当前我国的教育公平问题主要集中在城乡、区域、校际教育资源分配的差距上，我国教育资源配置的主要矛盾是基本教育需求与高精尖教育之间的矛盾。国家要为所有适龄儿童提供平等的教育机会和教育条件，各级各类政府需要公平分配教育资源、提供基本公共教育服务，保证基本的教育需求，但为了迎接时代的挑战、教育与国际接轨，高精尖的教育不可或缺，我国需要有接近或达到世界先进水平的高校，例如一流高校、一流学科的建设，这在某种程度上使教育资源分配不均。[③]

教育资源分配的问题，从宏观到微观，涉及社会总体教育资源的配置、各级各类学校间教育资源的配置、各级各类班级间教育资源的配置以及家庭教育资源的配置。

（一）社会总体教育资源的配置

自 20 世纪 90 年代开始，经济全球化进程加速，经济全球化的形势不可逆，经济和商业因素成为许多国家社会甚至政治变化的决定因素。在这

---

① RAM R. Educational Expansion and Schooling Inequality: International Evidence and Some Implications [J]. The Review of Economics and Statistics, 1990, 72 (2): 266-274.

② 陈岳堂，雷志翔. 中国教育公平发展的差异与趋势——主要基于教育基尼系数的区域比较 [J]. 湖南农业大学学报（社会科学版），2019, 20 (3): 90-96.

③ 谈松华. "短缺教育"条件下的教育资源供给与配置：公平与效率 [J]. 教育研究，2001 (8): 3-7, 29.

种背景下，教育是一种强有力的工具，不仅可以支持国家保持其身份和国家特性，而且可以确保人力资本的培训，以应对劳动力市场的流动竞争和不同背景下的专业需求。大多数国家正密切注视着它们的教育系统，并大量投入资金以获得期望的教育成就。在不断的国际竞争中，世界各国都在青年培训方面取得了进展。一项有关罗马尼亚的教育研究表面，教育投入与学生成绩并不能建立直接的关系，尽管加大教育投资比例的州取得了不错的成绩，但仍有一些情况没有得到证实，世界上仍存在着许多财政拨款较少但成绩较好的国家或地区。在不同的国家和背景下，改善教育财政分配模式并不能让学校的成绩得到持续改善，财政资源对教育系统结果的影响分析是一个非常复杂的问题。影响教育系统的因素是多种多样的，包括学生的个人习性、生活环境和父母对教育的参与，以及国家通过各种项目参与的教育资源配置等。大多数情况下，人们所期望的是，这些投入有助于贫困背景的学生，更多的资金投入会对这些学生在学校的生活产生积极影响。

（二）各级各类学校间教育资源的配置

虽然学校的资源合理分配具有一定的价值，但迄今贡献相对较少。各级各类学校间教育资源的配置主要问题在于缺乏理论解释，为什么不同资源要被提供给不同的学校，以及如何提供这些资源。尽管我们能够认识到校际资源配置差别太大会带来潜在的麻烦，但对合理的分配方式缺乏足够的认知，妨碍了对教育不公平现象进行明确的评估。此外，即使目前的教育资源分配现状是不合理的，我们也缺乏对如何实现更理想的资源分配的理解。①

一项来自美国城市学校的研究表明，城区学校的财务策略会影响其学

---

① MONK D H. Toward a Multilevel Perspective on the Allocation of Educational Resources [J]. Review of Educational Research, 1981, 51 (2): 215-236.

生的成绩。因此，自由资金的分配及其使用仍然是学校财政的一个关键点。这项定量研究考察了城市学校校长在分配可支配资金的一些做法，对四所优势学校和四所劣势学校的资源配置进行了分析。研究发现，优势学校的校长主要利用他们的可自由支配资金来创造学校的吸引力，为了创造一个高度个性化的学校环境，校长可以自由支配资金，可以更具战略性地调整学校的需求。研究结果表明，在学校资源配置理论与实践道路尚未清晰的时候，可以创造一个个性化的学习环境来提高学生的成绩。①

农村地区的学校一般需要以大量的资金投入来完成某种政策上的目标，如美国的农村学校为了达到各州制定的成绩标准和《不让一个孩子掉队法》所制定的目标而投入大量资金。该项法案对考试、问责以及教师质量等做出了规定，但这些规定对农村学校系统来说是格外具有挑战性的。因为农村学校往往规模较小、地理位置偏远，而且人员配备也不固定，这些地区现在面临的挑战是需要用自身已具备的较少资源进行投资，以完成近期的目标。由于各州和地方政府收入减少，小型农村学校系统更容易受到影响。学校资源的分配过程是复杂的，包括零碎的学校时间表、教师工作以及一些活动项目。农村和小型学校更容易受这些因素的制约，它们经常面临一系列资源分配挑战，而大型城市和郊区学校却没有这些顾虑。②

（三）各级各类班级间教育资源的配置

班级间的资源配置方式灵活多样，如减少班级规模、替代课程表、缩短学期等。这些举措的成功与否很大程度上取决于各种背景因素，包括学生人口、财政能力、学校规模、支出水平和地区治理水平。城市学校和农村学校都是如此，但这对农村和小型学校的教育者来说更具有挑战性，因

---

① MASCITTI-MILLER, ELIZABETH. Resource Allocation: Practices in Urban Elementary Schools [D]. Rochester: St. John Fisher College, 2012.

② ROELLKE, CHRISTOPHER. Resource Allocation in Rural and Small Schools [EB/OL]. [2020-07-13]. https://www. ericdigests. org/2005-2/resource. html.

为这些学校经常在相当大的财政约束下运作，班级规模会以各种方式影响学习。大班上课可能会限制教师关注个别学生的时间和注意力，而并非减少对全班学生的关注。大班课更容易受到吵闹和捣乱学生的干扰，因此，教师可能采取不同的教学风格来弥补，而这一做法又会影响到学生的学习。虽然一些研究表明，小班能提高非认知技能，但关于班级规模的研究普遍发现，小班教学对学生表现的影响较弱。此外，不同国家，班级规模对学生成绩的影响似乎是不同的，在许多平均学生成绩较高的亚洲国家，班级规模相对较大，在经济合作与发展组织（Organization for Economic Co-operation and Development，简称经合组织，缩写为 OECD）的一些国家和地区中，平均每个教学班级有 24 名学生，而在越南、日本、泰国以及中国的台湾、上海、澳门地区，每个班有 35 名或更多的学生。在新加坡、卡塔尔和阿拉伯联合酋长国，优势学校的班级往往比处于不利地位的学校要少。在经合组织国家中，公立学校和私立学校的班级规模没有差别；经合组织国家的平均水平是，高中生的班级规模往往比初中生的大，农村地区学校的班级规模往往比城镇学校的班级规模小，城镇学校和城市学校的班级规模没有显著差异。[①]

（四）家庭教育资源的配置

有研究表明，具有一定经济资本和文化资本优势的家庭会为子女提供更好的受教育机会，包括接受中等教育、高等教育的机会。他们具有挑选进入一流学校、获得优质教育的机会，而弱势群体则没有"择校自由"。[②]家庭经济资本与家庭文化资本相较而言，家庭文化资本对子女受高等教育的影响要大于家庭经济资本的作用；而在接受中等教育方面，它们的影响

---

① OECD. PISA 2012 Results：What Makes Schools Successful? Resources，Policies and Practices（Volume Ⅳ）［Z］. Paris：PISA，OECD Publishing，2013.

② 朱永坤. 教育政策公平性研究［D］. 长春：东北师范大学，2008.

力相当。我国的教育公平问题不仅体现在培养高精尖人才的高等教育之中,基础教育的获得也会影响学生获得高等教育的机会。①

家庭教育资源除经济、文化资本外,还包含了家庭环境。家庭环境具有一定的教育功能,它是在家庭文化和经济资本的基础上形成的,能够对儿童的人际关系与心理状态造成一定的影响。具体来说,家庭环境会影响儿童的认知,儿童会参照、模仿父母的行为习惯,从优劣的社会环境中筛选出符合家庭的价值观念,形成对自我的监督。② 而在不少家庭中,家庭教育环境正走向"低质量",父母忽视了家庭氛围的营造,例如耗费大量时间在电子娱乐产品上,减少阅读、学习以及与孩子共处的时间,造成了父母与孩子之间缺乏感情交流,导致孩子难以理解、支持父母。如有研究发现,美国内陆城市和农村地区的家庭和学校,教育资源比较缺乏。这些地区的家庭收入较低,父母受教育程度较低,家庭中有多位兄弟姐妹。农村学校贫困生集中程度高,每个学生的支出较低,教育资源的不足解释了大多数内陆城市和农村地区的孩子在成就方面的不足,这体现了教育资源和教育成果之间的直接关系。③

① 郭丛斌,闵维方. 家庭经济和文化资本对子女教育机会获得的影响 [J]. 高等教育研究,2006 (11):24-31.

② 王爱玲. 家庭环境:重要的教育资源 [J]. 教育理论与实践,2008,28 (S2):9-12.

③ ROSCIGNO V J, TOMASKOVIC-DEVEY D, CROWLEY M. Education and the Inequalities of Place [J]. Social Forces,2006,84 (4):2121-2145.

第二章 经济合作与发展组织教育扶贫的实践历程与政策安排

第一节 经济合作与发展组织推动教育扶贫的背景

一、适应快速变化的经济社会环境

1960 年在巴黎签署的《经济合作与发展组织公约》于 1961 年生效，标志着经济合作与发展组织（以下简称经合组织）的正式成立，并明确提出该组织的宗旨，包括"促进实现成员国最高的可持续经济增长和就业，提高生活水平，同时保持金融稳定，从而促进世界经济的发展"等内容。此后，自 1982 年以来，经合组织设置专门的地方性经济和就业发展方案（Local Economic and Employment Development，缩写为 LEED），就如何应对快速变化的世界中的经济问题和解决复杂的问题向各国政府和地区提供咨询。其任务是通过在地方一级更有效地执行政策、创新做法、实施更强的能力和综合战略，创造更多和更高质量的就业机会。经合组织从基础教育、中等教育、技术和职业教育到专业教育，在教育、就业和地方经济发展等领域开展技能发展工作。经合组织技能战略于 2012 年启动，旨在帮助各国制定更好的技能政策，创造更好的就业机会。该战略的目标是培养一种跨政府、跨行业的学习方法，以改进技能的开发、提供和使用，促进经济增长和社会包容。经合组织的国际成人能力评估调查（Programme for the International Assessment of Adult Competencies，缩写为 PIAAC）正在开展一项关于成人技能的全面调查，包括对认知技能的直接评估和对工作中技能使用的衡量，从 2011 年开始在 25 个、主要是发达国家实施。

经合组织认为技术变革在推动经济长期增长、提高生产力和生活水平的同时，也摧毁了一些低技术、低技能的劳动密集型工作，因此让失业人群陷入了困境。1998 年经合组织在就业文件《技术、生产力和创造就业机会：最佳政策实践》（*Technology，Productivity and Job Creation：Best Policy Practice*）中对技术和生产力的发展与工人就业的关系进行了分析，提倡要促进基础广泛的提高技能和终身学习的措施，以提高工人流动性和就业能力，并降低技术快速变革造成的工作转移成本。[①] 技术的变革与更新给人力资本的投资与培养带来了挑战，经合组织对此极为重视。在这种情况下，人力资本作为经济增长来源的重要性似乎越来越强。经合组织 2001 年发布的《国家的福祉：人力资本和社会资本的作用》（*The Well-Being of Nations：The Role of Human and Social Capital*）表明："人力资本的改善是过去几十年经合组织所有国家增长进程的关键因素之一，教育、培训和学习可以在为经济增长、社会凝聚力和个人发展提供基础方面发挥重要作用。"[②] 就可以衡量和比较的影响而言，一些研究表明，学习对社会的影响（健康、犯罪、社会凝聚力）可能与对经济的影响一样大，甚至更大。经合组织现在制定了一项战略，帮助各国将技能转化为更好的工作和生活。经合组织在

---

① OECD. Technology，Productivity and Job Creation：Best Policy Practices［EB/OL］.（1998-07-29）. https：//www. oecd-ilibrary. org/industry-and-services/technology-productivity-and-job-creation_ 9789264163416-en.

② OECD. The Well-being of Nations：The Role of Human and Social Capital［EB/OL］.（2001-05-14）. https：//www. oecd-ilibrary. org/education/the-well-being-of-nations_ 9789264189515-en.

2012 年发布的《更好的技能，更好的工作，更好的生活：技能政策的战略方法》（*Better Skills*，*Better Jobs*，*Better Lives*：*A Strategic Approach to Skills Policies*）中提出了将工作与学习相联系，培养学生适应劳动力市场变化的终身学习能力等想法。一方面，它强调如果把学习世界和工作世界相联系，技能发展会更加有效。另一方面，让年轻人为工作生活做好前期教育和培训的准备只是技能发展的一个方面，具有一定工龄的成年人还需要发展技能，以便他们能够在职业生涯中取得进步，满足劳动力市场不断变化的需求，并保留他们已经获得的技能。[①]　在经合组织 2013 年公布的就业展望的文件中，也提到要设计一个良好的"激活政策"，即鼓励社会救济者重返职场的劳动市场政策。虽然方法多种多样，但都包括求职帮助及培训，救济发放与努力求职的证据挂钩，要求参加提高就业能力的活动，等等。[②]

几乎所有职业都有可能出现需要少量再培训的过程，换句话说，就认知技能要求、基于任务的技能和知识领域而言，大多数职业都与培训过程相对接近。近年来，经济合作与发展组织开始考虑不同工作形式的培训方式以及如何在技术变革的背景下满足劳动力市场的职业流动性问题，例如 2019 年发布的社会、就业和移民工作文件《返回到不同形式的工作相关培训：考虑非正式学习》（*Returns to Different Forms of Job Related Training*：*Factoring in Informal Learning*）中，经合组织承认技术变革和全球化给各国增加了投资于本国人口技能和能力的压力。在大多数发达经济体，决策者正把成人学习视为加强经济竞争力和就业能力的重要政策手段，使初始教育系统之外的人能够持续保持和提高技能，避免技能过时和贬值，促进工作流动性。同样重要的是，企业要利用全球化和数字化带来的好处，确保

---

① OECD. Better Skills, Better Jobs, Better Lives：A Strategic Approach to Skills Policies［EB/OL］.（2012-05-21）. https：//doi. org/10. 1787/9789264177338-en.

② OECD. OECD Employment Outlook 2013［EB/OL］.（2013-07-16）. https：//www. oecd-ilibrary. org/employment/oecd-employment-outlook-2013_ empl_ outlook-2013-en.

它们能够获得熟练和适应性强的劳动力。① 同年，经合组织科学、技术和工业政策文件《职业流动性、技能和培训需求》（*Occupational Mobility, Skills and Training Needs*）详细论述了职业变换与更新的深层内容与意义。这项分析调查了教育和培训政策如何促进职业间的过渡，同时保证工人从事高质量的工作，最大限度地利用他们的技能。同时，它还阐明了帮助工人离开自动化风险高的职业所需的提升或（再）培训工作的规模和类型。为了提供一个这样的提升平台，经合组织当中的许多国家已经制定了举措或政策，试图通过工作场所的创新促进技能更好地发挥。它们认识到，在工作场所采用现代领导和管理的做法，可以为工人创造更好的使用技能的机会，通过让工人更充分地参与进来可以提高生产率。②

二、关注贫富差距，以促进社会平等为己任

在 2008 年经济危机的前三十年里，大多数经合组织国家的贫富差距扩大了。这发生在大衰退之前，各国正经历一段持续的经济增长时期。此后全球有两亿人失业，经济增长前景黯淡，里程碑式的 2008 年经合组织报告《日益不平等》（*Growth Inequality*）显示，大多数经合组织国家的贫富差距一直在扩大。三年后，不平等已经成为决策者和整个社会普遍关注的问题。经合组织 2011 年的新研究《我们的立场分歧：为什么不平等持续上升》（*Divided We Stand：Why Inequality Keeps Rising*）揭示了大多数国家的贫富差距进一步扩大。但是经合组织也表示，不平等加剧的趋势并非不可避免，政府可以也应该采取行动。持续强劲的经济增长使新兴经济体帮助数百万

① OECD. Returns to Different Forms of Job Related Training：Factoring in Informal Learning ［EB/OL］.（2019－06－04）. https：//www. oecd-ilibrary. org/social-issues-migration-health/returns-to-different-forms-of-job-related-training_ b21807e9-en.

② OECD. Skills Matter：Further Results from the Survey of Adult Skills ［EB/OL］.（2016－06－28）. https：//www. oecd-ilibrary. org/education/skills-matter_ 9789264258051-en.

人摆脱了绝对贫困。但是，强劲的经济增长所带来的好处并没有实现平均分配，收入不平等进一步加剧。《我们的立场分歧：为什么不平等持续上升》重新审视了这些问题，并揭示了许多令人惊讶的发现，例如全球化对工资不平等和就业趋势影响不大。研究表明：一方面，解决不平等问题最有希望的方法是增加就业。促进更多更好的就业，使人们能够摆脱贫困，并提供真正的职业前景，是决策者要应对的重要挑战。另一方面，人力资本投资是关键。这必须包括幼儿期，并通过义务教育得以维持。一个人一旦成功完成从学校到职场的过渡，就必须有足够的激励措施来鼓励其和雇主在整个职业生涯中对技能进行投资。①

教育公平是社会公平的重要基础，20 世纪 60 年代至 20 世纪 90 年代，经合组织的教育公平政策受社会需求和经济发展的驱动，发表了一系列关于教育公平的报告，如《平等教育机会》（1971）、《面向所有人的高质量的教育与培训》（1992）、《OECD 成员国的教育和平等》（1997）等。② 到了 21 世纪初，基于经合组织《不再失败：实现教育公平的十个步骤》（*No More Failure: Ten Steps to Equity in Education*）报告中定义的概念框架，教育公平可以从两个层面来看待：公平和包容。③ 公平和包容意味着确保所有学生至少达到最低基本技能水平。在经合组织看来，表现最好的教育系统是那些将公平与质量结合在一起的教育系统。绝大多数学生都有机会获得高水平的技能，不管他们个人和社会经济状况如何，教育系统都应该给所有的孩子接受优质教育的机会。经合组织 2012 年发布的《教育中的公平与质量：支持弱势学生和学校》（*Equity and Quality in Education: Supporting*

---

① OECD. Divided We Stand: Why Inequality Keeps Rising [EB/OL]. (2011-12). http://www.oecd.org/els/soc/dividedwestandwhyinequalitykeepsrising.htm.

② 窦卫霖. 关于 UNESCO 和 OECD 教育公平话语分析 [J]. 华东师范大学学报（哲学社会科学版），2013，45（4）：81-86，154.

③ OECD. No More Failures Ten Steps to Equity in Education [EB/OL]. (2007-11-14). https://www.oecd-ilibrary.org/education/no-more-failures_ 9789264032606-en.

Disadvantages Students and Schools）报告中提出了教育系统的政策建议，以帮助所有儿童在学业上取得成功。它着眼于系统层面和学校层面的政策，以促进教育公平和质量的提高。它还提供了如何支持弱势学生和学校的证据，认为其有利于教育系统和整个社会的发展，提出减少学校政策上的失败对社会和个人都有好处。

经合组织的一个新观点是，教育系统必须为所有学生提供成功的教育成果。越来越多的人不再认为提供同等的"一刀切"教育机会是足够的。重点越来越转向提供教育，通过承认和满足不同的教育需求来促进公平。[①]经合组织 2015 年出版的《为什么更少的不平等惠及所有》（*Why Less Inequality Benefits All*）中强调，社会不平等和经济增长之间的主要传导机制是人力资本投资，促进机会平等和解决高度不平等的一个重要方法是通过更好的技能和教育政策投资于人力资本。只有通过教育与培训提高劳动力质量和水平，才可以获得更加优质的就业机会。此外，相对应的社会政策也需要强调就业机会和劳动力市场一体化。经合组织针对平等政策和有效的部门公共政策解决社会不平等问题，特别是教育和就业方面的政策，覆盖所有人口群体。例如 2012 年发布的《体面工作和赋权促进扶贫增长》报告中提出，促进社会平等可能的措施包括积极的劳动力市场政策（如求职、招聘和安置、培训、创造就业方案、定向补贴、平权行动）、追求不歧视和平等目标的公共采购政策，以及增加弱势社会群体获得优质教育和技能发展的措施。将性别问题——以及更普遍的不歧视——纳入部门政策的主流，这是确保整个社会更均衡地分享经济进步的一项不可或缺的战略。[②]

总之，经合组织极为注重教育公平，教育公平不仅可以促进代际收入

---

① FAUBERT B. A Literature Review of School Practices to Overcome School Failure [EB/OL]. (2012-02-08). http：//dx. doi. org/10. 1787/5k9flcwwv9tk-en.

② ERNST C, HAGEMEIER K, MARCADENT P, et al. Decent Work and Empowerment for Pro-Poor Growth [EB/OL]. (2012-04-27). https：//doi. org/10. 1787/9789264168350-9-en.

流动，并随着时间的推移，减少收入不平等现象的发生。各国可以通过给予处境不利和处境有利的学生平等的机会来实现这一目标，从而促使他们取得优异的学业成绩，为他们继续接受更高水平的教育并最终获得好工作铺平道路。在贫富差距不断拉大的现实条件下，经合组织在社会改革的过程中，极其重视社会公平的保障，2019 年在就业展望的内容中，提到"社会保障改革必须保证弱势群体能得到保障"。在目前的情况下，就业市场变化的步伐和程度存在更大的不确定性，社会保障体系能起到重要的稳定作用。[①] 近几十年来，随着新形式的学习和技术的发展，许多经合组织国家收入不平等的情况可能会进一步加剧。这就需要改变干预措施，提高大众的受教育水平，改善职业指导与培训体制，通过克服这些问题，保证社会的公平秩序。

三、教育与培训是解决贫困问题、推动社会公平的重要途径

经合组织是一个独特的论坛，各国政府在这里共同努力应对全球化带来的经济、社会和环境挑战。经合组织还努力站在理解和帮助各国政府应对新的发展和关切问题的前沿，如公司治理、信息经济和人口老龄化的挑战。该组织提供了一个环境，各国政府可以在其中比较政策经验，寻求共同问题的答案，确定良好做法，并努力协调国内和国际政策。[②] 在经济严重衰退之后，帮助年轻人就业是经合组织国家及其教育系统的一个主要任务。年轻人的职业教育和培训可以在应对这一挑战方面发挥重要作用，许多国家的职业教育与就业培训需要进行一定的改革。全球经济危机加剧了全球化和技术进步带来的挑战，这些挑战转化为劳动力市场机构的新任务。

---

① OECD. OECD Employment Outlook 2019 [EB/OL]. (2019-04-25). https：//www. oecd-ilibrary. org/employment/oecd-employment-outlook-2019_ 9ee00155-en.

② OECD. Learning for Jobs：Summary and Policy Messages [EB/OL]. (2010-08-10). https：//doi. org/10. 1787/9789264087460-2-en.

职业教育和培训受到许多人的高度重视。2010 年关于增强欧盟职业教育与培训合作的《布鲁日公报》发布，当中描述了欧盟职业教育和培训的全球愿景。在这一愿景中，职业技能和能力被视为与学术技能和能力同等重要。职业教育和培训包括为某一特定类型的工作而设计的教育和培训计划。它通常结合实践训练和更多的理论学习，分为初始职业教育和培训与继续职业教育和培训。前者主要面向职业生涯开始和进入劳动力市场之前的年轻人。后者通常指成人教育、终身学习实践和培训。[①] 经合组织 2015 年在《聚焦教育指标》第 33 期"侧重职业教育和培训方案"中，将职业教育对于经济发展和应对贫困所发挥的重要影响进行了分析，职业教育和培训可以在帮助年轻人做好工作准备、发展成年人的技能和应对劳动力市场的经济需求方面发挥核心作用。最近越来越多的国家认识到，高质量的职业教育和培训对经济竞争力有重大贡献。提高职业教育和培训的质量对于消除许多国家职业教育和培训的负面形象以及为继续教育创造机会至关重要。[②]

职业教育与培训的任务不仅要包括获得某些技能的能力，还应该包括职业规划、求职和职业管理技能。因此职业指导的许多方面似乎都有可能为职业的选择、社会资源的分配、公共政策的制定起到重要作用。在 2004 年经合组织发布的《职业指导和公共政策：弥合差距》（*Career Guidance and Public Policy: Bridging the Gap*）中，这一概念尤为突出，文件围绕职业指导与公共政策的关系以及职业指导的方式和手段进行了分析，看到了职业指导在职业培训和社会经济增长上的重要作用。传统上，成人职业指导服务主要集中在公共就业服务上。这些服务的主要受益者是失业者，以及

---

① BRUNELLO G, ROCCO L. The Effects of Vocational Education on Adult Skills and Wages: What Can We Learn from PIAAC? [EB/OL]. (2015-07-29). https://doi. org/10. 1787/5jrxfmjvw9bt-en.

② OECD. Focus on Vocational Education and Training (VET) Programmes [EB/OL]. (2015-07-01). https://doi. org/10. 1787/5jrxtk4cg7wg-en.

劳动力市场边缘的其他群体，如残疾人。为这类群体提供的服务往往侧重于尽快帮助他们找到工作，以降低失业率和收入保障付款。如果以弱势群体为目标，正如经合组织国家的一些方案和服务那样，职业指导似乎可能有助于许多国家实现公平目标，增强社会凝聚力。① 经合组织 2009 年的地方经济和就业发展文件《为更多更好的工作提供灵活政策》（*Flexible Policy for More and Better Jobs*）揭示了就业和培训机构在塑造全球化在地方层面的影响方面大有可为。政府有责任释放这方面的潜力。通过这样做，劳动者将能够更好地应对直接的劳动力市场冲击，支持地方经济增长，同时促使国家实现繁荣、社会包容和增强竞争力的目标。② 青年是职业教育与培训的主体以及促进经济增长的中坚力量，经合组织部长在 2013 年 5 月的会议上同意采取《经合组织青年行动计划》中规定的一系列措施。这些措施的第一个目标是解决青年高失业率和就业不足的现状。第二个目标是通过让青年掌握相关技能和消除就业障碍，为他们带来更长远的利益成果。青年行动计划的关键事项是要解决当前的青年失业危机和总需求疲软，促进就业，为失业青年提供足够的收入支持，直到劳动力市场状况改善；同时为所有年轻人就业做好准备，加强职业教育培训的作用和实效性，协助公司的日常工作，重塑劳动力市场政策和制度，促进就业，解决失业带来的社会问题。③

---

① OECD. Career Guidance and Public Policy：Bridging the Gap ［EB/OL］. (2004-02-12). https：// www. oecd-ilibrary. org/education/career-guidance-and-public-policy_ 9789264105669-en.

② GIGUERE S, FROY F. Flexible Policy for More and Better Jobs ［EB/OL］. (2009-05-05). https：//doi. org/10. 1787/9789264059528-en.

③ OECD. Local Strategies for Youth Employment (Learning from Practice.) ［EB/OL］. (2013). http：// www. oecd. org/cfe/leed/local-strategies-youth-employment. htm.

第二节　经济合作与发展组织推动教育扶贫的
实践活动与政策安排

一、关注儿童贫困，利用教育减少贫困的代际传递

儿童贫困是弱势群体在几代人之间传播的主要表现形式，因此解决这一问题是优先事项。经合组织认为，有条件的现金转移支付，既可以减轻贫困家庭送孩子上学时面临的经济压力，也可以提供积极的激励。[①] 但是相对而言，促进父母就业比给他们现金更有效，因为前者能改变受助者的态度或行为。事实上，有证据表明，父母的行为可以跨代传播，这些行为似乎比"智力"更重要。有一个工作的父母作为榜样，能减轻孩子们来自各方的压力和焦虑，给他们以后的收入带来回报。最重要的是，在幼儿、学前和学校获得高质量的护理是促进代际流动的重要方式。[②] 在贫困的代际传递中，很重要的一个群体是单亲父母。大部分单亲父母薄弱的经济和教育能力严重影响到儿童的成长和发展，且随着代际影响产生一定的恶性循环。因此，除了一些直接帮助失业者和弱势群体重返就业岗位的方案外，有些方案则将重点放在单亲父母的教育与培训上，为他们提供长期的劳动力市场的福利。比如，对于儿童的教育和服务直接关系到单亲父母是否有闲余时间从事生产劳动，因此扩大托儿服务，特别是为学龄前儿童提供托儿服务，是业界一致认同的，目的是提高单亲父母的就业率。儿童保育对

---

① OECD. Poverty Reduction and Pro-Poor Growth：The Role of Empowerment ［EB/OL］. (2012-04-27). https：//www. oecd-ilibrary. org/development/poverty-reduction-and-pro-poor-growth_ 9789264168 350-en.

② OECD. Maintaining Momentum：OECD Perspectives on Policy Challenges in Chile ［EB/OL］. (2011-04-04). https：//www. oecd-ilibrary. org/economics/maintaining-momentum_ 9789264095199-en.

于那些有学龄儿童的单亲父母来说是有意义的，在这种背景下，许多经合组织国家给予单亲家庭优先入托的机会。①

　　经合组织在 2018 年出台了专门针对儿童贫困的文件《经合组织的儿童贫困：趋势、决定因素和应对政策》（*Child Poverty in the OECD*：*Trends*，*Determinants and Policies to Tackle it*），文件概述了 2000 年以来儿童贫困的主要趋势及其家庭的生活水平情况，在经合组织大衰退的国家中，大约三分之二的国家的儿童贫困在加剧。文件谈到了 2030 年将儿童贫困减半的可持续发展目标，反儿童贫困政策取得成功的必要条件之一是创造稳定、高质量的工作，这些工作对低技能父母来说既足够又容易获得。反贫困政策涵盖的领域广泛，包括就业的相关政策、教育和培训、现金转移、住房支持、粮食安全、计划生育等。② 不同的领域针对不同的贫困情况，为了消除长期贫困并确保贫困群体向上流动，相关部门必须向低收入、低技能家庭的父母提供学习和培训的机会，以提高他们的技能并获得报酬更高的工作。③ 从长远来看，各国需要促进高质量的教育系统（包括初级教育和职业培训）的发展，以防止陷入长期贫困的风险。④ 在《经合组织的儿童贫困：趋势、决定因素和应对政策》文件中，经合组织强调，创造就业机会必须伴之以培训，使低技能者能够获得信息技术和托儿服务，使父母能够兼顾工作和家庭生活。最后，成功的反儿童贫困战略要求制定相应的政策，

---

① OECD. Social and Health Policies in OECD Countries：A Survey of Current Programmes and Recent Developments ［EB/OL］. （1998 – 07 – 03）. https：//www. oecd-ilibrary. org/social-issues-migration-health/ social-and-health-policies-in-oecd-countries_ 720018345154.

② BERGER L M, CANCIAN M, MAGNUSON K. Anti-Poverty Policy Innovations：New Proposals for Addressing Poverty in the United States ［J］. RSF：The Russell Sage Foundation Journal of the Social Sciences, 2018, 4（3）.

③ OECD. A Broken Social Elevator? How to Promote Social Mobility ［EB/OL］. （2018 – 06 – 15）. https：//www. oecd-ilibrary. org/social-issues-migration-health/broken-elevator-how-to-promote-social-mobility_ 9789264301085–en.

④ OECD. Child Poverty in the OECD：Trends, Determinants and Policies to Tackle It ［EB/OL］. （2018–10–23）. https：//www. oecd-ilibrary. org/employment/child-poverty-in-the-oecd_ c69de229–en.

不仅要减少或防止贫困的发生，还要减轻贫困对儿童造成的许多影响，这包括消除贫困儿童在满足其基本需求如健康、住房和教育等方面的物质匮乏和障碍。各种政策有助于改善低收入家庭儿童缺乏机会的情况，有助于打破劣势的代际传递。

二、提高劳动力价值，加强青少年的职业教育与培训

尽管越来越多的年轻人在义务教育年龄之后继续接受教育，但有些人过早地离开了教育系统。其中许多人甚至可能没有完成高中教育，因此特别容易受到伤害。他们不太可能重返劳动力市场，这对他们未来的就业和收入前景将产生长期影响。就长期失业成本、人力资本损失和国民经济税收损失而言，这些非常年轻的新就业者带来了巨大的公共成本。[①] 太多的年轻人进入劳动力市场时认知能力薄弱，算术和读写方面的认知技能低下，这导致他们长期收入较低。要改变这一局面就需要加强职业教育和培训。学习不会随着最初的教育而结束，提高成人的能力是确保工人持续就业和促进其职业发展的重要组成部分。工人继续在工作中学习，与工作相关的培训对于确保技能不会过时以及工人能够从事报酬更高的工作从而减少不平等至关重要。[②] 特别是在脆弱的国家，年轻人凭借自身的精力和技能，可以成为经济增长和建设和平的力量。然而，如果被边缘化，他们可能参与威胁这些目标的政治或暴力活动。[③]

在 2008 年的经济大衰退之后，帮助年轻人就业是经合组织国家及其教育系统的一个主要任务。年轻人的职业教育和培训可以在应对这一挑战方

---

① OECD. How Difficult Is It to Move from School to Work? [EB/OL]. (2013-05-01). https: //www. oecd-ilibrary. org/education/how-difficult-is-it-to-move-from-school-to-work_ 5k44zcplv70q-en.

② OECD. In It Together: Why Less Inequality Benefits All [EB/OL]. (2015-05-21). https: //www. oecd-ilibrary. org/employment/in-it-together-why-less-inequality-benefits-all_ 9789264235120-en.

③ MCLEAN H L. Good Practice Note on Empowering Poor People in Fragile States [Z]. Prepared for the DAC POVNET Task Team on Empowerment, Social Development Direct, 2010.

面发挥重要作用，这不仅是帮助一些失业者改善就业前景和长期就业能力的手段，也是增强经济适应性和提高生产能力的手段。美国希望扩大中低收入人群在中学后的教育和培训机会，土耳其正在寻求提高其潜在劳动力的教育和职业培训水平，加拿大强调增加学习和教育机会。此外，其他国家通过积极的劳动力市场方案干预，为失业人员提供教育和培训机会。例如，芬兰正在将教育和培训纳入失业人员的收入保障体系，且作为社会政策的优先事项之一。在《为工作而学习》（*Learning for Jobs*）一书中，经合组织从职业挑战、满足劳动力市场需求、就业指导、有效的教师和培训者、工作场所学习、支持机制的工具等几个方面，讨论如何为了选择一个合适的工作而进行有效的学习，这有效地为无业、失业以及难以就业的弱势群体和青年毕业生提供了理论指导和培训支持。书中强调，劳动者在正式的职业培训结束后，不仅仅需要具备找到工作或者从业的能力，更加需要随着劳动力市场和社会的变化而培养终身学习的能力，为此，他们需要高质量的职业培训方案。教师和培训者了解现代工业的需要，并与明确的进一步的学习机会相联系。工作场所学习应该在所有职业课程中发挥重要作用。最重要的是，经合组织提出需要在教育和培训系统与行业之间建立有效的伙伴关系，提供工作场所培训，确保技能与劳动力市场真正相关，并确保年轻人尽早地了解和理解工作。

在经济方面，经合组织国家面临日益激烈的全球竞争。由于经合组织国家无法在劳动力成本上与欠发达国家竞争，它们需要在提供的商品和服务质量上进行竞争。无法降低劳动力成本，便意味着需要高技能劳动力提供商品的生产和提升服务质量，尽管普通教育也主张技术技能的培养，但职业教育和培训往往是向那些缺乏资格的人提供技能并确保他们顺利过渡到劳动力市场的合适手段。在2008—2009年的全球经济危机下，青年失业率的上升凸显了教育和培训系统能有效地将青年转变为就业者的能力。此外，职业指导是帮助弱势群体进行科学择业的重要方式，通常由多个机构或场所提供给相同的目标人群，有时是在学校里由正规教师进行指导，有时是通过公共资助的就业服务提供帮助，但这种服务主要侧重于让失业的成年人重返工作岗位并提供福利——这种视角比指导年轻人职业选择的理想视角要窄。有时，特别是对成年人来说，指导是通过工会、雇主、志愿组织或私营部门组织等其他机构提供的。①

　　经合组织在对德国的职业教育与培训的评述和经验总结中，提到德国有各种方案，旨在帮助那些有困难的人过渡到职业教育和培训系统中。例如在满足学徒要求方面，学生接受职业指导并获得基本职业技能，能帮助他们获得学徒资格。之后，他们或进入全日制学校接受职业教育和培训，或开始工作，但没有获得完全资格。② 从制度上来说，这些过渡课程可以安排在职业学校或私立学校以及专门的机构和公司，它们的数量随着时间的推移而增加。若要有效地缓解各国的贫困问题，对于实施减贫工作的工作人员的培训是必不可少的，只有实施扶贫的主体或机构明确了教育扶贫的重要性和实施方案，扶贫才会有清晰的指向和高效的操作。经合组织在2001 年发表了《发展与援助委员会准则：减贫》，其中对于减贫培训的受众需求和具体的行动要点进行了详细分析。文件明确指出减贫的行动方案，比如增强扶贫工作人员的意识，提高他们的技能；扶贫机构之间加强交流学习与互动；公开扶贫信息和材料便于提高扶贫的针对性；培训方案要侧重于解决实际问题；等等。减贫培训除了让受众获得技能，工作人员还需要深思熟虑，让行动和技能结合在一起。这意味着要加强工作人员整合宏

　　① OECD. Learning for Jobs OECD ［EB/OL］. (2010 - 08 - 10). https：//www. oecd-ilibrary. org/education/learning-for-jobs_ 9789264087460-en.

　　② OECD. OECD Reviews of Vocational Education and Training：A Learning for Jobs Review of Germany 2010 ［EB/OL］. (2010 - 09 - 30). https：//www. oecd-ilibrary. org/education/oecd-reviews-of-vocational-education-and-training-a-learning-for-jobs-review-of-germany-2010_ 9789264113800-en.

观和具体部门信息的能力，通过团队合作促进相互交流，将专业知识和一般知识结合起来，并在规划和实施过程的关键时刻在国家层面提供专业知识。①

2014 年经合组织在《校外技能》（*Skills Beyond School*）综合报告中指出，技能对经济增长和社会福祉的增加具有重要作用。虽然最初的职业高中阶段的培训给就业者提供了有用的技能，但在许多需求快速增长的工作岗位上，从医疗技术人员到初级管理人员，这样的基本职业培训已经不能满足需要了。事实上，他们越来越需要更高水平的专业、管理和技术等方面的技能。这份关于校外技能的综合报告审视了经合组织国家如何应对这种日益增长的技能需求，以及它们需要采取哪些进一步措施来取得成功。②2013 年，经合组织地方性经济和就业发展文件《解决弱势群体的长期失业问题》（*Tackling Long-Term Unemployment Amongst Vulnerable Groups*），从不同的角度和主体出发，提供了为解决弱势群体的失业问题的设想和方案。从社会捐助者和机构资助者的角度来看，文件强调需要确保在适当的时间、在适当的地点为优先群体和地区提供适当的就业和技能。此外，经合组织还非常重视职业规划的重要影响，认为职业规划应该提供关于潜在职业选择和不同就业途径（如职业、教育等）的建议。③合理的职业规划不仅能促进工作岗位与能力的精准匹配，做到"人尽其才"，也可以减少职业流动，促进社会经济增长。总之，经合组织从不同群体、不同方向、不同途径出发，对青少年的就业和教育培训问题做出了充分的政策指导，提供了详细的实践措施。

---

① OECD. The DAC Guidelines：Poverty Reduction［EB/OL］.（2001-10-30）. https：//www. oecd-ilibrary. org/development/poverty-reduction_ 9789264194779-en.

② OECD. Skills Beyond School：Synthesis Report［EB/OL］.（2014-11-13）. https：//www. oecd-ilibrary. org/education/skills-beyond-school_ 9789264214682-en.

③ OECD. Tackling Long-Term Unemployment Amongst Vulnerable Groups［EB/OL］.（2016-03-29）. https：//www. oecd. org/cfe/leed/Tackling%20Long_ Term%20unemployment_ %20WP_ covers. pdf.

三、重视人力资本投资，关注卫生保健教育的扶贫作用

人类发展的社会进步目标要求人们拥有适当水平的健康、教育、安全饮用水、卫生和社会保护。通过扶贫减少经济贫困有助于贫困的人在其他层面上取得进展。例如，更高的收入可能会使穷人在家庭健康和教育方面花费更多，以便他们及其孩子能够过上更健康、更优质的生活。[①] 健康教育领域包括几个公共卫生优先事项，如为促进和评估健康提供资源，加强疾病预防和健康教育的举措和方案，打击青少年滥用药物（酒精、烟草、麻醉药品和精神药物）。1998 年经合组织劳动力市场和社会政策专题论文《经合组织国家的社会和卫生政策：当前方案和最新发展概况》中，来自成员国的许多受访者表示，作为一项政策目标，他们对改善健康教育和健康促进计划感兴趣。据说，如果各国提到改善健康教育、改变健康行为、增加健康获取机会、加强初级保健服务或提高应对健康风险意识，他们就会对改善其健康预防系统感到关切。这将包括减少吸烟、减少性传播疾病和鼓励健康的生活方式等问题。

2001 年发表的《发展与援助委员会准则：减贫》表明，社会发展对减贫至关重要，它直接改善贫困男女的生活，并有助于经济的整体增长和发展。教育，特别是女童教育和生殖健康服务是战胜贫穷及其一些主要方面的关键因素。疾病和文盲是生产性就业的障碍。作为对世界福利国家的巨大威胁，贫困可以被视为人力资本的消除，因为它会带来一些健康问题，如抑郁症、精神分裂症、对酒精依赖或对香烟上瘾等。贫困不仅是对国家

① OECD. Promoting Pro-Poor Growth: Policy Guidance for Donors. [EB/OL]. (2007-02-16). https://www.oecd-ilibrary.org/docserver/9789264024786-en.pdf? expires = 1607453587&id = id&accname = guest&checksum=42B67C909C5C2ADFBD0959F3E15144E8.html.

福利的威胁，也是改善社会资本的最大障碍。① 不仅如此，它还带来了人们必须解决的健康问题。此外，所有这些疾病都会降低人们对生产力贡献的价值。②③ 很快，将贫困作为消除人力资本的一种方法的观点认为，贫困意味着"剥夺"。④ 2001 年 4 月，经合组织发展援助委员会成员国重申致力于减少一切形式的贫穷。作为这一承诺的一部分而确立的七项国际发展目标突出了教育和公共卫生，因为它们包括所有儿童的初等教育、降低婴儿和产妇死亡率以及改善生殖健康。因此，经合组织发展中心关于"健康、教育支出和贫困"的研究项目是这些机构在其重点和成果方面所表达关切的核心。经合组织在 2002 年发布的《健康、教育和减贫》 （*Health, Education and Poverty Reduction*） 文件中，为制定减贫战略提出了三个目标：公平、效率和一致性。为了达成这三个目标，经合组织不仅强调各国需要设计一套具体有效且目标一致的措施，又提出全民教育或医疗保健应根据贫困家庭的具体需求和行为来构建的具体设想。如果目标与可用资源不一致，并且不考虑培训所需的时间，任何政策都不可能有效。仅仅在几年内雇佣大量的教师、护士和医生是不可能的，因为这些工作需要或多或少的培训。总之，如果穷人要超越贫困线，他们必须建立健康储备和知识储备，进而才能够获得持久的收入增长。因此，所有反贫困倡议的设计和实施都应该牢记这两个目标，而不是孤立地解决其中某一个。⑤

① YÜKSEL H. General Overview on Poverty：The Sample of OECD Countries ［J］. Çankırı Karatekin University Journal of the Faculty of Economics & Administrative Sciences，2014，4 （1）：341-358.

② FUNK M，DREW N，KNAPP M. Mental Health，Poverty and Development ［J］. Journal of Public Mental Health，2012，11 （4）：166-185.

③ BARUSCH A S. Foundations of Social Policy，Social Justice in Human Perspective ［M］. 3rd ed. CA：Brooks/Cole Publishing Company，2009.

④ ATAGUBA J E，ICHOKU H E，FONTA W M. Multidimensional Poverty Assessment：Applying the Capability Approach ［J］. International Journal of Social Economics，2013，40 （4）：331-354.

⑤ OECD. Health，Education and Poverty Reduction ［EB/OL］. （2002-02-18）. https：//www. oecd-ilibrary. org/development/health-education-and-poverty-reduction_ 764315057662.

四、加强就业技能的培养，提供弱势群体的就业保障

弱势群体往往面临更多的就业和培训障碍。这可能包括对教育和学习的消极态度、缺乏负担得起的儿童保育、难以获得附近的机会、难以协调的福利分配以及个人其他情况和需求，这些都妨碍了弱势群体利用传统的就业和培训计划。1994 年经合组织"就业战略"强调了促进就业增长和降低失业率对于改善公平和减少经合组织国家对公共收入支持的需求的重要性。① 因此，"就业战略"的许多建议强调了劳动力市场机构和政策进行根本性改革的必要性，目的是增加个人工作和公司雇用的激励措施。② 劳动力市场机构和政策与收入不平等或贫困之间的关系很复杂。一方面，越来越多的分析为一些机构和政策对劳动力市场绩效的负面影响提供了明确的证据。减少结构性失业或增加就业的改革有助于减少收入不平等和贫困。另一方面，其中一些机构和政策可以直接减少收入不平等和贫困。③ 1998年经合组织发表了劳动力市场和社会政策专题论文《经合组织国家的社会和卫生政策：当前方案和最近发展概况》(*Social and Health Policies in OECD Countries：A Survey of Current Programmes and Recent Developments*)，其中谈到了经合组织国家对领取社会保障福利的劳动人口的政策方针的一个相当普遍的特点，他们倾向于促进就业，让受助者自食其力，而不是依靠公共援助维持生计。在当时的时代背景下，许多经合组织国家完善了对其失业福利制度和其他社会保障方案的改革，为劳动适龄人口重返就业市场提供了更大的激励和更多的机会。一些国家通过对受益人提出要求和改革福利以

① OECD. The OECD Jobs Study：Implementing the Strategy [EB/OL]. (2016-03-29). http：//www. oecd. org/employment/emp/1868182. pdf.

② OECD. Implementing the OECD Jobs Strategy：Lessons from Member Countries' Experience [EB/OL]. (2016-03-29). http：//www. oecd. org/els/emp/1941687. pdf.

③ BURNIAUX J F, PADRINI, BRANDT N. Labour Market Performance, Income Inequality and Poverty in OECD Countries [EB/OL]. (2006-07-17). https：//doi. org/10. 1787/882154447387.

鼓励劳动力活动，对失业福利制度进行了改革。许多国家都在努力发展积极的劳动力市场方案，包括那些在劳动力市场面临特殊困难的方案、支持年轻人从教育向工作过渡的具体干预措施、针对老年失业人员的特别措施，以及鼓励失业者接受低工资工作机会的财政激励措施。20 世纪末，在许多国家，帮助社会保障领取者重返工作岗位的一些常见干预措施包括：为雇用合格求职者的雇主提供工资补贴或减少社会保障缴款；提供培训或教育方案，从强化扫盲或补习教育到提供经济所需技能专业知识的职业培训，再到正式毕业后参与获得教育/专业资格的培训；为人们创办自己的企业提供财政援助，使其通过自己的主动行为和活动获得养活自己的手段；在某些情况下，协助求职活动，如果求职成功，提供求职成本和重新安置成本方面的财政援助；等等。

2001 年经合组织劳动力市场和社会政策专题论文《增长、不平等与社会保护》(Growth, Inequality and Social Protection)，把对待社会不平等中的社会保护政策分为两大类：主动政策和被动政策。主动政策主要是指为了鼓励这种社会支出的受益者增加就业，采取了积极的政策；被动政策是指消费从社会的一个群体转移到另一个群体，或者以现金转移以及服务的形式。主动政策有望减少市场收入不平等和最终收入不平等的现象。被动政策对市场收入不平等有复杂的影响。如果引入这类计划时没有人改变他们的行为，市场收入不平等将不会受到影响。无论主动与被动，这些政策的主要目的是促进社会平等，改善贫困人口的生活和就业状况，但是文件内容更加侧重能够改变人们行为、增加人们就业的积极社会政策，其更多的是关注积极的劳动力市场政策，这些措施可能包括帮助失业者找到并保留有薪工作，它们可能包括培训方案、帮助求职活动、为残疾工人提供康复服务和工资补贴。[①] 同年，经合组织发布的劳动力市场和社会政策专题论文《知识、工作组织和经济增长》（*Knowledge, Work Organization and Economic Growth*），对社会成员参与职业培训和终身学习的重要性进行了重点强调，并提出公共当局必须针对弱势群体（老年工人、受教育程度较低的人、非典型工人、少数民族、移民等），将失业和社会排斥的风险降至最低。论文强调有必要适当调整培训和学习方法，以考虑到每个群体的能力和动机以及他们的具体需求。经合组织并且推出了远程工作的新颖想法，远程工作可以为工作和家庭责任的结合创造更多的空间，从而促进更多的劳动力参与，它还为弱势群体，如身体残疾或生活在偏远以及贫困地区的群体，提供进入劳动力市场的机会。[②] 2013 年经合组织发表了《青年行动计划》，建议采取一系列措施解决当前青年高失业率的问题，包括推行积极的劳动力市场战略，鼓励雇主实施高质量的学徒或实习方案，同时通过加强教育系统、职业教育和培训的作用与效力以及协助从学校向工作过渡来改善青年的长期前景。从经合组织的文件脉络和推动教育扶贫的方向上来看，帮助弱势群体寻求合适的就业机会，利用职业教育与培训提供就业技能是其从 20 世纪至今一直在探索和坚持的实践和指导活动。

五、经合组织成员国推动教育扶贫的实践活动

教育和职业培训在一些国家深受重视，在各国所面临的诸多挑战中，提高弱势学生的学业表现以及相关学校的教学成效显得尤为重要。许多国家都通过实施普遍性策略或有针对性的政策来关注处于不利地位的学生群体。法国、希腊和葡萄牙都已引入了优先教育区（Priority Educational

① ARJONA R, LADAIQUE M, PEARSON M. Growth, Inequality and Social Protection [EB/OL]. (2001-06-29). https：//doi. org/10. 1787/121403540472.

② ARNAL E, OK W, TORRES R. Knowledge, Work Organization and Economic Growth [EB/OL]. (2001-06-05). https：//doi. org/10. 1787/302147528625.

Region）的概念，在这一区域内会对弱势学校提供有针对性的多方位支持。葡萄牙于 2012 年针对弱势学生和儿童早期学习中的辍学现象制定了相关法律，并覆盖全国 16% 的学校，主要是通过解决多学科问题和早期学习中的辍学现象来促进学生学业水平和学习质量的提高。还有一些国家通过财政手段来对学校提供支持。智利 2008 年颁布了优先补助政策，对小学和中学提供教学和技术上的支持。此举使得智利的学校系统发生了重要改变。①

　　经合组织国家向家庭提供的一系列付款、福利和税收优惠，通常还得到一系列其他家庭服务的补充。在获得基本服务方面，家庭通常受益于至少为其子女提供免费或优惠的教育和保健服务，而且家庭还可以获得优惠待遇，以获得合适的住房。许多城市还提供一般用途的娱乐设施，例如供儿童玩耍的公园，人们越来越重视城市绿地的保护和创建。经合组织国家选择性地向有需要的家庭提供一系列其他服务，其中包括儿童保护服务、对遭受家庭暴力家庭成员的援助服务、克服成人关系和亲子关系中的困难的咨询服务以及育儿教育服务。家庭预算建议和债务咨询服务也可能适用于低收入家庭，特别是在他们需要适应收入的大幅减少或应对收入较低的时候。澳大利亚有一项针对单亲家庭的综合方案，称为工作教育和培训方案。该方案自 1989 年开始实施，重点是增加获得教育和培训、儿童保育以及就业的机会，具体由教育和培训顾问来管理。该顾问负责评估单亲父母的需求，并协调获得必要援助的机会。除了针对单亲父母的特别方案外，一些国家还向希望重返劳动力市场，特别是在从事育儿活动很长一段时间后的妇女，提供特别援助。在德国，如果劳动者在重返劳动力市场时需要一段调整期的话，还可以获得更新技能的进一步培训或再培训方案、培训时的儿童保育补贴等。在一些国家，这也与呼吁父亲能够在更灵活的工作安排的帮助下承担更大份额的家庭责任相吻合。一些国家也在改善兼职工

---

① 刘浩. 经合组织国家教育公平问题探析［J］. 郑州师范教育，2018，7（6）：45-49.

人的工作条件（例如加拿大改善了获得就业保险福利的条件），或者在改善兼职工作的法律基础（例如丹麦、德国）方面做出努力。

20世纪90年代末期，一些经合组织国家改变了社会保障安排，限制年轻人获得求职活动现金福利。相反，他们被鼓励继续参加教育和培训活动。澳大利亚曾推出一项青年津贴，其特点是鼓励年轻人尽可能地继续接受教育和培训，并在很大程度上取消了目前现金福利安排中的短期财政激励措施。加拿大有一系列广泛的工作经验方案，加拿大青年实习主要由公共部门提供工作安置，加拿大青年服务局参与社区服务项目，学生暑期工作由公共、私营或非营利部门提供。2002—2005年，德国对失业服务进行了重大改革，旨在提高就业局将失业者带回劳动力市场的效率。职业教育和培训系统作为一个整体拥有充足的资源，将公共和私人资金结合起来，不仅支持双重制度和全日制职业学校，而且为需要额外支持才能进入全日制培训的年轻人提供了一系列过渡方案。尽管经济衰退，德国仍然为职业教育和培训系统提供了强有力的财政支持，雇主继续提供学徒名额，以应对不断上升的青年失业和人口变化可能导致未来劳动力的短缺的状况。针对年轻人的其他劳动力市场方案，往往侧重于那些仍在寻找第一份长期工作的人（例如奥地利、加拿大、德国的年轻人）。一些干预措施直接改善寻找工作的年轻人的就业前景。德国已使安排年轻失业者的临时就业变得更容易，而意大利在雇主雇用年轻失业者时引入了更灵活的就业合同制度。希腊为雇用年轻人的雇主提供特殊奖励，而葡萄牙则为雇用年轻人的雇主提供社会保障减免政策。

社会正义指标基于五个层级的指标分别为：预防贫穷、平等接受教育、劳动力市场包容性、社会凝聚力和平等以及代际正义。[①] 注重教育公平的

---

① KAUDER B, POTRAFKE N. Globalization and Social Justice in OECD Countries [J]. Review of World Economics, 2015, 151 (2): 353-376.

教育政策可以促进代际收入流动，并随着时间的推移减少收入不平等。各国可以通过给处境不利和处境有利的学生提供平等的机会来实现这一目标，从而取得优异的学业成绩，为他们继续接受更高水平的教育并最终获得好工作铺平道路。"智利团结方案"于 2002 年推出，旨在促进公平和增加机会。这是一项有针对性的扶贫工具，赋予穷人获得一系列服务的权利。它侧重于四个目标群体：单亲家庭、单身老人、无家可归者和父母在监狱中的儿童。服务包括医疗保健、儿童保育、教育、收入和其他家庭支持服务。家庭人员和客户签署参与合同，承诺采取具体行动，如参加体检、让子女接种疫苗和送子女上学等。因此，参与者的主要利益在于获得服务，而不是接受资金转移。除了智利在推动教育公平已达到缓解贫困的目的外，经合组织的成员国在推动教育扶贫时也会以不同的方法达到教育公平的目标。2014 年为爱尔兰提供政策指导的青年行动计划宣称，爱尔兰政府发起了一项意义深远的重组，为失业者提供就业和培训服务。在日本和韩国，教师和校长经常被重新分配到不同的学校，以促进有能力的教师和学校领导的均衡分配。芬兰学校指派受过专门训练的教师来支持面临辍学风险的学生，高技能、训练有素的教师遍布全国。在加拿大，与非移民学生相比，政府向移民学生提供同等或更多的教育资源，如辅导班，用以提高移民学生的成绩。[①] 在经合组织提供政策建议的指导和社会形势的推动下，经合组织的成员国在促进社会平等、践行经合组织宗旨、推动各国经济发展上，从社会实践和公共政策等多方面坚持不懈地努力着。

---

① OECD. How Pronounced is Income Inequality Around the World and How Can Education Help Reduce It [EB/OL]. (2012-04). https：//www. oecd. org/edu/50204168. pdf.

第三节　经济合作与发展组织推动教育扶贫的演进历程

一、20 世纪 60—80 年代：重视教育的经济效益，致力于人力资本的开发

经合组织成立于 1961 年，主要关心工业发达国家的共同问题，也经常为成员国在制定国内政策、确定在国际组织和国际事务活动中的立场方面提供帮助，被誉为发达国家的"智囊"。[①] 20 世纪 60 年代，美国经济学家舒尔茨和贝克尔创立人力资本理论，开辟了关于人类生产能力的一条新思路。教育所培养的人才成为提高劳动生产率的重要资本，这一观点被欧美各国学者所认可并在当时广泛流行，经合组织当时也抓住了人力资本的关键要点，充分挖掘人才培养所发挥的生产和经济效应，其成员国也因此纷纷加大对教育的重视程度和投资力度。20 世纪 60—80 年代，经合组织在帮助弱势群体和促进教育公平所做的努力受社会需求的驱动，因此更多的是站在社会福利支持层面进行实践活动并颁布相关的政策和报告，比如 1981 年《危机中的福利国家》（*The Welfare State in Crisis*）、1988 年《社会保障的未来》（*The Future of Social Protection*）等。在此期间，经合组织把教育对弱势群体的扶持置于社会发展这一背景下进行考察，并认为教育质量的提高、人才培养的过程、弱势群体和学校的扶持、劳动者知识与技能水平的提升都是为社会和经济发展所服务的。1968 年，经合组织设立了第一个教育专门机构——教育研究与创新中心（Center of Education Research and Innovation，简称 CERI），积极开展教育教学方面具有前瞻性和创新性

---

① 窦卫霖. 关于 UNESCO 和 OECD 教育公平话语分析 [J]. 华东师范大学学报（哲学社会科学版），2013，45（4）：81-86，154.

的研究，并致力于为教育研究、创新和政策发展建立有效联结。①

1973 年发布的《回归教育：终身学习的一项策略》（*Recurrent Education：A Strategy for Lifelong Learning*）报告阐述了"回归教育"的"再教育"特征，主张在个人的生命周期中，教育应该以循环交替的方式与工作、休闲、退休及其他活动轮替发生。② 报告强调人需要再教育以实现教育机会均等和人的解放，表达了教育的人文关怀和对社会发展的关键作用，突破了教育为经济服务这一限定条件。突出了这种方式对教育和社会经济政策制定的重要影响。该报告代表着经合组织首次引领了国际终身教育的学习浪潮。受社会和经济变迁的影响，1978 年，经合组织召开以"社会和经济变迁中的未来教育政策"为主题的第一届成员国教育部部长会议，将提高教育质量、促进经济增长设定为 20 世纪 80 年代的工作重点。③

自 1982 年以来，经合组织设置了专门的地方性经济和就业发展方案，从经合组织成立之初至 20 世纪 80 年代末，始终以社会发展和经济增长为标杆，利用教育促进社会平等，推动教育公平。

二、20 世纪 90 年代：重视教育指标的监测，完善就业技能的准备

20 世纪 90 年代，资源、资本、劳动力等要素在全球范围内加速流动，伴随着知识经济和全球化进程，经合组织的教育公平政策更注重用数据和教育指标说话。自 1992 年起，经合组织教育研究与创新中心的年度教育报告《教育概览》（Education at a Glance）中使用的教育体系成为第一套较为完整的国际教育指标体系，经合组织所参照的指标体系每年都得到了长足的发展，它对教育政策的制定、教育管理者的培养、教育的优化等方面都

① 武凯. 经合组织教育政策价值取向研究 [D]. 上海：上海师范大学，2018.
② OECD. Recurrent Education：A Strategy for Lifelong Learning [R]. Paris：OECD，1973.
③ 亚当斯. 教育大百科全书：比较教育与国际教育 [M]. 朱旭东，译. 重庆：西南师范大学出版社，2011.

产生了重要的影响。此外，《发展合作报告》(*Development Co-operation Report*)是经合组织发展援助委员会主席的年度报告。从 20 世纪 90 年代至今，它提供了关于每个成员国的官方援助方案的详细统计数据和分析，并概述了在不同年份和社会形势下共同讨论的问题的趋势。《就业展望》作为与《发展合作报告》同期的年度报告，是经合组织关于其成员国和不同地区就业情况的年度报告。每个版本都回顾了就业的最近趋势、政策发展和前景。报告提供关于失业率、非全时就业、就业人口比率和活动率的数据，还提供关于劳动力市场方案支出、平均年薪和收入差距等数据。国际成人能力评估调查是一个独特的数据集，它为研究提供了许多可能，因为它包括技能、收入、人口等各种个人水平指标以及经合组织国家的其他国际可比信息。国际学生评估项目（The Program for International Student Assessment，缩写为 PISA）成为公认的衡量国际教育质量的重要工具，年度性的《教育概览》为世界各国提供了及时的可参照的教育数据和信息，为各国制定教育政策和制度提供了理论和数据支持。开发署等组织将资源指标与成果指标相结合，制定了人类发展和贫困的综合指标。开发署的贫穷指标包括健康指标和成人识字率。这种结合可能在几个方面是合理的。人们普遍认为，大多数穷人面临双重障碍（缺乏教育和健康不佳），这既是贫穷的标志，也是贫穷的原因。这些都显示出经合组织越来越重视利用资源指标来说明信息和阐述教育问题，重视教育指标，强调教育推动扶贫所做出的贡献，不仅成为评判贫穷动态的重要标志，同时也是一种推动贫穷或弱势国家提升教育质量、改善大众生活的强大动力。

教育指标是经合组织进行教育政策制定和教育现象分析的一个参照标准，具体而言，在 20 世纪 90 年代，经合组织利用教育，特别是职业教育扶贫重点改变了现金转移或福利保障的方式，从加强教育培训、提高就业技能着手，增加就业机会、提高就业能力，以改善大众的劳动能力和生活水平。这期间经合组织发布了一系列的报告，比如 1994 年的《经合组织就业研究：实施战略》（*The OECD Jobs Study：Implementing the Strategy*）、1997 年的《实施经合组织的就业战略：来自成员国的经验教训》（*Implementing the OECD Jobs Strategy：Lessons from Member Countries' Experience*）、1998 年的《技术、生产力和创造就业机会：最佳政策实践》（*Technology，Productivity and Job Creation：Best Policy Practices*）和《经济合作与发展组织国家的社会和卫生政策：当前方案和最近发展概况》（*Social and Health Policies in OECD Countries：A Survey of Current Programmes and Recent Developments*）。此外，1999 年发布的《四个经合组织国家的贫困动态》（*Poverty Dynamics in Four OECD Countries*）从成员国加拿大、英国、德国和美国入手，关注它们的贫穷动态，分析其贫穷原因，以期得出更为有效的建议和政策。在机遇与挑战并存的 20 世纪 90 年代里，经合组织借鉴其他国际组织的做法和经验，深刻分析全球的社会动态，在帮助弱势群体和推动社会公平的工作中不断给出先进的教育建议并颁布了相关政策，为新世纪的发展奠定了稳固的实践经验和理论基础。

三、21 世纪以来：深入教育扶贫，实现全球治理

经合组织的宗旨是通过制定与实施全球性的政策保持世界经济增长和改善人们的社会福利。经合组织利用其丰富的信息资源帮助成员国通过经济增长和金融稳定实现繁荣和消除贫困，同时确保把经济和社会发展对环境的影响纳入考虑范围。[①] 从设立之日起，经合组织就直接或间接地参与全球教育领域相关事务，积极开展对世界教育问题和经济发展的研究、分析，为各国提供了可量化的教育指标和信息；并提出解决的策略和方案，

[①] 周洪宇，付睿. 国际经济组织的全球教育事务参与——以经济合作与发展组织（OECD）为例[J]. 中国高等教育，2017（9）：60-63.

为世界教育质量的评估、教育公平的推动、贫困的消除方面做出了全球性的贡献。

进入 21 世纪以后,全球化和现代化正构建着一个不断变化和交融的世界,个人和社会面对许多挑战。经合组织的宗旨也突出了教育在个人的发展、可持续的经济增长和社会融合方面的重要作用。在经济危机发生的 21 世纪早期,经合组织仍然更多的是从社会层面出发探讨对贫困和弱势人群的保护,例如发布了《国家的福祉:人力资本和社会资本的作用》《增长、不平等与社会保护》《职业指导和公共政策:缩小差距》等政策报告。2008 年金融危机爆发并蔓延至世界各地,经合组织成员国同样也承受了严重的经济危机,贫困程度加剧,教育事业受到严重打击,金融性经济危机很快转变成就业危机。自 2008 年下半年以来,许多经合组织国家和其他国家的生产量大幅下降,导致就业率显著下滑,失业率急剧上升。如同以往出现严重的经济不景气现象时一样,在劳动市场中原本处于弱势的群体,如青年、低技能人员、女性更容易遭受失业的可能和贫困的风险。2009 年《就业展望》强调各国政府必须竭力应对,降低经济和就业危机所引起的社会和经济成本。报告提出了两个优先事项:第一,暂时性地延长失业救济金的领取时间,或者扩大非标准职工的涵盖范围;第二,实施积极的劳动力市场政策,为更多求职者增加就业机会,减小失业的可能性。此外,经合组织更加强调教育培训,确保更多弱势的求职者有从业机会,不脱离劳动力市场,以期有效复苏劳动力的供给。[①] 同年,《为更多更好的工作提供灵活的政策》的专项报告也发布了出来。

经济危机的影响逐渐缓和后,经合组织仍然重点关注大众的教育培训和就业情况,特别是在求职过程中处于弱势地位的群体,强调就业技能的

---

① OECD. Employment Outlook 2009: Tackling the Jobs Crisis [EB/OL]. (2009-09-16). https: // read. oecd-ilibrary. org/employment/oecd-employment-outlook-2009_ empl_ outlook-2009-en.

重要作用，发表了一系列的政策和报告，例如《为工作而学习》《更好的技能，更好的工作，更好的生活：技能政策的战略方法》《经合组织青年行动计划》《解决弱势群体的长期失业问题》。在这一阶段，保障社会稳定、促进经济增长、提高青年就业能力，逐渐成为经合组织工作的核心事务。也是在这个时期，教育与培训对于提高就业率、完善劳动力市场、促进经济发展的作用愈发突出，教育扶贫上升到一个更加全面而深入的高度。

第四节　新自由主义：经济合作与发展组织
教育扶贫的内在逻辑

一、绩效主义，注重效率和影响力

新自由主义的特征之一即强调绩效的获得，而在教育扶贫领域则体现在所颁布的相关扶贫政策和方式所产生的效果或者影响，经合组织在制定文件和政策前，都会考虑到相关方案的成本和效益。它强调目标与可用资源的一致性，减贫战略再也不能像此前的情况那样，依靠增加资源来制定。这就需要一种新的方法，即各国设计、实施教育和卫生政策，在给定的预算下，最大限度地增加穷人的收益。

此外，在衡量不同区域的贫困程度和绩效时，经合组织善于利用指标和数据来衡量。例如，经合组织认为发展中国家和发达国家对贫穷的衡量方式不同，这导致各国对贫穷的理解存在差距，进而在如何更好地解决贫穷的问题上产生分歧。《论贫困的相对性：对发展中国家而言》一文通过为发展中国家划定一条相对贫困线（政府规定维持最低生活水平所需的收入标准），来准确地解决发展中国家与发达国家不同的贫困问题。又如《经合组织国家区域一级收入不平等和贫困的衡量》用大量数据研究比较了经合组织国家的收入不平等和贫困水平。对于利用简单的全国平均数所造成的容易忽略的差距，文件中介绍了经合组织国家收入不平等和贫困的国家区域差异可比数据的新集合。这是在衡量贫困程度和不平等性时经合组织所做出的贡献。

二、减贫的市场性作用，发挥竞争的优势

运转良好的市场是经济增长和减贫的必要条件。市场的有效运行对于提高公民的生活水平以及为国家提供公共产品和解决其他相关问题提供必要的资源。福利政策不仅表现为收入方面的支持，更应试图促进人力资本的增长和个人就业能力的提高。当前对发展的思考强调市场治理机制（法律和机构）对促进经济发展和减贫的核心作用。《健康、教育和减贫》文件中，经合组织为制定减贫战略提出了公平、效率和一致性三个目标。其中关注到利用私营部门提高公共支出的想法，私营部门在教育和医疗的供应上不仅具有多样化和便捷化的优势，并且在城市地区，私营部门将在一定程度上创造竞争，从而使国家有可能提高公共部门的效率。经合组织认为，教育和保健服务的权利下放（将其置于地方控制之下）将导致更有效的管理。在保证区域平等的基础上，这种改革是可取的，因为它们符合民主进程。

一个新经济时代已经到来，新技术特别是信息和通信技术，与国际经济一体化一道被视为影响未来发展的关键因素。从劳动力市场这一角度出发，经合组织认为需要制定政策，利用以新技术迅速扩散为特征的新经济环境，来促进经济增长和就业。第一，为了抓住这些机会，需要确保工人积极进入劳动力市场；第二，政府必须创造有利于获得所需技能和能力的环境；第三，需要解决劳动管理机构是否（以及如何）适应不断变化的经济形势的问题。同时，经合组织强调培训对于提高新经济环境的效益至关

重要，特别是职业培训，它是人力资本的重要支柱。然而，现有的大多数分析都只关注正规教育，而对企业培训的关注相对较少。在新自由主义理念的影响下，经合组织开始重视企业培训在提高工人就业能力和劳动生产率方面的作用。事实上，大部分生产率的提高将通过重组在公司内部发生，这一过程可以通过培训来促进。由于技术偏向的变革，过去三十年里，劳动力市场对低技能工人的需求相对有所下降。在劳动力市场灵活和机构较弱的国家，虽然工人工资下降，但他们仍然在就业。在市场僵化的国家，机构阻止低技能工人工资的下降，因此这些工人失去了工作。①

　　新自由主义认为，国家干预主义的理论是错误的，依据其理论而制定的政策也是无效的，它违反了西方经济学关于"理性人"这一基本假定，因此政府应该退出对经济的干预；政府的责任不应是直接干预社会的经济事务，而是制定和执行私人经济活动所应遵守的规则，鼓励竞争，为市场经济的顺利运行创造适宜的环境。② 在教育对减贫所产生的影响中，经合组织倾向于尝试改变政府直接干预的手段，如现金转移和福利政策等，而是利用企业培训和工作激励制度帮助弱势群体获得工作机会，提高工作技能。许多经合组织国家就如何建立福利制度进行了大量讨论，认为该制度要为那些无力养活自己的个人和家庭提供充分的收入保护，同时保持工作激励。自经合组织就业战略建议于1994年首次发布以来，各国政府越来越多地引入旨在通过工作鼓励自给自足的在职福利。在职福利是向贫困家庭或个人提供收入补助的福利计划，条件是他们必须工作。这种"以工代赈"的扶贫方式大大提高了市场和企业对工人培训的主体作用，也从根本上动摇了这类群体的贫困源头。

---

① JOVICIC S. Wage Inequality, Skill Inequality, and Employment: Evidence and Policy Lessons from PIAAC. [EB/OL]. (2016-12-28). https://doi. org/10. 1186/s40174-016-0071-4.

② 周兴国. 新自由主义、市场化与教育改革 [J]. 外国教育研究, 2006 (3): 9-13.

三、深入全球化教育扶贫，经济合作与发展组织国家共同努力

经济全球化通过贸易和金融自由化实现世界经济一体化，这可以说塑造了当今世界的重要趋势，它正以不同的方式影响着全世界。世界各国的教育改革的重要目标是通过提高教育质量和学生发展水平进而提升全球竞争力和国际影响力，经合组织在利用教育进行扶贫的过程中，充分论证了全球的社会公平和教育平等的问题。全球化是一个被广泛研究的现象，全球化是否符合社会正义的辩论一直存在。一方面，全球化确实为全球的资源共享和经济的绿色增长起到了相当大的促进作用；另一方面，当全球化趋势创造出一部分赢家和输家时，社会差距拉大，对社会保护的需求可能会增加。因此在这种情势下，经合组织不仅总结出经济全球化和社会保护与国家间不平等的联系[1]，并且用新的指标来衡量全球化和社会正义之间的关系。[2] 经合组织教育政策委员会 2012 年 4 月发布的《全球关系战略》指出，经合组织全球教育战略对于成员国和伙伴国具有互惠互利的影响，即经合组织成员国将获得有关教育改革与发展的多样观点与解决方案，并扩大经合组织标准和价值的影响力等；而伙伴国将受益于经合组织的测评工具和政策指导以及大量的同行学习和能力建设机会等。[3] 总之，经合组织在全球化趋势的潮流下，借鉴新自由主义理念的思想，对全球教育的完善和贫困的治理，不仅面向全球实行，更需要全球共同参与。

---

① BERGH A, KOLEV A, TASSOT C. Economic Globalization, Inequality and the Role of Social Protection [EB/OL]. (2017-12-04). https：//doi. org/10. 1787/c3255d32-en.

② KAUDER B, POTRAFKE N. Globalization and Social Justice in OECD Countries [J]. Review of World Economics, 2015, 151 (2)：353-376.

③ 方乐，张民选. 经济合作与发展组织教育工作组织运作及其特征探析 [J]. 外国中小学教育，2019 (8)：10-16, 9.

第三章 世界银行推动教育扶贫的政策、实践与经验

教育，对于个人而言，能够促进就业、增加收入、减少贫困；对于社会而言，能够在长期的条件下推动经济增长，刺激和加强创新与改革，并且能够增强社会凝聚力。因此，教育是维护社会稳定、促进社会发展的强大动力，也是消除贫困、促进公平的有效手段。世界银行是以扶贫为宗旨的政府间国际组织，一直致力于减少贫困、增进共同繁荣和促进可持续发展。对教育进行明智而有效的投资，对于消除极端贫困、发展人力资本至关重要，教育落后与不发达地区也是近年来世界银行不断提升关注、加大投资的对象。世界银行旨在通过加大教育扶贫力度，予以教育援助，提供教育帮扶，促进教育的发展，进而实现教育公平，最终为实现以可持续发展的方式消除极端贫困和促进共享繁荣的目标贡献力量。

第一节 世界银行教育扶贫政策的演进历程

自世界银行成立以来，人们就开始逐渐认识到教育的发展是大多数发

展中国家亟待解决的问题，但是对于是否要进行教育扶贫、是否需要提供教育贷款一直存在较大的争论。在第三任行长布莱克的推动下，世界银行开始对教育进行投资，强调教育的发展对于经济发展的有效促进作用。多年来，世界银行致力于加强对教育的关注与改善，不断扩充自己的工作领域，并实现从单一的金融机构向多元化全球治理转变，逐渐形成其全球教育治理体系。世界银行教育扶贫政策整体分为提供教育援助、发展与调整以及全新发展三个阶段。

一、提供教育援助，以经济发展为导向

世界银行以消除极端贫困、促进共同繁荣为使命。在早期，西方对于解决贫困问题的首要理解是实现经济的增长，但这需要依靠外部力量的支持。世界银行在政策探索中发现，教育具有强大的推动力，发展教育是促进国家健康稳定发展的有效途径，是减少贫困的必要措施。因此，提供教育援助是世界银行在解决贫困问题进程上的一项重大举措。1963 年，世界银行出台了第一个正式的教育文件《世界银行及国际开发协会在教育领域的政策提案》（*World Bank and IDA Policy Proposals in Education*），并提出了世界银行应该资助一些教育项目，从而为一些国家的经济发展做出贡献。这些优先投资的教育领域包括职业教育、教师教育和各层次培训以及普通中等教育。① 在发展中国家和较贫穷的国家中，经济的落后除了与国家的整体实力相关，劳动力的匮乏也是重要原因之一，缺乏相关的知识人才与技术人员，无法实现行业的大力发展，因而也无法带动经济的发展。于是，世界银行高度认可职业技术教育和培训与经济发展的紧密联系，所以在资助初期，职业教育备受世界银行的重视。世界银行以关注并提高劳动生产率为出发点，非常乐意资助职业技术学校或技术导向的课程，坚持其贷款

---

① 张民选. 国际组织与教育发展 [M]. 上海：上海教育出版社，2010：204-205.

的条件必须是中等教育的课程并朝技术、农业和商业的多样化方向发展。[①]
这也是因为在世界银行的治理理念里，教育投资要在满足各国人力资本发
展的前提下，培养直接刺激经济发展的技术型人才，才能够达到建立经济
基础、减少贫困的目的。1970 年 7 月，世界银行的执行董事在备忘录中
说："我们应在对整个教育系统进行全面检查的基础上确定优先级并选择
项目，应该继续强调那些像职业培训这样的项目，因为这些项目能够直接
产生受过训练的人力。"在世界银行 1975 年发布的《对世界贫困的反击：
农村发展、教育和卫生问题》 （*The Assault on World Poverty：Problems of
Rural Development，Education and Health*） 文件中分析道：1963—1971 年财
政的特点突出表现在大力支持技术和职业教育（29%）与农业教育和培训
（15%） 方面，大部分贷款（44%）用于普通中等教育，主要以综合学校的
形式为农业、工业和商业科目提供高级的职前教育专业选择。此外，教师
培训机构吸收了大约 12% 的贷款。[②]并且从 1963 年到 20 世纪 70 年代中期，
世界银行援助职业教育和培训的总体份额是持续增加的，职业教育和培训
计划占用了世界银行援助教育计划费用的近一半。这突显了在前期发展阶
段，世界银行对教育的援助主要是通过资助发展职业教育与培训，提高发
展中国家的劳动能力，改善其人力资本结构，推动经济的发展。

　　在这一阶段，教育援助主要通过教育贷款与资金支持来实现，而作为
世界银行开展教育援助的首要领域，职业教育与培训发挥了它特有的经济
功能，为世界各国的经济复苏贡献了一定的力量。在其他教育类型的援助
上，世界银行涉及高等教育与其他教育。但值得一提的是，在初期，初等
教育几乎完全被忽视了。但随着教育研究的深入，世界银行发现更高层次

---

　　① 和震. 世界银行职业教育政策的演变 [J]. 清华大学教育研究，2010，31 （1）：66-70，76.
　　② THE WORLD BANK. The Assault on World Poverty：Problems of Rural Development，Education and
Health [M]. Baltimore Maryland：Johns Hopkins University Press，1975.

的教育质量是建立在初等教育的基础之上的，因此初等教育逐渐得到了世界银行的重视。这在世界银行之后的教育政策中逐渐显现出来。

二、提出全面资助，调整教育扶贫的结构和内容

在资助结构方面，世界银行在 1971 年的《教育：部门工作报告》（*Education: Sector Working Paper*）中提到初等教育资助存在不足的问题。截至 1971 年，世界银行 72% 的教育经费用于中等教育，而大约 23% 的经费用于大学和中学后教育，4% 的经费用于成人培训，而直接的小学教育（相比于教师培训的间接影响来说）仅获得了略高于 1% 的经费。[①] 也是从 20 世纪 70 年代开始，世界银行开始逐渐调整其教育资助在各教育领域的分配，各个领域的教育都能够得到世界银行的教育资金，初等教育的教育经费资助所占比重也逐渐增长起来。世界银行在 1980 年提出了相对较高的初等教育收益率，强调了初等教育的重要性。提出要为所有儿童和成年人提供基础教育（不分性别、种族和社会经济地位），还要将教育与工作和环境联系起来。[②] 同时，世界银行开始认识到中等职业学校的教育可能并没有达到理想的效能，人们只有在接受了普通的基础教育之后再接受职业教育与培训才能达到更加理想的效果。另外，针对专门的工作和职业，以学校为基础的培训被认为是高成本的、缺乏职业相关性的，而非正规学校的工业培训中心被认为是急需的，世界银行提出应鼓励企业提供技能开发项目和在职培训，把职业培训和工场培训作为培训劳动力技能的优选途径。[③] 在职业教育和培训内部，职业教育逐渐从以学校为主体的教育里剥离出来，学校之外的职业培训获得了援助，逐渐增长。

① THE WORLD BANK. Education: Sector Working Paper [R]. Washington, D. C., 1971.
② THE WORLD BANK. Education: Sector Working Paper [R]. Washington, D. C., 1980.
③ 和震. 世界银行职业教育政策的演变 [J]. 清华大学教育研究, 2010, 31 (1): 66-70, 76.

在资助内容方面，1970 年以前，世界银行的教育资助资金的 69% 用在学校建筑上，28% 用在购置仪器设备上，仅 3% 用在人力和技术支持上。①因为发展中国家严重缺乏学校，所以世界银行一直比较重视教育资助资金在学校建设上的分配。随着时间的推移，受援国需要新建学校的数量自然减少，因此，学校建筑资助资金所占比重逐渐减小。而教科书、教学仪器设备等是影响教育质量的重要因素，发展中国家在这方面尤为薄弱，所以这一方面的资助资金所占比重在不断增大。人力和技术援助涉及提供师资、顾问人员，还包括为部分人员提供留学的机会和助学金等，它所占比重也在增大。这表明世界银行比较重视对发展中国家的政策指导与干预，重视影响教育资助项目实现目标的师资的培训。② 到 20 世纪 70 年代末，世界银行教育资助的费用分配比例已经有了较大的变化，对人力和技术支持的比重在不断增大。到 20 世纪 90 年代后期，世界银行在教育领域的人力资源、技术革新等方面的"软投入"超过了总投入的 60%。20 世纪 80 年代至 20世纪 90 年代，教育政策成为世界银行的重要议程，其侧重点转向强化初等教育的公共投资，实行成本补偿政策，促进教育系统的权力下放，以及加强私人对政府教育供给的补充和完善。20 世纪 90 年代后，世界银行开始关注学生的学业成果，提倡建立公私伙伴关系，以及将高等教育作为提升竞争力和促进全球知识经济发展的重要途径。③

通过不断改进，世界银行投资的内容已从开始时的仅限于技术类，如工程、技术和管理以及职业技术学校，发展到现在的基础教育、人文类教育和培训类教育；不仅投资于教育的硬件，如校舍、教育器材，还投资于

---

① 张民选. 国际组织与教育发展［M］. 上海：上海教育出版社，2010.
② 马健生. 国际教育资助的发展趋势［J］. 比较教育研究，1997（2）：43-48.
③ 阚阅，陶阳. 向知识银行转型——从教育战略看世界银行的全球教育治理［J］. 比较教育研究，2013（4）：78-84.

教育改革、教材课本以及其他软件方面。① 总的来说，世界银行的教育援助事业在历史进程中不断扩大。同时，世界银行开始逐渐强调教育的质量，通过技术革新、教育政策等手段激发各国教育改革的活力，加大教育改革的实施力度，实现教育促进生产力提高、国民收入增加以及人民幸福生活的美好愿景。

三、跨越新世纪，加大教育扶贫力度

随着时代的发展，到 20 世纪 90 年代中期，世界银行的教育援助面临着内忧外患的困境。一方面，如欧洲联合银行、亚洲发展银行、美洲发展银行新兴资助组织的出现，给世界银行带来了挑战；另一方面，世界银行的内部行政也存在着一些问题，导致资助研究力量薄弱。② 世界银行的教育援助开始探索新的领域，不断扩大教育扶贫力度。1998 年，世界银行在文件中提出了世界银行教育知识管理系统，包括有关获得教育机会和教育平等、儿童的早期开发、高效率的学校和教师、教育经济学、后基础教育、教育系统改革和管理、项目设计与实施等信息。世界银行将继续扩大和改善人们接受初等教育的机会，尤其是扩大和改善农村儿童接受初等教育的机会。③ 世界银行在 1999 年的教育战略中强调，世界银行的战略重点要落在实现援助发展中国家教育政策的制定上，同时要完成增加入学机会以及改善教育质量的教育使命。世界银行教育战略的目标是实现有质量的全民教育，也就是确保所有人都能够完成有质量的基础教育，获得阅读、计算、推理和社会交往等基本技能，以及拥有贯穿终身的继续学习高级技能的机会。④ 2000 年，联合国提出了"千年发展目标"（Millennium Development

---

① 金俭伦. 世界银行教育投资探讨 [J]. 教育与经济, 2001 (2)：44-46, 8.
② 张民选. 国际组织与教育发展 [M]. 上海：上海教育出版社, 2010：210.
③ 何曼青, 马仁真. 世界银行集团 [M]. 北京：社会科学文献出版社, 2004.
④ THE WORLD BANK. Education Sector Strategy [R]. Washington, D. C.：World Bank Group, 1999.

Goals，缩写为 MDGs），共提出了八个目标，世界银行致力于目标 2 的推进：到 2015 年普及初等教育。确保到 2015 年，世界各地的儿童，不论男女，都能上完小学全部课程。[①] 世界银行在 2005 年的教育战略中表明，战略的两个主要目标就是全民教育和知识经济，即帮助受援国实现"全民教育目标"和"千年发展目标"，以及通过构筑全球市场竞争和培育经济增长所需的高水平技能与知识，加强教育在知识经济中的基础性作用。[②] 接着，世界银行在《2007 年世界发展报告：发展与下一代》中指出了青年是促进减少贫困和经济增长的关键力量，并强调投资可以改善他们的教育、医疗和职业培训，可以产生促进经济高速增长和大幅度减少贫困的效果。[③] 2011 年，世界银行推出《全民学习：投资于人民的知识和技能以促进发展》（*Learning for All*：*Investing in People's Knowledge and Skills to Promote Development*），规划了世界银行在 2020 年前关于教育领域的工作重点与导向，提出了"尽早投资、明智投资、全民投资"，侧重教育投资的早期性、适应性和公平性，使儿童、青年和其他所有学习者真正地学有所获，并且要加强促进学习者获得多方面的能力以及对学习者学习结果的关注，强调人们获得的知识和技能是实现经济增长与发展以及摆脱贫困的有效手段。[④] 2015 年，世界银行与解决青年就业问题联盟（Solutions for Youth Employment，S4YE）推出了《解决青年就业问题：战略规划（2015—2020 年）》（*Solutions for Youth Employment*：*Strategic Plan* 2015-2020），以帮助全球青年应对就业方面的挑战，其长远的目标是在 2030 年为全球 1.5 亿青

---

① THE UNITED NATIONS. Millennium Development Goals 2：Achieve Universal Primary Education [EB/OL]．(2013-09)［2020-03-15］．https：//www. un. org/zh/millenniumgoals/pdf/Goal_ 2_ fs. pdf.

② 阚阅，陶阳. 向知识银行转型——从教育战略看世界银行的全球教育治理［J］. 比较教育研究，2013（4）：78-84.

③ 世界银行. 2007 年世界发展报告：发展与下一代［M］. 北京：清华大学出版社，2007.

④ 孔令帅，李超然. 全球教育治理中的世界银行"知识银行"战略：发展、实施及局限［J］. 教育与教学研究，2019，33（9）：80-90.

年提供就业帮助。目前，在低收入和中等收入的国家或地区，有53%的人在小学毕业之前无法阅读和理解一个简单的故事。在贫穷国家，这一比例高达80%。如此高的文盲率是全球教育目标和其他相关的可持续发展目标处于危险之中的预警信号。面对学习危机，世界银行引入了学习贫困的概念，并利用了与联合国教科文组织统计研究所合作开发的新数据，利用三项主要工作来支持各国减少学习贫困。一是提供扫盲政策包，其中包括专门针对促进小学阅读能力培养的干预措施；二是改革教育方法，以加强整个教育系统，从而可以持续提高扫盲水平，并实现其他教育成果；三是设置衡量指标和研究议程，旨在缩小数据差距，并继续就如何建立基础技能进行行动上的研究和创新。

跨越新世纪，世界银行在原有的教育援助的基础上，更多的是不断制定战略规划，传达其教育理念与思想，并且通过建立开展大规模的国际合作以及国家合作，提供教育援助计划，给予国家或地区指导性的意见或建议，给各国的教育改革与发展提供实质性的帮助。同时，世界银行逐渐加强"知识银行"的建设，加强对一系列全球性问题的研究，提供知识与经验，为世界各国教育与社会的发展提供了重大帮助。

第二节　世界银行教育扶贫政策的主题

一、幼儿教育

早期投资是一个国家消除极端贫困，促进共同繁荣并创造经济多样化增长所需的人力资本所能做的明智选择。儿童早期发展是实现对初等和中等教育投资承诺的第一步，因为学习是一个积累性的过程，儿童早期发展投资有效地培育了与儿童未来成就息息相关的技能，这些技能进一步促进了后来阶段技能的形成。一旦国家投资儿童早期服务，儿童就为后来的学习和生产力发展做好了准备。世界银行集团对十二个国家和地区的幼儿教育的长期收益进行了研究，研究发现：上学前班的儿童比不上学前班的儿童的平均在校时间要长将近一年，而且更有可能受雇于高技能的职位。①因此，世界银行高度重视对幼儿的教育扶贫。世界银行集团通过确保幼儿获得适当的营养、早期的刺激和学习等各种措施，支持世界各国。早期学习伙伴关系（Early Learning Partnership）是由世界银行管理的多方捐助信托基金，致力于与各个国家和地区合作，通过研究、政策规划、项目设计和保障财务，来促进对儿童早期阶段的更多投资。早期学习伙伴关系除了为国家级活动提供赠款外，还通过建立工作计划解决了早期学习中的紧迫问题，包括让非国有部门参与，投资于早期学习以获得未来的技能，衡量学习质量和效果，支持运营、流程和影响评估，以帮助各国扩大幼儿教育的规模。②世界银行在越南实施越南入学准备促进项目（Vietnam School Readiness Promotion Project），通过对 90% 的幼儿教师和管理人员进行以儿童为中心的学习培训，建立质量保证体系和认证程序，制定支持标准和质量保证体系的政策，采取加强监测和报告等措施，将全国全日制幼儿园的入学率从 64% 提高到了 85%，提高了幼儿教育的质量。③为了与慢性营养不良做斗争，尼日尔政府与世界银行和联合国儿童基金会合作，建立了针对妇女的社会安全网计划。除了向贫困家庭直接提供现金援助支持，世界银行和联合国儿童基金会还联手制定了相应的措施，以使当地人们认识到

---

① THE WORLD BANK. Early Childhood Development［EB/OL］.（2017-09-24）［2019-12-02］. https：//www. worldbank. org/en/topic/earlychildhooddevelopment#1.

② THE WORLD BANK. Early Learning Partnership［EB/OL］.（2015-12-11）［2019-12-02］. https：//www. worldbank. org/en/topic/education/brief/early-learning-partnership.

③ THE WORLD BANK. The World Bank's Unwavering Commitment to Early Childhood Education［EB/OL］.（2019-04-10）［2019-12-02］. http：//blogs. worldbank. org/education/world-bank-s-unwavering-commitment-early-childhood-education.

需要采取更好的养育方式，特别是促进儿童获得营养和发展。① 在约旦实施的"教育改革支持计划"（Education Reform Support Program）也致力于增加儿童获得优质早期学习的机会，并接纳 30 000 名约旦难民儿童入学；对所有的学前老师进行培训，将基于游戏的学习融入课堂，防止性别定型观念的出现并促进社会情感的发展；支持为公立和私立幼儿园开发和推出新的质量保证体系。② 世界银行一直在与蒙古政府合作，为该国广大农村地区创建流动幼儿园，并提供书籍和玩具以促进孩子们的学习。这一项目已经使蒙古约 8 500 名偏远地区的儿童受益，其中还包括一项针对家庭的创新计划。该计划针对游牧父母，教他们与孩子互动，并要求他们每周花几个小时扮演学龄前老师的角色。结果令人鼓舞，参与的儿童的发展大大超过了参加公共替代性早期儿童计划的同龄儿童。③ 2016 年，世界银行与联合国儿童基金会一道启动了幼儿发展行动网络（The Early Childhood Development Action Network，缩写为 ECDAN），该网络将政府、发展伙伴、民间社会、议员和私营部门召集在一起，以增加对幼儿发展的投资。为了实现其对所有年幼儿童发挥潜能的愿景，该网络主要采取了以下措施。一是致力于协调国家、区域和全球各级支持幼儿发展参与者的行动；二是在国家和社区之间共享知识，包括技术工具和资源、宣传材料等；三是扩大倡议，提高对幼儿及其家庭的服务需求。④ 该网络在拉丁美洲大规模推广

---

① THE WORLD BANK. Niger Invests in Early Childhood through Social Safety Nets [EB/OL]. (2013-11-05) [2019-12-02]. https：//www. worldbank. org/en/news/feature/2013/11/05/niger-invests-in-early-childhood-through-social-safety-nets.

② THE WORLD BANK. Jordan-Education Reform Support Program [EB/OL]. (2017-10-17) [2019-12-02]. http：//documents. worldbank. org/curated/en/584671508502812553/Jordan-Education-Reform-Support-Program.

③ THE WORLD BANK. Early Childhood Development [EB/OL]. (2017-09-24) [2019-12-02]. https：//www. worldbank. org/en/topic/earlychildhooddevelopment#3.

④ BASSETT L, NIETO A. The Early Childhood Development Action Network：A Global Network to Strengthen Support for Young Children [J]. Early Childhood Matters, 2017 (126)：93-97.

后，针对 3 岁以下儿童的托儿服务迅速发展，产妇就业增加了家庭收入，这也有利于儿童享受福利。① 在《2018 年世界银行发展报告：学习实现教育的承诺》中，三个关于幼儿教育的重点被提及。首先，在婴儿出生后的头 1 000 天（这是大脑发育的关键时期），通过健康和营养干预措施将母亲及其婴儿定为目标；其次，增加刺激的频率和质量以及家庭学习的机会，以改善认知、社会情感和语言的发展；最后，确保为幼儿提供高质量的儿童保育中心，并为 3—6 岁的儿童提供学前教育方案。②

二、高等教育

高等教育不仅造福个人，而且造福社会。高等教育的毕业生对环境的意识更强，拥有更健康的习惯，就业能力更强，并能更好地应对经济变动带来的冲击。简而言之，高等教育不仅为个人提供适当和相关的工作技能，而且为毕业生成为社会和国家的活跃成员做好了准备。高等教育毕业生的经济回报是整个教育系统中最高的——大学毕业生每年收入平均增长 17%，而小学毕业生仅为 10%。不论对个人还是社会来说，高等教育都是有利的。并且随着全球青年人口的激增，对接受高等教育的需求也在不断增加。③

高等教育一直是世界银行贷款资助最多的教育领域。1980—1993 年，世界银行在支持许多国家的各种高等教育机构方面积累了大量的贷款经验。世界银行的高等教育贷款主要用于三个方面。一是高等教育的基本建设，包括对校舍、实验室的建设和对实验设备的投资。二是高等院校教育科研

---

① ARAUJO M C. Promoting High-Quality Childcare at Scale in Latin America［J］. Early Childhood Matters，2017（126）：66-69.

② DESAI S. World Bank Development Report 2018：Learning to Realize Education's Promise［J］. Population and Development Review，2018，44（2）.

③ THE WORLD BANK. World Bank Education Overview：Higher Education.［EB/OL］.（2017-10-21）. http：//documents. worldbank. org/curated/en/610121541079963484/World-Bank-Education-Overview-Higher-Education.

人员的培养，尤其是社会与经济发展重要领域的人才培养。世界银行允许受惠国用其贷款，派遣大学教师赴发达国家高校或科研机构进修学习，甚至攻读学位。三是鼓励发展中国家用贷款扩大高等教育规模，增加入学机会，资助贫困学生。值得注意的是，1994 年，世界银行第一次资助发展中国家的私立高等教育，并为一些国家的私立高等院校提供贷款。[①] 世界银行的技术教育质量改善项目（Technical Education Quality Improvement Project）努力促进印度各个邦的工程教育，支持约 200 个工程教育机构培养更高质量和更多的工程师就业，同时还为妇女和儿童提供了额外的支持。2016 年世界银行董事会又批准了一项 2.015 亿美元的技术教育质量改善项目，这是该项目计划的第三阶段，目的是继续提高印度多个重点邦的工程教育的质量和公平性。如印度世界银行国别主任所说："该项目将帮助印度满足其对高素质工程师不断增长的需求，这一需求与经济的快速增长并行不断地增长。"[②] 2014 年，为了满足非洲日益增长的技能需求，应对高等教育的挑战，在非洲大学协会（Association of African Universities，缩写为AAU）的倡议下，世界银行与西部和中部非洲国家政府与区域组织推出非洲卓越中心项目。卓越中心项目从 2014 年实施至 2018 年，其目的是致力于促进各参与高校应对区域共同发展和区域专业化的挑战、提供高质量的培训和应用研究、加强大学的科研能力、促进非洲经济社会转型。[③] 2017年，世界银行批准 1.6 亿美元新贷款以支持哥伦比亚高等教育获取和质量计划，该计划旨在提高高等教育质量，同时改善经济和地区处境不利的学

① 张民选. 国际组织与教育发展 ［M］. 上海：上海教育出版社，2010：220.

② THE WORLD BANK. World Bank Approves US ＄ 201.50 Million for Improving the Quality of Engineering Education in Select Indian States ［EB/OL］. (2016-06-24) ［2020-05-21］. https://www.worldbank. org/en/news/press-release/2016/06/24/world-bank-approves-us-20150-million-for-improving-the-quality-of-engineering-education-in-select-indian-states.

③ THE WORLD BANK. Africa Centers of Excellence：Transforming Science & Technology Education ［R］. Washington, D. C.：The World Bank, 2014.

生获取教育的机会。该计划为贫困学生提供贷款，并为世界一流大学的硕士和博士提供助学金，提高弱势学生在高质量课程中的入学率和毕业率，助力哥伦比亚实现成为受教育程度最高的国家的目标。① 2020 年 5 月 20 日，世界银行执行董事会批准了一项耗资 1 亿欧元的项目，以支持白俄罗斯高等教育部门的现代化建设，白俄罗斯的 18 个高等学府的实验室和其他设施将配备最新的设备，同时将翻修几所大学的建筑物。同时，在该项目的支持下，白俄罗斯的大学和学院将有机会参与国际计划和倡议，积极地通过国家质量保证机构，来提高白俄罗斯高等教育的质量。这是朝着建立现代大学系统和激发经济增长潜力迈出的关键一步。世界银行白俄罗斯区域经理亚历克斯·克雷默（Alex Kremer）说："得益于该项目，2020 年至 2025 年期间，每年约有 30 万名学生和教职员工将受益于改善的教学和学习环境。这是智力资本，可以把白俄罗斯从一个以资源为基础的经济体转变成一个知识经济体。"②

三、全纳教育

残疾儿童通常是边缘化的群体，很多情况下，他们没有机会接受教育，从而限制了他们摆脱贫困生活的机会。而问题不仅限于是否有上学的机会，残疾儿童即使有机会上学也面临诸多学习障碍。很多时候，普通学校缺乏适当的设施、教材以及受过培训的教师，无法提供面向残疾儿童在内的教育；而拥有专门教学设施和学习资源并且接纳残疾儿童的特殊学校，往往又无法满足特定人员的需求。为了让所有儿童都有学习的机会，从而便于

---

① THE WORLD BANK. World Bank Support Will Benefit Some 300,000 Students in Colombia［EB/OL］.（2017-01-31）［2020-05-21］. https：//www. worldbank. org/en/news/press-release/2017/01/31/apoyo-del-banco-mundial-beneficiara-a-cerca-de-300000-estudiantes-al-ano-en-colombia.

② THE WORLD BANK. Project to Support Modernization of Higher Education in Belarus［EB/OL］.（2020-05-20）［2020-05-21］. https：//www. worldbank. org/en/news/press-release/2020/05/20/world-bank-project-to-support-modernization-of-higher-education-in-belarus.

他们获得成长所必需的技能和知识，世界银行尽管在这一方面取得了长足的发展和进步，但仍然有许多残疾儿童被排斥在外。社会的排斥、制度的缺乏以及教学条件的落后，阻碍了这些孩子获得教育。世界银行认识到，需要开展更多工作来确保全纳教育，确保所有的儿童都有机会上学。世界银行与各国政府和民间社会团体进行广泛的合作，提供各种金融支持，并开展分析工作，为机构发展、全纳教育部门规划、有针对性的教育计划以及跨部门合作提供信息，以支持残疾儿童包容性发展。世界银行针对中国广东省的全纳教育所面临的挑战提出了几点建议，扩大具有特殊教育需求的学生的覆盖范围，并建立一个专业且负责的管理网络，开发更多资源以支持个性化教育。相关部门也与世界银行合作在广东义务教育项目下去实施这些建议，以帮助当地50多所学校专注于轻度至中度残疾儿童的全纳教育，同时还试行了解决中国乃至全球许多学校系统所面临的包容性问题的方法。①

2017年，世界银行和美国国际开发署（United States Agency for International Development，缩写为USAID）制定了非洲残疾融合教育计划，这是一个300万美元的信托基金，旨在增加儿童上小学的机会，并设计和实施整个非洲的融合教育计划。该计划已为非洲地区7个国家（埃塞俄比亚、加纳、莱索托、利比里亚、塞内加尔、冈比亚和赞比亚）的活动提供了近150万美元的赠款。这一计划通过对学校建筑物、教室和厕所及其附近地区的配套设施的完善，改善不灵活的课程，给予残疾学生有效的教学资料，加强教师的包容性教学等，以此来改善残疾学生获得高质量教育的机会。同时该

---

① THE WORLD BANK. Disability and the Right to Education for All［EB/OL］.（2017-12-01）［2020-05-21］. https：//blogs. worldbank. org/education/disability-and-right-education-all.

计划致力于消除父母和家庭对孩子学习能力的误解，给予一定的财政支持。[①] 2018 年，世界银行集团在全球残疾人峰会上，与其他与会者一道，宣布了 10 项关于包容残疾人的发展承诺，其中第一条承诺就是关于全纳教育。确保到 2025 年，世界银行集团资助的所有教育计划和项目都包括残疾人；致力于促进私营部门项目、国际金融公司的包容性议程。[②] 2019 年，在挪威开发合作署（Norad）和英国国际发展部（Department for International Development，缩写为 DFID）的支持下，世界银行发起了全纳教育倡议（Inclusive Education Initiative，缩写为 IEI），倡议投资具有促进性的技术知识和资源，以支持各国逐步使各种残疾儿童的教育具有包容性。其目的就在于加速各国采取行动使教育更具包容性，在全球范围内致力于协调包容性教育计划并开发公共产品，各国可利用这些产品来改善残疾儿童的教育机会和教育质量。[③]

四、职业教育

职业教育与培训作为建立人力资本的重要工具，可以有效地促进技能的提升，减少失业、增加收入并改善生活水平，是世界银行教育援助的关注重点。世界银行对职业教育的援助主要经历了一个从重视职业学校教育到重视在职培训的转变过程。从世界银行教育资助的初期到 20 世纪 70 年代末，因为职业教育与培训同发展中国家经济发展的直接联系，其始终处

---

① THE WORLD BANK. Disability-Inclusive Education in Africa Program [EB/OL]. (2018－11－30) [2019－11－16]. https：//www. worldbank. org/en/topic/disability/brief/disability-inclusive-education-in-africa-program.

② THE WORLD BANK. World Bank Group Commitments on Disability-Inclusive Development [EB/OL]. (2018－07－24)[2019－12－02]. https：//www. worldbank. org/en/topic/socialdevelopment/brief/world-bank-group-commitments-on-disability-inclusion-development.

③ THE WORLD BANK. Transforming Education for Children with Disabilities [EB/OL]. (2019－04－12) [2019－11－16]. https：// www. worldbank. org/inclusive-education-initiative.

于一个优先的资助地位。但是随着世界格局与形态的不断更迭以及世界银行对职业教育的认知与理解的变化，世界银行的职业教育资助重心也开始逐渐倾斜。通过对资助项目效益的评估，世界银行开始承认专门化的中等职业学校教育的效益不及基础教育效益这种主张，并且与学校本位的职业教育相比，以培训中心或工场为基础的培训在灵活性和效率方面具有更大的潜力。① 世界银行在 1991 年的《职业技术教育与培训：世界银行的政策文件》中提出，要加强初等和中等教育，鼓励私营部门培训，提高公共培训的有效性和效率以及将培训作为对等战略的补充。② 其目的就在于转变职业教育政策，使资助重点由学校主体的职业教育转向私人部门培训等非正规的在职培训。同时只有受教育者拥有坚实的普通教育基础，对专门技能的培训才会更加有效；也只有加强基础教育才能提高工人的流动性和劳动生产率，并增加贫困和弱势群体的就业和培训机会。世界银行更进一步地认为，只有当技能确实在职业活动中被使用的时候，技能培训才能够提高劳动者的生产力和收入；当职业技术教育和培训建立在一个健全的普通教育基础之上并与工作相关的时候，才是有效的；职业准备不应该在学校进行。比如，在 1993 年对菲律宾实施的职业教育项目中提到了以下几个重点：一是加强政策制定，规划和管理非正规职业培训和就业服务机构的能力；二是加强培训支持服务和建立机制，以增加培训费用分摊和费用回收的方式，提高培训标准；三是改善培训、改善非正规职业教育的设施和计划。③ 这可以看到，世界银行已然将重点放在了非正规的职业培训上，而对学校本位的职业教育的注意力大幅下降。

---

① 和震. 世界银行职业教育政策的演变 [J]. 清华大学教育研究，2010，31（1）：66-70，76.

② THE WORLD BANK. Vocational Education and Training: A World Bank Policy Paper [R]. Washington, D. C., 1991.

③ THE WORLD BANK. Vocational Training Project [EB/OL]. (2019-10-30) [2019-11-12]. https://projects.worldbank.org/en/projects-operations/project-detail/P004538.

世界银行联合各国政府和机构，为世界各地提供更多的职业培训以满足各国发展的职业需要。2008 年，世界银行在肯尼亚发起了技术和职业培训券计划，通过向不同青年发放职业培训券，以填补肯尼亚的关键知识缺口。该计划旨在打破性别壁垒，推动女性接受培训，提高女性收入。同时，在计划的实施中，世界银行发现私立职业教育能够提供更高质量的教育，更能满足学生的需求。[1] 同年，世界银行在土耳其建立了土耳其职业介绍所，通过提供职业培训和其他就业支持服务，在提高求职者的技能并促进他们获得生产性就业方面发挥领导作用；提高职业培训计划的质量和有效性，包括在选择培训提供者以及职业和工作咨询服务时引入质量标准；极大地扩大职业培训的覆盖范围，学员从 2008 年的 30 000 名发展到 2012 年的 464 000 名，占土耳其注册失业人数的 19.6%。[2] 世界银行还在马拉维实施了职业培训计划，旨在提供学徒训练，而不是基于课堂的培训。它针对的是 15—24 岁的年轻人，因为年轻人经常缺乏获得有薪工作所需的正规教育或技能。[3]

世界银行在其教育资助的进程中，逐渐认识到非正规培训的效用，并在其政策导向中不断体现。打破传统的学校教育模式，致力于扩大学校以外的学习机会，世界银行将职业教育援助的重点转向支持私营部门培训，不但能够满足各类人群职业发展的需要，而且能够提高政府部门培训的积极性。同时，这一转变还能为其他教育腾出资金，扩大教育援助的范围，确保完整的教育体系的建立，为各类人群的教育需求提供支持。

①　HICKS J H, KREMER M, MBITI I, et al. Breaking Gender Barriers: Vocational Training Vouchers and Kenyan Youth [R]. Washington, D. C.: World Bank Group, 2011.

②　THE WORLD BANK. Turkey: Evaluating the Impact of iSKUR's Vocational Training Programs [R]. Washington, District of Columbia: World Bank, 2013.

③　CHO Y, KALOMBA D, MOBARAK A M, et al. Gender Differences in the Effects of Vocational Training: Constraints on Women and Drop-out Behavior [M]. Washington, D. C.: The World Bank, 2013.

第三节　世界银行教育扶贫的重要制度

一、战略规划

（一）千年发展目标：到 2015 年普及初等教育

如若把教育比作园丁培育花田的一个过程，掘土施肥、保障土壤条件适宜是花朵健康成长的关键，那么初等教育是教育基础且重要的阶段。没有初等教育打下的教育基础和掌握的先期知识，学生在成长过程中也没有足够的能力去实现既定的目标。初等教育不局限于书面知识，同样包括一些基础技能、社会准则、道德约束等，在一定程度上能够激发幼年孩子的潜力与创造力，为后续的成长与教育提供坚实保障。正所谓万丈高楼平地起，一个人没有良好的初等教育做基础，很难获得优秀的高等教育。

普及初等教育是联合国"千年发展目标"的目标 2，然而，在所有目标中，儿童（尤其是女孩）教育对消除贫困的影响最大。研究表明，女孩接受中学教育多一年可以使她们未来的工资增加 10%—20%。教育是发展的强大动力，也是改善健康、强调性别平等、促进和平与稳定的强有力手段。世界银行将教育放在其消除贫困使命的最前线，并且是发展中国家强大的外部教育资助者。自 2000 年启动"千年发展目标"以来，世界银行在教育方面的投资已超过 350 亿美元。世界银行在目标 2 方面取得了长足进步。2015 年发展中国家或地区的小学净入学率达到 91%，比 2000 年的 83% 有所提高。全世界小学适龄儿童失学人数接近减半，2015 年估计有 5 700 万，而 2000 年有 1 亿。自"千年发展目标"制定以来，撒哈拉以南非洲在小学教育方面取得的进步是各个地区中最大的。2000—2015 年，其净入学率增长了 20 个百分点，而 1990—2000 年，其净入学率只增长了 8 个百分点。1990—2015 年，全球 15—24 岁的青年识字率从 83% 上升至 91%。女性与男性的差距减小。[①]

（二）解决青年就业问题：战略规划（2015—2020 年）

青年就业问题一直是世界银行以及世界各组织关注的重点。每年都有大量的青年进入就业市场，但是他们往往缺乏就业机会，特别是在较为贫穷的经济体中。同时，在这些发展中国家或较为贫困的国家里，教育与培训的质量有待提高，劳动力市场的需求与供给的匹配程度也有待加强。因此，解决青年失业问题，使每个青年都能拥有工作机会，对减少贫困、促进共同发展具有重要意义。

解决青年就业问题联盟由埃森哲公司、国际劳工组织、国际青年基金会、国际计划组织、兰德公司、世界银行和青年创业国际计划共同建立。该联盟认识到年轻人作为生产力和工作的积极推动者，他们有能力也必须决定自己的未来。赋予年轻人有效的技能、资源和机会，使他们能够积极和有效地就业，能为国家的经济发展贡献力量。但同时，机会的获取将取决于适当准备，这就需要国际组织和各国政府的积极参与和配合，将教育、劳动力市场、经济发展紧密联系起来。解决青年就业问题联盟在《动手解决青年失业：2015 年基准报告》中指出，全球 18 亿青年中，目前有约 33% 未就业、未上学、未接受职业培训，且女性的就业情况愈来愈恶化。[②] 世界银行与解决青年就业问题联盟以所有青年都能获得工作机会、使他们有能力摆脱贫困、从而促进全球共同繁荣为愿景，以到 2030 年为 1.5 亿青年提供就业和生产性工作的支持为目标，提出了解决青年就业问题的战略规划。联盟通过与公共部门、私营部门的利益相关者开展实际研究和积极

---

① 联合国. 千年发展目标报 2015 年 ［EB/OL］. ［2020 - 02 - 12］. https：//www. un. org/zh/millenniumgoals/pdf/MDG%202015-C-Summary_ Chinese. pdf.

② GOLDIN N, HOBSON M, GLICK P, et al. Toward Solutions for Youth Employment：A 2015 Baseline Report ［R］. World Bank Other Operational Studies，2015.

行动，大规模推进创新性解决方案。联盟基于实用主义理念，整合以"联系、学习、杠杆"（Link，Learn，Leverage）为核心的"3L"路径，增加青年的就业机会。① 首先，将公共部门、私营部门和民用部门联系起来以整合资源和信息，以便确定有效的解决方案，并通过跨部门的协作和创新来推进落实。其次，通过在青年就业环境中广泛地收集和传播知识，与有针对性和高影响力的举措相结合，形成具有吸引力的学习议程。再次，联盟将在全球范围内生成并共享开放的知识和数据以及相关的实践见解，利用其知识和合作伙伴来促进公共、私营和民用部门的创新和运营，从而促成青年就业。

世界银行社会保护与劳动局局长阿鲁普·巴纳吉（Arup Banerji）、解决青年就业问题委员会成员表示，世界银行的目标是在 2030 年为处于全球人口底层 40% 的群体消除极度贫困，促进共同繁荣。提供就业机会是分享发展红利和帮助脱离贫困的有效方法。因此，加大对青年（特别是极度弱势群体青年）的就业投入，是该进程中的重要环节。②

（三）世界银行集团：2020 年教育战略

世界银行在总结过去的教育投资与援助工作中发现，前期工作已经初有成效，入学率、结业率以及男女学生入学平等程度都有显著提升；但不容忽视的是，仍然有数千万儿童失学，仍然存在一定的性别差距；要继续努力实现"千年发展目标"的教育愿景，必须将注意力从仅仅扩大获得教育的机会转移到强调提高教育质量和加速学习上。2011 年，世界银行在《全民学习：投资于人民的知识和技能以促进发展》中强调了"全民学习"的战略愿景，将教育的战略重点放在了强调学习上，提出要超越学校教育。这是因为增长、发展和减少贫困取决于人们所获得的知识和技能，而不是

---

① 王俊. 解决青年就业问题联盟发布五年战略规划 [J]. 世界教育信息，2015（19）：74-75.
② 王俊. 解决青年就业问题联盟发布五年战略规划 [J]. 世界教育信息，2015（19）：74-75.

他们坐在教室里的年限。① 该战略规划了未来 10 年世界银行在教育领域的关注重点和实践动向。

该战略提出"尽早投资、明智投资、全民投资"②。首先，早期教育能够对儿童的发展产生深远的影响，并且刺激其以后的学习与成长，因此尽早投资就是要注重早期的教育。其次，合理的投资决定教育的成效，因此对教育的投资要注重质量，明智的投资才能获得价值。最后，对教育的投资不能局限于特定的区域和人群，也不能局限于学校教育，要确保所有的适龄学生能够获得同等的教育资源。世界银行将新战略的方向放在了国家层面的教育体系改革以及为全球层面的教育改革建立高质量的知识库上。世界银行把资金及技术支持的重点放在促进学习成果的体系改革上。例如，在质量标准的制定和测量、教育体系的管理和治理、以事实为依据的政策制定和创新等方面，为伙伴国家提供帮助，从而使其根据国家教育目标衡量系统绩效，提高治理和管理水平。③ 世界银行认为，建立一个高质量的教育知识数据库十分有必要。这里的教育知识数据库主要指教育监测与信息系统（Education Management Information Systems，缩写为 EMIS）。它的主要作用在于：（1）通过可靠的和可比较的数据来衡量学习结果，监测教育系统的性能表现；（2）为政策方案提供理论和实践依据，提高教育系统的运行效率。④ 同时世界银行运用基于结果的融资（Results-Based Financing，缩写为 RBF）这一手段，围绕一系列系统结果来协调和激励参与者，进而

---

① THE WORLD BANK. Learning for All: Investing in People's Knowledge and Skills to Promote Development [R]. Washington, D. C.: The World Bank, 2011.

② THE WORLD BANK. Learning for All: Investing in People's Knowledge and Skills to Promote Development [R]. Washington, D. C.: The World Bank, 2011.

③ 肖丽萍. 投资知识技能促进全民学习 世界银行"2020 年教育战略"解读 [J]. 上海教育，2011（21）：44-46.

④ 闫温乐."全民学习"愿景下的教育资助——《世界银行 2020 教育战略》述评 [J]. 比较教育研究，2011（10）：34-38.

来加强教育系统。基于结果的融资抓住了世界银行如何实施其"全民学习"教育战略的本质，引导许多国家利用这一手段通过有条件的现金转移和类似计划向儿童及其父母提供奖励，目的是鼓励儿童上学并完成学业；同时激励教师，从而提高教师出勤率和教学实践水平。一些国家还将资金与学校水平的绩效指标挂钩，以推动质量改善；将政府将资金与地方教育成果挂钩，来进行激励地方政府及其官员的试验。基于结果的融资教育议程具有广泛的视角，包括知识活动、会议服务和筹资工具，例如成果计划贷款工具，以及奖励获得独立验证结果的其他财务方式。①

二、援助计划

（一）教育信息技术

在教育中使用信息和通信技术可以为教师、学生和更广泛的学习过程提供具有创新形式的支持并发挥关键作用。例如，城市里的小学生能够通过多媒体教学直观地感受正方体的多面对应关系，而贫困的农村地区的学生，只能凭借想象力，二者的效率和接受程度不言而喻。世界银行与世界各地的政府和组织合作，支持关于有效和适当使用教育信息技术来加强学习的创新项目，及时研究并开展知识共享活动。世界银行对在教育中使用信息技术的支持包括：对设备和设施的援助；政策制定；教师培训和支持；能力建设；教育内容；远程教育；数字素养和技能发展；监测和评估以及研发活动。② 在实践中，利用信息技术建立远程教育来扩大教师团队，提供优质教学；利用信息技术建立学生信息数据库，系统性地统计学生的基本信息、家庭背景、受教育情况、就业偏好等，提供及时的教育统筹信息；

---

① THE WORLD BANK. Results-Based Financing（RBF）and Results in Education for All Children（REACH）[EB/OL]. [2019-12-02]. https：//www. worldbank. org/en/programs/reach#5.

② THE WORLD BANK. Digital Technologies in Education [EB/OL]. [2019-12-02]. https：//www. worldbank. org/en/topic/edutech#2.

利用信息技术来创设教学环境，为偏远、贫困地区提供教学资源。

世界银行一直致力于与多个国家合作，根据联合国教科文组织提出的在国家教师专业发展计划中使用的教师信息和通信技术能力框架（ICT-CFT）进行情境化和调整。[①] 世界银行与韩国政府建立了长达十年的合作伙伴关系，为世界各地的各种研究、知识共享和技术活动提供了支持。这些活动包括举办年度全球教育信息通信技术研讨会，这是全球首屈一指的此类知识共享和联网活动，主要面向各国积极参与教育技术使用的高级决策者和从业人员，与全球分享有关在教育中使用新技术的新见解。在埃及，世界银行正在为教师和学生提供数字学习资源和新的基于计算机的学生评估和考试系统，这也是埃及教育改革计划的一部分。在中国，世界银行开展广东义务教育项目，并支持信息通信技术设备的安装和使用、教室的建设以及对教师的培训和评估系统的构建。[②]

但是，技术的产生与发展只是教师教学的支持与补充，不能用来替代教师教学，且由于新技术的出现，教师的角色应该变得更加核心。研究表明，为教师提供持续的培训和专业发展，激励教师更有效地使用所提供的设备和技术，能帮助他们探索创新教学方法。如世界银行的研究发现，非洲和亚洲部分地区的教育技术面临的主要挑战是，尽管政府和学校购买了笔记本电脑和平板电脑等硬件设备，但因为语言不通、学校无法维护或替换该技术，教师没有太多机会学习使用该技术来支持儿童的学习。因此，世界银行、剑桥大学、英国科技公司与英国国际发展部合作，帮助发展中国家改善教育技术。新的英国援助支持教育技术中心将英国的大学、研究公司和教育专家召集在一起，帮助发展中国家的儿童、教师和政府在课堂

---

① THE WORLD BANK. ICT Teacher Competencies［EB/OL］.（2014-05-14）　［2019-12-02］. https：//www. worldbank. org/en/topic/edutech/brief/ict-teacher-competencies.

② THE WORLD BANK. Digital Technologies in Education［EB/OL］.［2019-12-02］. https：//www. worldbank. org/en/topic/edutech#3.

上跟上新技术的步伐。①

（二）技能发展

世界银行集团认识到技能在全球经济中的重要性，因此越来越多地通过国家、地区和全球各级的融资、政策咨询、技术支持和伙伴关系活动来支持技能发展计划。世界银行分步技能测量项目（The World Bank's STEP Measurement Program，缩写为STEP）是用来衡量中低收入国家技能的首个举措。它提供了与政策相关的数据，使人们能更好地了解劳动力市场的技能要求、技能获取与教育成就、个性和社会背景之间的后向关联，以及技能获取与生活水平、不平等和贫困的减少、社会包容和经济增长之间的前向关联。该项目包括基于家庭的调查和基于雇主的调查。此外，世界银行集团还通过教育结果的系统评估与基准测试（The System Assessment and Benchmarking for Education Results，缩写为SABER）制定了一项劳动力发展计划，该计划旨在产生有关教育政策和机构的比较数据和知识，旨在帮助各国系统地加强其教育系统。这项劳动力发展计划注重教育和培训系统的有效性，使年轻人掌握所需的技能。目前，该计划已在全球30多个国家实施，并在设计劳动力发展政策和机构时帮助其他国家从它的经验中受益，寻求更好的结果。②

同时，世界银行力求与各个国家进行合作，以各项措施和计划促进发展中国家青年的技能发展。在多米尼加共和国，世界银行集团和美洲开发银行成功实施了一项青年培训和就业计划（Youth Training and Employment Program），该计划为贫困、处于危机中的青年提供职业和生活技能培训以

---

① UK Aid Funds World's Biggest Educational Technology Research Project. ［EB/OL］. ［2019-12-02］. https：//www. gov. uk/government/news/uk-aid-funds-worlds-biggest-educational-technology-research-project.

② THE WORLD BANK. Skills Development ［EB/OL］. (2017-10-10) ［2019-12-15］. https：// www. worldbank. org/en/topic/skillsdevelopment#2.

及在职实习。不仅如此，该计划的影响评估还表明，毕业生特别是女性，更有可能获得正式工作并获得更高的收入。该计划使 38 000 多名处于危机中的青年受益，被世界银行和联合国开发计划署认定为拉丁美洲和加勒比地区青年政策和方案的最佳实践。① 在青年失业率很高的肯尼亚，青年就业和机会项目正在帮助大约 280 000 名肯尼亚青年发展所需技能。该项目邀请私营部门雇主提供培训，通过鼓励新的创业公司来支持自营职业，改善对劳动力市场信息的获取，并通过对公共服务、青年和性别事务部的能力建设支持来加强青年政策的制定。哈萨克斯坦技能和工作项目为需要培训的失业者、非生产性自雇者和现有雇员提供相关培训。该项目旨在改善公共就业服务，改进培训计划，使其更好地反映市场需求。2017 年，世界银行与韩国合作，实施东亚促进技能和创造就业机会计划，旨在促进该地区的技能发展和创造就业机会。该计划通过关注整个生命周期中从基础技能到高等技能的连续性，支持技能熟练的劳动力的发展；并且针对社会情感和非认知技能的发展，开展持续的职业技术教育与培训以及针对特定优先领域的终身学习。②

（三）教育融资平台

帮助各国更好地利用其在教育方面的投资是世界银行在教育财政方面工作的重点之一。目前，发展中国家正在大力投资教育系统，实现国民教育目标将需要持续地增加财政投入。更重要的是，各国要重视许多教育系统中常见的支出效率低下的问题，比如，资金可能没有到达学校、支出决

① THE WORLD BANK. A More Promising Future for Poor Youth in the Dominican Republic [EB/OL]. (2014-04-08) [2019-12-15]. https://www.worldbank.org/en/results/2014/04/08/more-promising-future-poor-youth-dominican-republic.

② THE WORLD BANK. Partnering for Skills Development in East Asia and the Pacific [EB/OL]. (2017-09-30) [2019-11-27]. https://www.worldbank.org/en/topic/education/brief/partnering-for-skills-development-in-east-asia-and-the-pacific.

策可能与学习目标不一致、政府机构可能缺乏有效使用资金的能力等。各国如果要以经济可行和可持续的方式提供其人口所需的教育机会，就必须解决这些问题，确保其有效地利用教育资源。①

世界银行致力于教育援助的新目标，为了减少学习贫困（无法阅读和理解简单故事的 10 岁儿童的比例），世界银行启动了全球教育融资平台，以满足各国能筹集更多资金的需要，并找到更有效、公平和使用它的方法。2019 年 10 月，来自 10 多个国家的各级官员与世界银行以及合作组织的代表一起启动了教育融资平台。与会者讨论了教育筹资方面的挑战，从资金短缺到财政上的不可持续政策再到资源滥用，以及平台在应对这些挑战时可以发挥的作用。世界银行人类发展副总裁安妮特·迪克森（Annette Dixon）表示："教育融资平台将帮助政府实施融资计划，并更快地取得成果。"②

由于诸多原因，许多国家的教育支出效率很低。学习的五个关键驱动因素包括学习者、教师、教室、学校以及教育系统。学生拥有充分的准备和动机来进行学习；教师在各个阶段都是高效且有价值的；教室能够配备完备的设施；学校兼具安全性与包容性；教育系统具有完善的管理体系。一个功能完善的财务系统对于确保学习的关键驱动因素发挥作用至关重要。

因此，世界银行这一新的教育融资平台围绕四个重要方面开展工作。首先，使融资与需求相匹配。进一步调动国内外教育资源，采取更好的政策措施来改善支出质量。其次，改善股权、效率和财务管理。强化财务管理体系、改善支出公平性和效率以及更好地进行资源跟踪。再次，通过更

① THE WORLD BANK. Education Finance: Using Money Effectively is Critical to Improving Education [EB/OL]. (2019-01-21) [2020-05-15]. https://www.worldbank.org/en/topic/education/brief/education-finance-using-money-effectively-is-critical-to-improving-education.

② THE WORLD BANK. World Bank Launches Initiative to Tackle Education Financing Challenges [EB/OL]. (2019-11-12) [2019-12-15]. https://www.worldbank.org/en/news/feature/2019/11/12/world-bank-launches-initiative-to-tackle-education-financing-challenges.

好的数据和监控加强问责制。提高教育融资的透明度，整合各种数据形成更好的决策信息。最后，确保能力和知识的建设。着力增加客户国和发展伙伴的金融知识，以及提高它们对知识的应用能力。[①]

（四）成人学习计划

从全球范围来看，年龄为 15—24 岁的人口中，大约有 2.6 亿人口处于失学或者失业的状态。大量成年人陷于失业状态，这不仅意味着政治风险，而且会引发经济问题。世界银行致力于为各国的成人教育提供机会，制订成人学习计划，这对于积累人力资本、实现长期的经济发展都至关重要。

世界银行资助的第二次机会教育项目于 2010 年获得批准，以支持东帝汶教育部建立可持续的全国等效教育计划。等效教育计划可以减少失学青年和失学成年人的数量，促使他们完成公认的等效程序。该项目还旨在增加社区对教育的参与，改善成人扫盲计划，并帮助培训员工和发展学校课程。通过扫盲计划，年轻人有机会完成小学教育和初中教育。虽然该计划是为成年学习者设计的，但他们也可以获得语言学、科学（数学、自然科学、社会科学）和个人发展（艺术与文化、健康、体育、宗教）等方面的基本技能，他们还受益于社区学习中心组织的一些职业技能。[②] 印度自 2009 年开始推行的萨克沙·巴哈拉特倡议，旨在让 7 000 万成年人口具备读写能力。加纳的"成人扫盲计划"产生的劳动力市场回报率超过了 66%。墨西哥的国家成人教育学院开发了灵活的模块，提供相当于小学或者中学的学习课程，这些学习课程的目标是为失学个体提供第二次学习机会。根据世界银行的"尼泊尔少女就业倡议"，针对女性的职业培训使农

---

① THE WORLD BANK. Global Platform for Education Finance ［EB/OL］. ［2019-12-15］. http：//pubdocs. worldbank. org/en/656401571859221743/FINAL-EDU-Finance-Platform-Booklet. pdf.

② THE WORLD BANK. A Second Chance at Education in Timor-Leste ［EB/OL］. (2018-08-23) ［2020-05-15］. https：//www. worldbank. org/en/results/2018/08/23/a-second-chance-at-education-in-timor-leste.

业领域以外的就业率增加了 174%。阿根廷的"进入 21 世纪计划"为成人技能培训和实习提供机会，参与者的收入随之提高了 40%。肯尼亚的"我可以计划"为居住在内罗毕非正规居住点的青年女性提供技能培训，使参与者找到工作的可能性提高了 14%，增加了当地青年女性的收入，增强了她们的自信心。①

三、特色合作项目

（一）俄罗斯教育发展援助

仅仅上学是不够的，只有当学生学习时，国家才能增加充满活力的人力资本。但是，在许多国家，因为没有衡量学习的方法，所以无法确定是否正在学习。在此基础上，世界银行与俄罗斯联邦政府合作，打造了俄罗斯教育发展援助计划（Russian Education Aid for Development，缩写为 READ），旨在增强各国评估学生学习的能力，并利用这些评估中的信息来改善教学效果。例如，在蒙古，针对性的教师培训改善了教师的课堂评估做法；在亚美尼亚，新的教育评估硕士学位正在帮助该国发展自己合格的评估专家队伍；在柬埔寨，通过发布国家评估结果，扩大了学习成果数据的获取范围。②

而俄罗斯教育发展援助信托基金计划是俄罗斯教育发展援助计划的组成部分，它是为各国提供评估"是否正在进行学习"所需的工具、资格和支持的前沿项目，以便各国能够利用这些信息进行改进。2018 年，俄罗斯联邦政府和世界银行已经启动了俄罗斯教育发展援助信托基金计划的第二阶段。其利用从第一阶段中获得的结果和经验教训，加强主要利益相关方

---

① 世界银行. 2019 年世界发展报告：工作性质的变革［R］. 华盛顿特区：世界银行，2019.
② THE WORLD BANK. READ Program Plays Crucial Role in Global Effort to Eliminate Learning Poverty［EB/OL］.（2019-11-06）［2020-01-10］. https：//www. worldbank. org/en/news/press-release/2019/11/06/read-program-plays-crucial-role-in-global-effort-to-eliminate-learning-poverty.

利用评估数据改善教学的能力；加强或改革决定学生升学、毕业或进入下一级别教育系统的高风险考试项目，确保其技术上的可靠和公平；加强现有计划或试行新计划，利用课堂评估实践来支持教师的培训及职业发展。到 2019 年，俄罗斯教育发展援助信托基金计划已经提供了价值 3 800 万美元的资金和技术支持。①

（二）全球教育伙伴关系

2002 年，世界银行、联合国教科文组织、世界儿童基金会等国际组织发起了全民教育快车道计划（The Education for All-Fast Track Initiative，缩写为 FTI）。② 该计划旨在推动教育援助领域的国际合作，促进教育政策变革和资源的有效利用；加强发达国家的援助力度，对援助资金进行合理分配；完善数据收集，改进数据评估。2011 年，通过对多方面因素的考量，全民教育快车道计划进行了品牌重塑和结构重组，更名为全球教育伙伴关系组织（Global Partnership for Education，缩写为 GPE），以全新的形象在全民教育和全球教育治理中发挥重要的作用。该组织鼓励在全球层面和国家层面对发展中国家进行教育支持，重点关注全球贫困且弱势的儿童和青少年。③

全球教育伙伴关系组织支持伙伴国加强其国家教育系统，以增加在校和学习的儿童人数。强大的教育体系可以确保所有儿童都能接受优质教育，并可以持久地为子孙后代造福。该组织致力于为应对性别问题的战略提供资金，收集按照性别分类的数据并支持政府建立揭示不平等现象的数据系统，促进性别平等并消除女孩辍学的障碍。该组织还支持那些教育需求大

---

① THE WORLD BANK. Russia Education Aid for Development（READ）Trust Fund [EB/OL].（2018-12-13）[2020-01-10]. https://www. worldbank. org/en/programs/read.

② 曹梦婷. 全民教育背景下世界银行对非洲学前教育援助项目研究 [D]. 金华：浙江师范大学，2013.

③ 王建梁，单丽敏. 全球教育治理中的"全球教育伙伴关系组织"：治理方式及成效 [J]. 外国教育研究，2017（8）：65-77.

的国家，包括那些失学儿童多且学业完成率低的国家。一方面，通过确保所有教师的教育资格、教学积极性和良好的技能支持与培训，来支持发展中国家提高教育质量。另一方面，通过支持发展中国家政府建立有效的系统，帮助其提高收集和分析教育数据的能力，并且在数据系统上进行投资，以监控进度并推动更好的决策。①

（三）战略影响评估基金

世界银行的战略影响评估基金（The Strategic Impact Evaluation Fund，缩写为 SIEF）支持科学严谨的研究，以评估计划和政策对中低收入国家改善教育、健康、优质水和卫生设施以及儿童早期发展的影响。该评估基金的主要目标是增强研究人员和政策制定者使用监测和评估的能力，以证明通过改善健康、营养、教育、水和卫生设施以及社会保护来改善人们生活计划的有效性。战略影响评估基金举办专门的政策活动，向政府决策者、非政府组织、发展组织和多边组织以及大学，传播成果经验和教训。②

20 世纪 80 年代，战略影响评估基金在两年内对牙买加的幼儿教育进行干预。牙买加社区卫生工作者每周两次对新生儿母亲进行探视，教授育儿技巧，鼓励她们与孩子互动和玩耍，以发展孩子的认知和人格技能；并于干预的 20 年后，对参与者进行了重新访谈。研究发现，受到刺激的孩子将参与者的平均收入提高了 25%。这些发现表明，处于不利条件下的儿童期早期的社会心理刺激可对劳动力市场的成果产生重大影响，并减少以后的生活不平等。③

---

① THE WORLD BANK. GPE Impact ［EB/OL］. ［2020-01-10］. https：//www. globalpartnership. org/results/gpe-impact.

② THE WORLD BANK. The Strategic Impact Evaluation Fund（SIEF）［EB/OL］. ［2020-01-10］. https：//www. worldbank. org/en/programs/sief-trust-fund.

③ THE WORLD BANK. Evaluation Builds Evidence of the Importance of Early Childhood Interventions ［EB/OL］. （2016-09-03）［2020-01-10］. https：//www. worldbank. org/en/programs/sief-trust-fu nd/brief/evaluation-builds-evidence-of-the-importance-of-early-childhood-interventions.

战略影响评估基金所支持的有条件的现金转移支付被认为是通过投资下一代人力资本来减少未来贫困的一种方式。有条件的现金转移在改善"边缘儿童"（例如学龄女孩、幼龄儿童和能力较弱的儿童）的入学率方面，要明显比无条件的现金转移更为有效。如果政策目标还包括强调改善不太可能加入教育系统的各类儿童的入学率和教育成果，那么有条件的现金转移可能会产生更大的影响并且更具成本效益。这一结论在"千年发展目标"的背景下尤其重要，"千年发展目标"的重点之一就是缩小教育中的性别差距。①

第四节　世界银行教育扶贫的经验与反思

一、世界银行教育扶贫实践的经验

（一）建设人力资本，推进构造"知识银行"

在世界范围内，贫困是一个广泛且根深蒂固的问题。世界银行集团致力于在各个方面与贫困做斗争，并且将投资的重点放在对于改善生活水平至关重要的领域。而教育作为为国家发展与建设提供人才的主力军，提高知识水平，促进就业，增加收入，减少贫困，其重要性不言而喻。因此，世界银行将教育作为消除贫困的重要手段之一。同时，在对世界银行的教育政策梳理中我们可以发现，世界银行始终保持着人力资本的价值取向。世界银行在教育资助伊始便认识到，人力资源的匮乏是一些发展中国家和

---

① THE WORLD BANK. For Which Children Do Conditions Matter in Conditional Cash Transfers? [EB/OL]. (2013-01-31) [2020-01-10]. http://blogs. worldbank. org/impactevaluations/for-which-children-do-conditions-matter-in-conditional-cash-transfers.

落后国家及地区经济发展所面临的主要障碍，因此，世界银行利用其组织特征与优势，提供教育贷款，给予教育资助，优先资助职业教育与培训的发展，提高职业教育的入学率，强调经济落后国家及地区的人群对职业技能的掌握，培养适应劳动力市场的技能并形成就业能力，积累人力资本，从而促进经济落后国家及地区的经济发展与进步，进而为这些国家及地区消除贫困的工作做出贡献。前期，世界银行将投资重点放在项目建设、基础设施建设之上，对教育政策与制度的关注较为薄弱。随着世界银行教育工作的深入，教育扶贫战略也逐渐发生转变，教育领域不断扩展，对教育发展的支持与服务也变得多样化，实现从对"物"的投资到对"发展"的投资。1996 年，时任世界银行行长沃尔芬森提出了"知识银行"的概念，强调了"我们没有足够的钱来完全消除贫困，所以不要只为了钱来找我们，而是要为了我们高质量的意见和建议来找我们"。他并且提出了世界银行的新任务："我们长期从事研究和传播发展教育的工作，我们需要在华盛顿和全球范围内投资必要的系统，以提高我们收集、开发信息的能力，并与我们的客户进行分享，我们需要成为知识库。"① 也只有这样，我们才可以帮助世界银行通过教育的方式更好地完成消除贫困的使命。世界银行在教育领域发表的出版物数量远远超过顶尖大学和其他国际组织所发表的，是全球前 13 所高等教育机构文献发表量平均值的三倍，而这些出版物所带来的知识产品给世界各国尤其是发展中国家的教育发展与政策产生了深刻的影响。由教育知识管理系统结合教育结果的系统评估与基准测试，来帮助世界银行收集和分析政策信息；通过对知识的有序管理，来巩固强化教育系统②；通过举行大型的国际型教育会议，来促进知识的传播；通过建

---

① THE WORLD BANK. Open Knowledge［EB/OL］.［2019-11-15］. https：//openknowledge. worldbank. org/bitstream/handle/10986/25081/People0andOdev01fensohnOPresidentpdf？ sequence＝1&Allowed＝y.

② 孔令帅，李超然. 全球教育治理中的世界银行"知识银行"战略：发展、实施及局限［J］. 教育与教学研究，2019, 33（9）：80-90.

立培训中心、培训平台和培训网络，将教育资料输送给全球各地的学生、专家、咨询人员、政策制定者等。2018 年，世界银行集团启动了人力资本项目。世界银行通过"人力资本项目"动员各个国家和合作伙伴，建立这样一个世界：所有女孩和男孩都营养充足，为学习做好准备；在学校里能真正学到知识和技能；作为健康、有技能、生产率高的成年人进入就业市场。①

（二）警告"学习危机"，强调学习实现教育承诺

在 2019 财年，世界银行提供了约 30 亿美元用于教育计划、技术援助和其他旨在改善学习并为每个人提供获得成功所需的教育机会的项目。②世界银行目前的教育项目与投资涉及幼儿教育、初等教育、高等教育、教师培训、女子教育、全纳教育等多个领域，有力地体现了教育对于实现消除极端贫困和促进共同繁荣的双重目标的重要性。

但是，世界银行也在工作中逐渐认识到，仅仅提供教育服务不足以实现教育的愿景，重要的是要能够给教育投资带来切实受益的学习和技能习得。③世界银行同时注意到，还有很多国家和地区并没有实现真正的学习，这会造成资源的浪费，并且在很大程度上阻碍了学生潜力的发展。这也造成了社会的不公平，阻碍了那些最需要通过良好教育从而踏上人生成功之路的孩子们的发展。世界银行分析了导致学习危机的原因：首先，贫困地区资源、医疗以及前期教育的匮乏，给人们带来严重的影响，使他们的身体、智力的发展水平都相对滞后，导致适龄儿童并没有做好学习的准备。

---

① THE WORLD BANK. The World Bank Annual Report 2019: Ending Poverty, Investing in Opportunity [R]. Washington, D. C.: World Bank, 2019.

② THE WORLD BANK. Education [EB/OL]. (2019-10-15) [2019-11-12]. https://www.worldbank.org/en/topic/education/overview.

③ THE WORLD BANK. World Development Report 2018: Learning to Realize Education's Promise [R]. Washington, D. C., 2018.

其次，教师往往缺少高效教学的技能和动机。在大多数发展中国家的教育体系中，拥有强大教育背景的教师比较缺乏，同时，教师对于教学任务的懈怠导致课堂效率的降低，学生学习的时间被浪费，教学计划不能有效地进行。再次，教育投入常常并不能够到达教育一线，分发下去的教育资源与设备并没有得到有效使用，而是被束之高阁，并不能够对学生的学习产生深刻的影响。最后，低效率的管理会破坏教学的质量。好的领导与管理与好的教育成果息息相关，然而很多学校并没有掌握教育管理上的主动权，缺乏决策能力，导致教育服务的提供与管理丧失活性。有关方面提出了三项政策建议：一是要进行学习效果的评估，反映出学生的学习情况，暴露出学生的问题，这有助于教师直接进行教学管理与改善，引导学生进行方法与思维的转变，同时也给国家和政府教育政策的制定与改进提供依据。二是要使学习为全体儿童服务，创造公平的教育环境；建立高素质的教师队伍，加强师资培训，强化教师的工作积极性。三是要调动各方参与者，政府、媒体、企业家、教师、家长和学生达成一致，重视学习水平的提高，共同参与教育改革，并且坚持不懈。[①]

（三）关注绩效评估，提供多方面服务

世界银行的教育项目往往是一个长期的过程，从立项到实施完成需要几年甚至十几年的时间，因此，及时地对项目进行评估与反馈，才能避免项目在实施过程中出现与目标的偏差。首先，对教育项目进行预评估，确定其是否具有可行性。具体可以通过该项目与受用国家的关联度分析：是否符合受用国家的现实发展需要，是否与受用国家的资源经济相匹配，等等。其次，对教育项目进行过程监控，确保其按照既定目标顺利进行。世界银行成立了质量保障组（Quality Assurance Group），它可以对执行过程中

---

① THE WORLD BANK. World Development Report 2018: Learning to Realize Education's Promise［R］. Washington，D. C.，2018.

的活动与工作进行质量评估，并且可通过年度综合报告的形式及时地反馈给社会公众。[①] 最后，对教育项目实施后进行评估，对项目实施的成果进行评价，总结经验教训便于给之后更多的项目提供参考。

作为发展中国家最大的教育资助者，世界银行为全球教育发展所做出的贡献绝不仅仅拘泥于财政支持，它还不断地加强多边合作，与非政府组织交流日益密切，通过提供多方面的服务来支持教育的发展。具体表现在以下几个方面：一是教育政策的研究与制定。世界银行已经成为重要的教育政策研究者、制定者和实践者，它提出的一些政策和理念推动了世界众多国家的教育发展与变革。二是强调教育培训。世界银行建立了世界银行学院（World Bank Institute），作为培训机构，其为发展中国家提供获取并应用全球性知识和经验的机会。该学院合理、充分利用了世界银行搜集团队、工具及数据库资源，不但公开分享教学和信息服务，并且与借贷国相关的培训和教学机构合作，强化数据开发技能。[②] 三是提供政策咨询。有需要的国家可以向世界银行提出咨询，再由世界银行经多边研究与讨论，结合需求国家的实际情况给出合理的报告及建议。同时，世界银行还通过开展国际教育会议和论坛的方式，为各国政府以及有需求的组织提供交流对话的平台，使之开展有效的专题讨论与政策对话。

二、世界银行教育扶贫实践的反思

教育扶贫作为世界银行致力于改善世界贫困的重点工作，很大程度上对发展中国家甚至在全世界都产生了积极的影响。贷款与资金援助加大了发展中国家对教育的投入，推动了发展中国家教育的普及，增强了发展中国家人力资源的竞争力，为发展中国家的经济发展提供了有力支撑。但与

---

① 张民选. 国际组织与教育发展 [M]. 上海：上海教育出版社，2010：223.
② 马文婷. 世界银行全球教育治理角色研究 [D]. 上海：上海师范大学，2019.

此同时，我们不得不注意到世界银行的利益导向。可以说世界银行是新自由主义和私有化的代言人，在教育资助的进程中必然存在着一些弊端。

（一）受新自由主义支配

世界银行教育治理的运行机制遵循新自由主义这一基本理念：将教育改革定位为与经济结构保持同步，教育的首要目的是满足经济发展对合适劳动力的要求。[①] 它主张通过发展职业教育、基础教育来发展人力资本，并强调要培养人们适应劳动力市场的技能。大量的结构调整项目都包含着宏观经济和财政政策的新自由主义"药方"，而这些项目直接或间接地影响了发展中国家的教育系统，推进了这些国家新自由主义倾向的教育改革。就职业教育而言，强调以市场需求为出发点且将重点放在依托企业的非正规的在职培训，这并不符合所有国家的实际国情和社会经济状况，因此也不能够满足所有国家的发展需要。

（二）知识来源的局限性

世界银行对"知识银行"的构建给世界各国教育发展带来了深刻的影响，但同时，我们不得不思考这些知识来源的局限性。就大多数知识产品而言，其作者都是来自发达国家，其中美国与欧洲各国占据了大部分的比例，来自发展中国家的知识产品占比则微不足道。同时，这些作者的最高学历是从发展中国家获得的占比更是微乎其微。这就说明，世界银行的知识构建主要是通过以美国为首的发达国家来实现的。因此我们不得不承认一个残酷的事实：世界银行知识的来源主要是发达国家以及在发达国家受过教育的人，其思想受到过发达国家的主流思想的影响，再传播至发展中国家进而被应用，实际上是推动了发达国家实施其自身的全球教育发展战

---

① 阚阅，陶阳. 向知识银行转型——从教育战略看世界银行的全球教育治理 [J]. 比较教育研究，2013（4）：78-84.

略，这也会造成发展中国家的教育发展存在一定的局限性。本土性知识对于促进发展中国家自身教育发展而言具有较为显著的作用，但是就如今世界银行提供的各项报告来看，教育发展没有完全将本土性知识纳入体系之中。因此，这实质上是西方发达国家对发展中国家知识的单向传输，而不是双方的双向互惠。[①]

（三）政策制定的偏向性

世界银行在制定国际政策时的核心特点就是权力分布的非对称和不透明。[②] 非对称体现在世界银行成员国表决权由认缴的股本来确定。因此，美国、英国、法国、德国、日本作为股本份额最大的五个国家，掌握了世界银行更多的话语权，给予了发达国家更大的政策空间。各项政策的利益向发达国家倾斜，而不是在依据发展中国家的实际情况的基础上做出决策。不透明则体现在世界银行历任行长均由美国人担任，而世界银行政策的制定很大程度上会受到行长价值偏向的影响。实际上，世界银行长期处在以经济大国组成的执行董事会的管理、决策和监督下，由美国人担任的行长居于极其重要的地位，并且长期受到美国国会及其他非政府组织构成的非正式政治渠道的决策影响。[③] 值得一提的是，随着新兴经济体的崛起，我国逐渐在世界银行获得了一定的地位，这将是对世界银行的治理结构变得更加公平与合理的有效促进。

① 孔令帅，李超然. 全球教育治理中的世界银行"知识银行"战略：发展、实施及局限 [J]. 教育与教学研究，2019（9）：80-90.

② 阚阅，陶阳. 向知识银行转型——从教育战略看世界银行的全球教育治理 [J]. 比较教育研究，2013（4）：78-84.

③ 丁玉敏. 世界银行决策机制研究 [D]. 北京：中国政法大学，2005.

第四章 主要发达国家教育扶贫的政策、实践与经验

第一节 美国教育扶贫的政策、实践与经验

美国是世界上典型的多种族国家。早期殖民统治者将大量的非裔人民作为奴隶运往美国，导致美国社会发展不平衡、种族歧视等问题的爆发。1962 年美国学者迈克尔·哈林顿提出了"贫困文化理论"，美国政府开始推行反贫困文化运动。据调查，1984 年美国有 340 万穷人，占其总人口的14.4%，这一百分比达到了 1964 年以来的最高点。[①] 1993—2000 年，美国贫困率降至 11%，2008 年上升至 13.2%，2012 年上升至 16%，其中儿童的贫困率占据了 60%[②]，教育、就业、经济方面的不平等是激发贫困的主要因素。非裔美国人受教育与就业机会受到了种族歧视的影响，与白种人相比过于不平等，全面解决美国人的贫困问题变得十分复杂。

---

① 纳萨，李松. 美国的反贫困计划及穷人现状 [J]. 国外社会科学，1986 (11)：50-51.
② 杨洋. 发达国家教育扶贫政策比较研究 [D]. 西安：陕西师范大学，2018.

一、美国教育扶贫政策的演进历程

美国的教育扶贫整体上经历了两个重要的过渡时期。一是从 20 世纪前期保证教育起点平等的权利扶贫中的"形式性公平",转向 20 世纪中期强调教育机会均等的物质扶贫中的"补偿性公平";二是从 20 世纪后期注重教育过程平等的资源扶贫中的"实质性公平",过渡到 21 世纪后追求教育成就公平的能力扶贫中的"差异性公平"。

（一）补偿性公平时期（1960—1979 年）

1961 年,美国通过了《地区重建法》,为更多的美国公民提供公共支持,鼓励年轻人接受教育并获得更多的就业技能和知识。1962 年,美国政府宣布了《人力开发与培训法》,扩大了培训范围,提供了适当的培训补助,如直接的培训费用和长期的培训补助。每个政府都制定了各种计划,着重提高学校的毕业率并促进低收入青年从学校过渡到职场。美国政府希望通过《职业教育法》,用教育消除贫困,《职业教育法》帮助美国人解决就业问题,为人们提供职业技术教育和培训。1964 年,美国政府发布了《民权法案》,以应对种族歧视引起的种族贫困问题。1965 年出台了《初等与中等教育法》,法律规定国家每年向青少年提供超过 10 亿美元的教育援助。联邦政府于 1966 年和 1967 年扩大了教育资助范围,并发展了英语掌握欠熟练儿童计划、印第安儿童计划、移民工人儿童计划等。法院也通过采取强制学校对口支援、重新分配教师与学区等措施,开启了推动种族融合的进程。①

20 世纪 60—70 年代,美国政府通过反贫困运动以及针对贫困现状出台了一系列法案,让美国人民的生活水平逐渐提高,物质生活得到了改善,

---

① 王瑜,叶雨欣. 20 世纪以来美国基础教育扶贫政策公平价值观述评［J］. 广西师范大学学报（哲学社会科学版）,2019,55（3）：132-139.

通过教育扶贫，从根本上控制了贫富差距，让美国社会贫困情况逐步好转。

（二）实质性公平时期（1980—1999 年）

随着里根登上政治舞台，美国迎来了保守自由主义。由于保守自由主义重视标准与问责制，美国政府开始逐渐重视教育质量。

1981 年美国出台了《教育整合与改进法》来调整教育援助，旨在为弱势儿童提供特殊教育以及物资援助，整合教育资源来为这些弱势儿童提供特殊教学的项目。① 1987 年美国遭遇了经济危机，布什登上政治舞台，致力于教育兴国，1989 年颁布了《优秀教育奖励法》。② 1994 年，克林顿签署了《改革美国学校法》，目的是为美国每个州和地区的学校提供教育资源，以提高教师水平和学生学习质量，并帮助贫困学生解决教育问题。法案强调了在州一级的区域使用，以实现教育资源的充分利用。

该时期美国贫困群体主要面临的是资源贫困，社会公共资源的配置往往掌握在具有强关系社会网络的优势群体手中，这使得缺乏有效社会关系支持和保护的弱势群体会因资源匮乏而陷入贫困。③

（三）差异性公平时期（2000 年以来）

经历了两个时期的过渡，美国教育扶贫逐步走上正轨，开始了国家政府宏观调控以及地方政府积极参与的教育政策。

2002 年美国政府出台了《不让一个孩子掉队法》，这是美国教育史上一个重要转折点。奥巴马上台后用《让每一个学生成功法》代替了《不让一个孩子掉队法》，这意味着美国政府从确保贫困群体受教育权利的全面性走向关注每一个贫困个体发展的充分性。该法案承诺为每一个孩子提供

---

① SALOMONE R C. Equal Education Under Law: Legal Rights and Federal Policy in the Post-Brown Era [M]. New York: St. Martin's, 1986.

② REESE W J, RURY J L. Rethinking the History of American Education [M]. New York: Palgrave Macmillan, 2008.

③ 张海东，杨隽. 转型期的社会关系资本化倾向 [J]. 吉林大学社会科学学报，2000（1）：53-57.

全面发展的机会，明确表示每一个孩子都有机会过上他们想要的生活，赋予各州和学区自我改进策略的权利，通过特许学校和磁石学校等方式将更多的教育机会分配给贫困学生，以达到为所有学生提供公平公正且高质量的教育机会、缩小学生之间的学业成绩差距的目的。[1] 2010 年《为了美国的未来：准备和激励 K‑12 阶段 STEM 教育》（STEM 教育是一种把科学 Science、技术 Technology、工程 Engineering、数学 Mathematics 相结合的跨学科综合教育，以下简称 STEM）鼓励贫困学生进入 STEM 领域学习，提高贫困学生进入 STEM 教育的参与度。这一系列针对弱势群体制定的 STEM 教育帮扶计划和政策充分体现了美国支持成绩落后的贫困学生的决心。这些帮扶计划和政策有利于增强弱势群体参与 STEM 学习和研究的积极性，提高处境不利的群体在 STEM 毕业生中的数量，同时也为美国培养了更多能适应社会需要的高素质高质量人才。[2]

特朗普认为教育方面的不平等会导致"逆向歧视"，他上台后为缓解种族歧视问题，推行教育平等、教育公正的主张。特朗普同时强调"全面教育"的理念，"全面教育"包括全面卓越、全方面卓越、全方面保障卓越三个方面。

二、美国教育扶贫主体

美国是联邦制国家，行政机构主要包括：联邦行政机构、州与地方行政机构。联邦行政机构主要包括：内阁各部、总统办事机构和独立机构。教育政策由联邦政府制定，各州和地方政府落实推行。

---

① MCGUINN P J. No Child Left Behind and the Transformation of Federal Education Policy，1965‑2005 [M]. Lawrence：University Press of Kansas，2006：166.

② 王瑜，叶雨欣. 20 世纪以来美国基础教育扶贫政策公平价值观述评 [J]. 广西师范大学学报（哲学社会科学版），2019，55（3）：132‑139.

（一）联邦政府

美国联邦政府通过联合国会下相关部门、各州政府、社会机构制定一系列的教育政策，进行教育事业的建设与援助。美国教育部的原则就是：保证所有学生享有平等的教育机会；为各州和地方的教育活动提供必要的支持；吸引更多公民参与联邦教育项目；通过督导评估工作提升美国教育质量。[1]

20世纪60年代，美国联邦政府实行粮食援助来帮助贫困人口。1964年设立的国家学校午餐计划，目的是为公立学校儿童提供农业盈余，解决经济学家和营养学家对儿童营养问题日益表达的关切。在建立国家学校午餐计划以后，美国政府出台了《儿童营养法》，旨在通过制定更有效的标准和程序来改革国家营养计划，特别是确保贫困儿童按照法律规定享受免费或减价午餐。[2]

美国联邦政府教育政策和方案的主要目标是通过消除隔离、均衡投入、关注残疾学生、缩小成绩差距和为大学提供财政援助来改善教育。[3] 里根总统上台后，由于受到20世纪80年代储贷危机的影响，美国联邦政府对于教育方面的投入被迫减少，美国教育行业严重受挫。20世纪90年代后，美国相继出台了一系列法律法规进行教育援助，并加大对教育的投入。

（二）州与地方政府

美国的各州与地方政府在施行政策过程中起着至关重要的作用，各州有相应的法律政策，依据各州的立法机构、执法机构、司法机构进行督察。

---

① 吴文侃，杨汉清. 比较教育学 [M]. 北京：人民教育出版社，1989：109.

② POTORTI M. Feeding the Revolution：the Black Panther Party，Hunger and Community Survival [J]. Journal of African American Studies，2017，12（1）：85-110.

③ ALFONSO M L，JACKSON G，JACKSON A，et al. The Willow Hill Community Education Assessment：Assessing the Education Needs of Children in a Former Slave Community [J]. Journal of African American Studies，2018，22（2-3）：191-204.

教育的援助需要美国联邦政府与各州各地方政府相互配合，国家教育部门出台政策，地方教育部门践行实施。

为改善贫困地区教育问题，各州纷纷推行一系列改革行动缓解学区间教育资源差距过大的压力。改革的主要措施是增加州政府在教育财政分担中的比例，并在经费分配过程中对低收入学区予以适度倾斜，增加弱势群体受教育的机会。这场改革运动使得学区划拨的教育经费首次在三级财政分担比例中低于50%，州教育经费资助从1970年的39.9%增至1980年的46.8%。①

2002年出台的《不让一个孩子掉队法》主要确保各州对教育的主导作用，实施问责制教育，但该法律为实行全面规定教育的标准，各州在发展教育过程中存在一定的差异。为解决这一问题，美国出台了"卓越计划"，鼓励各州根据此标准建立新的评价制度，引导课程和教学的开发。②

（三）社区、学校与家庭

奥巴马在2015年提出关于社区学院免费的建议，社区学院应像高中一样普遍免费以减轻日益加重的大学生贷款负担。③根据调查显示，在美国社区普遍存在着家长对孩子教育的参与度低的问题，并且学生入学率与家长对孩子教育参与度有一定的关系，社区对此采用了一些手段，改善了家长对孩子教育的参与度。学校通过电子邮件、电话与父母建立联系，举办家长与老师见面的开放日活动，以及为父母提供关于家庭工作政策以及监测和支持学生在家工作的讲习班和材料，这为家长创造了一个积极的环境。社区学校与非营利组织和地方机构合作，为学生提供保健、学业指导、心理和行为健康服务以及青年发展活动，在不给学校工作人员增加负担的情

---

① RAVITCH D. The Troubled Crusade：American Education，1945-1980［M］. New York：Basic Books，1983.

② 杨洋. 发达国家教育扶贫政策比较研究［D］. 西安：陕西师范大学，2018.

③ 杨洋. 发达国家教育扶贫政策比较研究［D］. 西安：陕西师范大学，2018.

况下，特别建议对贫困率高导致儿童的社会、身体和情感需求得不到满足的农村地区开展社区学校倡议。①

联邦政府让学生自主选择学校进行学习，在操作层面上体现了公平民主的教育理念。依托择校政策，美国办学方式发生了巨大变革，并创办了多种类型的学校，如特许学校、家庭学校、私立学校等。其中，家庭学校是一种特殊形态的私立学校，是指对学校教育活动不尽满意的学生家长通过向地方政府提交申请，不再将子女送入学校，而改由自己设计课程并对子女进行教育。② 为保证社区青年的健康与教育程度，学校表现出强烈的责任感，致力于开发项目和课程，包括夏令营，以帮助缓解教育的不足。③

三、美国教育扶贫的制度安排

教育制度作为政府扶贫的重要手段之一，在美国教育扶贫体系中占据着重要地位。为了提升美国教育水平，美国政府为此设立了一系列教育政策，并通过不断的修改，进行完善。

（一）法律法规

1. 1965 年《初等和中等教育法》

1965 年美国政府出台了《初等和中等教育法》，该法案作为美国重要的教育法之一，对美国教育的发展有着深远的影响。该法案是美国历史上第一部补偿性的教育法案，要求联邦政府划拨专项经费满足弱势群体学生

---

① ALFONSO M L, JACKSON G, JACKSON A, et al. The Willow Hill Community Education Assessment：Assessing the Education Needs of Children in a Former Slave Community ［J］. Journal of African American Studies，2018，22（2-3）：191-204.

② 杨洋. 发达国家教育扶贫政策比较研究 ［D］. 西安：陕西师范大学，2018.

③ ALFONSO M L, JACKSON G, JACKSON A, et al. The Willow Hill Community Education Assessment：Assessing the Education Needs of Children in a Former Slave Community ［J］. Journal of African American Studies，2018，22（2-3）：191-204.

的教育需求，通过教育补偿项目向落后地区的学生提供教育资助和服务，促进美国教育公平。但该法案的具体实施效果并不理想，未达到资助处境不利学生、提高教育质量和增加教育机会的目的。①

该法案的内容主要包括两大方面，在追求教育机会平等的同时保障弱势儿童接受教育的权利，关注的对象是包括贫困儿童、残疾儿童、印第安儿童、无人照管的儿童或少年犯、未达到同等教育水平的成人、母语非英语的儿童在内的处境不利的人群。该法案分为六款，其中第一款就要求满足贫困学生的教育需求，向贫困儿童提供一定数额的财政补助。第二款主要关注教育资源，保障学校的学生与老师能够使用这些资源，美国政府划拨了一亿美元对教育资源进行援助。第三款规定，政府要为建设辅助教育中心和教育服务提供财政援助，以此来促进贫困地区教育的发展。第四款标题为"法案授权在教育方面的合作研究"，主要关注教育研究和培训相关的问题。第五款要求各州加强教育投资，促进各州教育事业的发展，缓解人们的教育负担。第六款对法案中出现的相关定义进行了界定，并对咨询委员会和联邦管理的职责做了相关描述。②

2. 2002 年《不让一个孩子掉队法》

《不让一个孩子掉队法》是为了提高美国各地学生的学业成绩以及提高教育质量而颁布的一项法律，是为了确保各州在教育领域的主权，根据各州的特点制定的个性化的法案。这项法律已使全国的注意力集中在提高国家的学术成就上，以确保所有学生都能熟练掌握科学文化知识。③

---

①　谭春芳. 美国《初等和中等教育法》实施之初的效果分析 [J]. 宁波大学学报（教育科学版），2016，38（6）：27-31.

②　王文倩. 20 世纪 60 年代美国《初等和中等教育法》研究 [D]. 上海：上海师范大学，2012.

③　YELL M L, SHRINER J G, KATSIYANNIS A. Individuals with Disabilities Education Improvement Act of 2004 and IDEA Regulations of 2006: Implications for Educators, Administrators, and Teacher Trainers [J]. Focus on Exceptional Children, 2006, 39 (1): 1-24.

该法案的目标很明确，就是要消除种族之间的不平等，其主要内容包括：（1）要求州政府在全州范围实施涉及所有公立学校和学生的绩效责任制度。这一绩效责任制度主要包括各州制定并实施富有挑战性的州级阅读和数学标准，所有3—8年级学生必须参加年度考试，确保所有群体的学生在12年中达到熟练的州级年度目标。① （2）将年度进步（Adequate Yearly Progress，缩写为AYP）作为比较检测各个学校各个学区履行责任的一种机制。要求全部的学生阅读、数学等学科在2014年达到一定的水平，实现这一个目标必须制定一些标准，这里便用到了年度进步的标准，对学校、学区等做了要求，年底检测，如果学校没有达到年度进步的标准，将会面临惩罚，或者被州政府接管，甚至关闭。② （3）提升教师的教学质量，所有教师必须持证上岗。《不让一个孩子掉队法》要求各州和学区学校制定提高教师质量的目标和措施，明确各州每年高质量教师的最低增长比例和接受专业培训教师的比例。③

3. 2004年《残疾人教育法》

1975年美国出台了《所有残疾儿童教育法》，后对其进行了修订，更名为《残疾人教育法》，其主要内容为：帮助残疾学生接受教育，除了保障残疾人在入学不受到歧视外，这保障了残疾学生在无障碍的环境下接受教育。接受高等教育的残疾学生，有权向所在大学报告或不报告自己的残疾。如果学生申明了自己的残疾，学院必须为他们提供合理的相应服务，保证他们平等参与的机会，而且这些服务必须根据每个学生的特殊需要落实到个人。这些服务包括录制讲座、适当延长考试时间、提供手语翻译和

① 赵中建. 从教育蓝图到教育立法——美国《不让一个儿童落后法》评述［J］. 教育发展研究，2002，（2）：44-47.
② 高原. 美国当代标准化测试的命运与教育权利的转移从——《不让一个孩子掉队法案》到《每一个学生成功法案》［J］. 课程·教材·教法，2016（9）：121-127.
③ 张红蕾. 美国《不让一个孩子掉队法》实施状况研究［D］. 保定：河北大学，2014.

笔录以及适当的课程替换等。① 在关注了残疾人的教育之后，还必须顾及残疾人的就业情况。1990 年之后，美国政府要求教育系统制定针对残障人士的学习计划，并针对 14 岁以下的残障学生制定个性化的学习计划。学校将帮助残障学生根据其学习计划实现其长期或短期的目标。

该法案为保障美国教育的公平性，保障重度残疾学生接受免费而适当的公立教育的权利，使得每一位残疾学生的教育和日常生活尽可能地正常化，为残疾学生接受高等教育打下了坚实的基础，引导残疾学生建立丰富而健康的大学文化。同时，该法案有针对性地为残疾学生制定了个性化的教育计划。②

4.《帕金斯法案三》

20 世纪 90 年代，美国通过了许多职业培训法，以帮助不想上学的学生。《帕金斯法案三》（*Perkins* Ⅲ）是一项生涯教育和职业培训法。职业培训在国外很普遍，因为其对人的工作与生活都非常重要，所以得到了推广。《帕金斯法案三》在《帕金斯法案二》的基础上更加落实，进一步支持各州政府进行生涯与职业教育的改革。《帕金斯法案三》更加注重开发相关的课程，并且取消了资金的援助。《帕金斯法案三》规定：（1）校企合作；（2）中等和中等后教育相结合的项目，如技术准备；（3）生涯与职业教育学生组织，特别针对雇佣了少数民族成员的组织；（4）获得行业经验和对行业的理解的活动。③ 同时，该法案强调生涯教育融入职业教育，解决学生的就业问题。目前该法律已经在美国得到了广泛的推行，并取得了很好的效果。

① 崔凤鸣. 美国《残疾人教育法》与残疾人高等教育［J］. 比较教育研究，2006（10）：70-72，81.
② 崔凤鸣. 美国《残疾人教育法》与残疾人高等教育［J］. 比较教育研究，2006（10）：70-72，81.
③ 刘育锋. 美国二十世纪九十年代以来的职业教育改革［J］. 职教论坛，2003（20）：63-64.

（二）战略规划

1. 开端计划

1965 年美国政府为对贫困家庭的儿童施以免费早期教育实行了开端计划。开端计划以学龄前儿童为中心，以联邦政府为主导，以科研为支撑，创立了一个包括学前教育、健康保健、家长参与、社区支持等内容的服务模式，探索出一条促进贫困儿童成长与发展的有效途径[①]，儿童发展理论的研究成果成为该计划的理论前提。开端计划持续了很长时间，规模很大，并得到了社会的积极评价。作为学前教育计划，联邦政府为儿童提供免费教育，以消除贫穷。作为一项儿童保健计划，联邦政府为贫困家庭的儿童提供免费体检，并提供营养食品。最初计划的目的是使贫困家庭的儿童能够通过学前教育和保健服务有一个良好的开端，并为他们的终身发展打下坚实的基础，从而缩短贫困周期的链条。《2007 年开端法案：入学准备法案》是对开端计划的升级，将项目的周期改成 5 年，并建立了一个国家系统和六个国家中心，支持该计划的开展。[②] 其中，2017 年有近 102 万名儿童及其家庭加入开端计划，近 1.65 万名孕妇和 13.7 万名儿童及其家庭加入了早期开端计划，包括 22 415 名美国印第安人和阿拉斯加原住民。开端计划促进了美国教育的发展，是美国教育史上一项重要的规划。

2. 教育投资战略规划

在美国政府对教育领域的援助投资方面，《初等和中等教育法》中提出了教育资金的下拨，开端计划规划了将 81 亿美元作为教育资金。2009 年通过的《美国复苏与再投资法案》规定，国家将下拨 908.7 亿美元直接投资教育，其中的 156 亿美元用以弥补佩尔助学金项目的不足，将低收入

---

① 刘彤. 美国开端计划历程研究 [D]. 保定：河北大学，2007.

② 许锋华，王晨. 美国教育扶贫政策述评 [J]. 教育探索，2017（3）：120-125.

家庭学生每年接受佩尔助学金资助的最高额度提升至 5 350 美元。① 同年，美国政府针对教育改革与投资拨发了 43.5 亿美元。该项教育规划对高等教育各方面的投资起到了巩固的作用，确保了教育改革的顺利进行以及资金的合理分配。

3. 卓越教育战略规划

美国卓越教育计划是针对提升学生的学科成绩、教师工作机会以及师资力量的一项战略规划。奥巴马在其上台之后推出了卓越攀登计划这一竞争性拨款项目，设立 43.5 亿美元的卓越攀登基金，以鼓励各州积极推行教育改革项目，提升学生的学业成绩。② 突破传统考核方式，结合各种考核方式，全面评估学生的综合成绩。实行教师问责制，通过绩效考核提升优秀教师的素质。鼓励优秀教师深入贫困地区，吸引优秀学校领导建立学校。美国教育部发布了《2002—2007 年战略规划》，其中包含美国教育战略的四个主要方面：（1）教育服务和国家利益；（2）在平等的基础上追求卓越；（3）以教育管理体制改革为切入点；（4）从文化、科研和管理三个方面着手。

（三）援助计划

美国为改善教育状况从多个方面制定了战略计划，从学龄前儿童到高等教育，每个阶段都有对应的规划。

1. 学前教育援助计划

1994 年正式批准实施为婴幼儿服务的早期开端计划。根据 1998 年法案，过渡计划作为开端计划的正式项目获得批准实施。③ 家长的教育培训可以控制学生的行为，并改善处境不利学生的学习状况。计划规定，父母

---

① 王永康. 奥巴马谈美国教育改革的五个支柱 [J]. 基础教育参考, 2009 (4): 20-24.
② 杨洋. 发达国家教育扶贫政策比较研究 [D]. 西安: 陕西师范大学, 2018.
③ 刘彤. 美国开端计划历程研究 [D]. 保定: 河北大学, 2007.

必须陪伴学生，通常为每天要陪伴大约一堂课的时间。同时，美国在薪酬教育中提出了家访的建议。通过家访对父母进行培训，以便孩子和父母可以一起学习。开端计划为美国 100 万学生提供总数为 81 亿美元的服务①，为了改善贫困现状，解决贫困学龄前儿童接受教育的问题，直至 2007 年，美国政府针对学前教育的援助资金高达 10 亿美元。② 美国政府为此建立了福特基金会，主要为学前教育提供资金支持。《初等和中等教育法》第一章第一部分中的援助资金不仅仅用于基础教育，针对贫困家庭的学龄前儿童教育也有援助。开端计划提道，在 2010—2012 学年，向从幼儿园到 12 年级的 1 700 多万名学生提供援助，60% 的资金提供给小学及以下阶段的学生，3% 的资金提供给学龄前儿童。③

学龄前教师必须获得学士学位并持有幼儿教师资格证，系统全面地接受有关儿童发展的课程培训，并掌握所教课程的相关知识。助理教师必须具有高中或同等学力，同时还必须满足以下任一条件：（1）拥有学士学位或更高学位；（2）符合州或地方专业学术评估的标准——具备帮助学生阅读、写作和教授数学的能力。为了满足教师的需求，使教师能够及时获得最新的研究和实践成果信息，学前教育计划非常重视对在职教师的持续培训。④

2. 基础教育援助计划

基础教育是学习基础科学文化知识的一个阶段。美国强调教育平等，为保证每个学生都能接受到优质公平公正的教育，美国政府提出了帮助贫

---

① DEMING D. Early Childhood Intervention and Life-Cycle Skill Development: Evidence from Head Start [J]. American Economic Journal: Applied Economics, 2009 (3): 111-134.

② 张寰. 美国学前教育弱势补偿机制及其启示 [J]. 陕西师范大学学报（哲学社会科学版），2019, 48 (3): 149-160.

③ 刘彤. 美国开端计划历程研究 [D]. 保定：河北大学，2007.

④ 胥兴春，胡月，彭进. 处境不利儿童的教育补偿——美国"Title Ⅰ学前项目"的发展及启示 [J]. 外国教育研究，2014 (10): 38-46.

困学校的政策，缩小城乡学校的差距。针对综合能力较差的学校进行改革，其中最简单的方式就是注入新鲜的血液，提高师资水平以及关闭学校，将学生分配到师资力量雄厚以及办学条件优越的学校；其次是对学校进行整改，对学校的领导、教师进行培训，或暂时关闭学校，由政府指定专业工作人员对学校进行整改后再对学生进行开放。对农村地区学校加强资金的援助，2002年"农村教育成就项目"是一个针对农村专项拨款的项目，通过下发的资金聘请优秀的教师，让农村的学生能够享受与城市学生同等的教育资源。

3. 高等教育援助计划

美国高等教育成效显著，但高等教育收费问题同样影响着贫困家庭的学生。佩尔奖学金主要分为奖学金与助学金，奖学金主要是为学习成绩优异的学生提供，助学金用于援助家庭贫困的学生，鼓励更多的学生继续深造。佩尔奖学金是联邦助学金的重要组成部分，覆盖面较为广泛且资助力度大，它通过对贫困学生的认定和对家庭收入的计算，确定接受帮助的对象，使那些真正贫困的学生能及时得到政府的救助。① 帕金斯贷款计划的出台是为了确保贫困家庭的学生能顺利地从高等学校毕业，贷款由美国政府和学校承担，通过奖、助学金以及贷款项目帮助美国学生完成高等教育。2008年美国开始实行"减税"政策，将高等教育领域的"税收减免"政策具体化为"美国机会税收减免"政策，旨在减轻低收入家庭的高等教育学费负担。政策规定普通家庭的子女在入学时可得到政府的税收减免优惠，金额为4 000美元，用以支付普通公立大学2/3的学费或社区学院的全部学费，并要求获益学生每年要无偿为社区服务100小时。该计划的实行，有

---

① 陈群. 发达国家教育精准扶贫的政策比较与借鉴——以美国、英国、法国和日本为例 [J]. 当代教育科学，2019（3）：40-46.

效减轻了低收入家庭的学费负担。[①]

四、美国教育扶贫的主要实践与经验

(一) 实践成果显著

美国是世界上的教育强国，1965 年颁行的《初等和中等教育法》取得了很大的成就，美国各州高质量教师的数量明显增加，教师获得了更多的财政补贴，获得硕士学位的教师比例上升，学科教师之间教学水平差距缩小，薄弱学校教师质量水平显著提高。[②] 开端计划实施以来，美国教育节节高升，截至 2018 年，开端计划已经累计为 3 600 多万名美国儿童及其家庭提供了服务。[③] 研究表明，开端计划有利于提高贫困儿童的词汇、书写、识字和运算能力。[④]此外，开端计划通过家长参与模式提高了贫困家长的就业机会，改善了影响儿童发展的家庭环境，切实帮助了一部分贫困人口脱离了贫困。但是，计划实施也面临着公平、质量、师资等诸多挑战。[⑤]

大量的教育扶贫政策快速地缓解了美国教育不平等的状况，完善了教育体系，针对不同阶段、不同个体形成了与其相对应的法律条款。在教育体制中投入大量资金，完善教学资源，帮助贫困儿童解决读书问题，将部分资金投入贫困地区来吸引更多优质的教师去任教，缩减了城乡差距。与此同时，美国政府强调教育质量，在满足每个学生教育需求的同时提高教育质量，稳中求进。美国鼓励学生接受高等教育，还设立了奖、助学金等，正因为如此，美国出现了大批的世界名校，在教育界取得了辉煌的成就。

---

① 杨洋. 发达国家教育扶贫政策比较研究 [D]. 西安：陕西师范大学，2018.
② 曾鸣. 美国联邦政府教师教育政策演进探析——聚焦 ESEA 及其修正案 Title Ⅱ [J]. 教育评论，2015（7）：149-153.
③ ADMINISTRATION FOR CHILDREN AND FAMILIES. Head Start Federal Funding and Funded Enrollment History [R]. Washington, D. C.：U. S. Department of Health and Human Services，2019.
④ 刘彤. 美国开端计划历程研究 [D]. 保定：河北大学，2007.
⑤ 邹春芹. 美国开端计划面临的挑战及发展趋势 [J]. 教育评论，2018（3）：156-159.

（二）主要经验与教训

《初等与中等教育法》起初实施时，效果并不理想，所得成果与投资不成正比。在投资资金上出现资金下发延迟、支援项目存在问题、资金分配不公平、资金使用不合理等问题。《初等和中等教育法》实施人员的数量和法案在历史上的重要性极不相称，或许和教育部门在政府中地位很低有关，作为联邦层面法案的具体实施机构，当时的美国教育办公室很不受重视，一直存在人员严重短缺的问题，州和地方教育机构人员短缺更不足为奇，这也使法案的实施面临巨大困难。[①] 开端计划改善了美国的教育现状，让更多的美国贫困儿童获得了接受教育的机会，但开端计划并没有彻底解决教育平等的问题，其所涵盖的学生并不是美国所有的贫困人口。贫困地区师资的严重流失导致开端计划无法全面进行，这给贫困地区的儿童各方面能力的发展带去了副作用，随着时间的推移和社会的进步，开端计划的内容已不能满足美国的社会现状。

奥巴马上台后，用《每一个学生成功法》代替了《不让一个孩子掉队法》，《不让一个孩子掉队法》增加了学生与教师的压力。在美国近 25 年来教育权利的转移过程中，我们可以看到标准化测试的实施是政府操控教育权利的一个重要工具。标准化测试在其统一的高标准要求下产生了很多弊端，表面上违背了学生自由学习、教师自由教学的权利，背后隐含的是联邦政府剥夺地方教育权利的政治企图，于表于里都违背了美国自由自治的传统。[②]

并不是每一项法案，从一开始制定就是完美的，它需要经过实践，不断地进行修订以及完善。法律政策的实行，需要从基础做起；快速地摆脱

［①］谭春芳. 美国《初等和中等教育法》实施之初的效果分析［J］. 宁波大学学报（教育科学版），2016，38（6）：27-31.

［②］高原. 美国当代标准化测试的命运与教育权利的转移——从《不让一个孩子掉队法案》到《每一个学生成功法案》［J］. 课程·教材·教法，2016，（9）：121-127.

贫困，需要大量的法律政策及援助资金；将每一笔资金落到实处，每一项法律政策落实到人，需要社会一起努力执行并监督。教育扶贫不仅仅是国家、学校和家庭的责任，也是每个人的责任，改善教育事业的发展需要全社会一起努力。只有当社会中每个人都在进步时，社会才会进步；只有当每个人都接受到优质的教育时，我们才算成功。

第二节　日本教育扶贫的政策、实践与经验

一、日本教育扶贫政策的演进历程

日本经过不断地学习引进与教育改革，探索出了一条适合本国教育发展的道路。经过长期的努力，日本不仅实现了"邑无不学之户，家无不学之人"的既定目标，还形成了初等、中等、高等三级配套的庞大的实业教育网，实现了人才的自给和科学技术教育的自主。[①]

日本在教育精准扶贫方面进行了大量的实践和探索，构建了从学前教育、基础教育到高等教育阶段的教育精准扶贫体系，在长期的实践中取得了良好的成效。能够在 200 年左右的时间内迅速地发展，转型为现代化国家，使民族发展兴盛，完全取决于其"教育立国"的国家发展战略。

（一）初步发展阶段（1947—1979 年）

第二次世界大战后，日本开始普及义务教育，并改革了战前教育体系。1947 年，日本通过了《基础教育法》和《学校教育法》这两项法律，这使日本教育逐渐实现了稳定发展，为日本人民提供了教育机会。日本为加强义务教育的体系，相继出台了 30 多项法律法规。如对政府财政扶持义务教

---

① 蓝岚. 社会变革视角下的中日近代教育制度变革比较研究 [D]. 桂林：广西师范大学，2019.

育发展职责进行了明确界定，以及对义务教育经费的稳定投入提供了法律保障的《义务教育经费国库负担法》；对"教育机会均等"进行了明确规范和界定的基础性法律法规《教育基本法》；对地方财力的不足问题，给出均衡性转移支付措施和办法的《地方交付税法》；它们都为地区之间基础教育的均衡发展提供了保障。① 1949 年日本文部科学省公布了减免贫困学生学费的规定，1952 年实行义务教育免费以后又公布了《促进重建危险校舍临时措施》，1956 年颁布了《关于国家补助贫困儿童教科书费用的法令》。1961 年以后，日本分别颁布了《关于国家对上学困难的学生给予补助的法令》《孤岛振兴法》《大雪覆盖地区对策特别措施法》等，制定了《边远地区教育振兴法》，明确而具体地规定了文部大臣、都道府县、市镇村各级政府在振兴边远地区教育方面的任务。②

20 世纪 70 年代末，日本学龄前儿童教育的普及率达到 90%。中等教育处于义务教育与高等教育融合的阶段，对教育的均衡发展、终身教育和高等教育的普及发挥着重要作用。从 1968 年引入"学区教育"到 1977 年引入"放松教育"，日本通过促进教育的优先发展和均衡发展而被公认为国家现代化的成功代表。

（二）砥砺前行阶段（1980—2000 年）

1985 年 6 月 8 日，日本政府颁布了《专业发展法》，取代了原来的《职业培训法》。同年 9 月 30 日，日本颁布了《实施职业技能发展法实施细则》，同年 10 月 1 日实施。它基于对公司中教育重要性的清晰理解，目的是突破最初狭窄的职业培训范围，并致力于促进更广泛的专业技能发展。日本分别于 1986 年、1987 年和 1992 年修订了《专业发展法》。其后因为泡沫经济发展、产业结构的改变以及超高龄化社会所衍生出了一系列问题，

① 孙涛. 我国基本公共教育服务均等化问题研究［D］. 大连：东北财经大学，2015.
② 张凤莲. 日本扶贫支边教育政策论析［J］. 现代教育论丛，1989（3）：63-65.

日本政府又于 1993 年 4 月大幅修订了该法，其改革重点在于确立事业机构实施教育训练或在职训练制度的地位。[①]

1984 年，日本政府组织了临时教育审议会（以下简称临教审）。临教审在 1985—1987 年召开了四次审议会，审议的主题均涉及终身学习体系的建立问题。1985 年临教审在第一次审议报告中提出，针对社会对教育的不信任以及"教育荒废"的现象，要再造日本教育体系，使日本从学历社会向终身学习社会转变，让国民在接受正规学校教育之后仍有学习的机会。1986 年的第二次审议报告提议重组教育机构，将学校、家庭和社会联系起来，以确保建立终身学习系统。1987 年 4 月，第三次审议报告强调终身学习评估应多样化，重点是建立终身学习社区（城镇和乡村）和文化教育机构的智能化。同年 8 月，第四次审议报告继而提出要改革教育体制，对社会教育局改编改组，同时要建立以文部科学省为中心的各省、厅间的联系，建立终身学习的相关法律体系等。[②]

（三）继续发展阶段（2000 年以后）

近年来，作为多元化和个性化改革理念的一部分，日本在许多高中实施了改革。2012 年，日本发布了《都立高中改革计划》，以促进地方教育和行政"权力下放"改革。改革要求建立特色学校和新型中学，扩大高中的自主性，并经营具有特色和个性化的学校，在高中创建"实施灵活多样的高中教育"，以适应每个学生并挖掘每个学生的潜力。为了更好地实施该政策，促进教育公平，2014 年日本政府重新修改了"高中学费无偿化：就学支援金补助制度"，设置收入限制标准，并将其改名为"高中就学支援金制度"。

---

① 安鑫. 战后日本的职业教育与经济腾飞 [J]. 辽宁经济, 2014 (12): 44-47.
② 姜丽华. 日本教育政策的演进及其特征 [J]. 沈阳师范大学学报: 社会科学版, 2005, 29 (6): 14-17.

2008 年的金融危机降低了日本家庭的收入，大量学生因经济困难而未上高中或辍学或只能就读于非全日制的高中。在 2008 年和 2009 年，日本民主党在国会中提出了《高中免费教育法案》。《高中免费教育法案》于 2010 年 3 月在参议院获得通过，并于 4 月 1 日起实施。该法案宗旨是减轻高中学生的家庭教育负担，增加教育机会，让所有有志向的高中生可以安心专注于学校学习，培养社会所需人才，让更多贫困学生进入大学深造，实现人才强国的目标。[①]

二、日本教育扶贫的主体

日本是一个典型的资本主义国家，日本的行政机构由中央行政机构和地方行政机构组成。中央行政机构主要是内阁下属的各政府机关。日本地方政府采取地方自治的形式，统称为地方自治体。

（一）官方层面

第二次世界大战后，日本的经济遭受了严重的创伤。自由民主党（以下简称"自民党"）的长期一党执政是战后教育政策推行的关键因素，自民党最基本的态度是贯彻国家主义政策，建立更能反映"日本性"的教育体系，强调德育，抑制左翼教师联盟的影响。这种国家主义思想对教育政策的制定产生了深刻影响。[②] 在日本制定教育政策过程的初期，自民党、教育部、内阁和议员密切合作。同时，日本文部科学省作为教育政策的制定部门和教育领域的核心部门，在法律生效后通过行政手段来实施教育政策。

日本政府通过了《基础教育法》和《学校教育法》，使日本的家庭教育进入了健康状态。它们为日本人民提供了教育机会，并加强了义务教育

---

① 刘晓萍. 高中学费无偿化：日本高中教育改革政策动态 [J]. 上海教育科研，2016（10）：47-50.
② 许建美，单中惠. 论影响日本教育政策的因素 [J]. 清华大学教育研究，2002（6）：53-59.

制度。从 20 世纪 50 年代到 20 世纪 60 年代，日本实施了《学校义务融资法》。它规定了为贫困学生提供各个阶段的教育资金，促进了社会和教育的发展，并保证了资金的使用。

（二）非官方层面

1. 日本财团

第二次世界大战后，日本经济迅速复苏，许多财团迅速成长。教育政策直接影响金融部门的利益，金融部门认识到教育是日本经济成功的关键因素，金融界和工业界的要求通过国家权力的媒介反映在教育政策中。1952 年，日本运营商团体联合会发布了《重新学习新教育系统的要求》，并于 1956 年提出了《关于适应新时代要求的技术教育的意见》。这些要求和意见在不同程度上反映在国家的教育政策中。

2. 教师工会

作为一个非政府组织，日本教师工会与金融部门不同，在教育中的作用也不同。日本教师工会主要反对教育部提出的教育改革构想，其坚持认为，教育改革的基本立场是维持战后的教育制度，该制度反映民主和平等的精神，其反对任何旨在加强集中化的教育改革理念教师工会向日本政府表达对大众媒体的看法，通过罢工呼吁政府减少班级数量并提高教师工资。

3. 学校

学校层面的援助也是必不可少的。每一所学校都是连接上下级的关键，所以要保证上级学校与下级学校的连接关系，给学生提供大量的学习交流机会。学校根据学生的自身情况因材施教，鼓励贫困学子进入学校学习，并提供奖学金、补助等。

三、日本教育扶贫的制度安排

日本从自身的角度出发，颁布了相应的教育法律。教育制度作为政府扶贫的重要手段之一，在日本教育扶贫体系中占据重要地位。为了提升日本教育水平，日本政府为此制定了一系列教育政策，并通过不断的修改进行完善。

（一）法律法规

日本义务教育法规定：所有符合年龄要求的学生必须接受教育，无论家庭、学校还是社会，都必须支持学生接受义务教育；同时义务教育带有强制性。日本的义务教育与我国的大致相同，都具有普遍性、免费性和强制性的特点。义务教育法的实施是直接提升国民教育的手段，但日本义务教育法并不只是一项法律，而是由多项法律共同构成。

1.《偏僻地区教育振兴法》

《偏僻地区教育振兴法》颁布于1954年，修订于1985年。该法律主要目标是保证日本公民受教育机会的平等，其主要内容为：责权分工完善；明确偏远地区教育目标；解决偏远地区的师资问题；增加财政方面的补助；等等。该法规定对各个地方政府实行严格的责任制，一是要求市街村负责给偏僻地区学校提供教材、教具等设备，充实教师研修及教育内容；二是为教职员工修建住房，谋求健康福利；三是提供体育、音乐等学校和社会教育设施、设备；四是为偏僻地区教职员工、学龄儿童提供必要、适当的健康管理设施、设备；五是提供方便儿童上学所必需的设施、设备。①

考虑到偏远地区教育的特殊性，该法律阐明了国家和地方当局恢复偏远地区教育的各自任务。该法的目的是提高偏远地区的教育水平，并对各地方政府提出相应的要求。社区的主要任务是执行上级设定的要求并进行实际工作，例如：在偏远地区准备教材和教具，组织教师培训；在偏远地区建设用于学校和社会教育的音乐和体育设施；采取切实有效的健康管理

---

① 吴晓蓉. 日本偏僻地区教育优先发展经验研究——以《偏僻地区教育振兴法》为鉴 ［J］. 当代教育与文化, 2009（4）: 100-104.

措施，以确保教职员工和学龄儿童的健康；改善交通环境，使学生上学更方便；进行教师培训和其他与在偏远地区建设学校有关的工作。

2.《人口过疏地域振兴特别措施法》

《人口过疏地域振兴特别措施法》于1991年制定和修订。其主要目标是缩小区域差距并提高人口稠密地区的经济、文化和社会效益。该法的主要内容是国家决定对本地区的教育采取特殊的补贴政策，确保公立学校的班级规模，并为学校建造或重建宿舍、运动场以及其他设施。同时，该法为儿童提供适当的福利标准，以确保他们在幼儿时期拥有完整的教育机会；给教职员工提供住房融资；发行地方债券；开发财务资源；等等。

3.《残疾人反歧视法》

2013年，日本政府通过了《残疾人反歧视法》。自2016年4月起，法律规定日本所有国家和公共高等教育机构必须接受残疾学生。确保残疾学生能够获得高等教育的权利，并增加进入大学的残疾学生人数。日本高等教育中缺乏针对残疾人的资源，但接受培训的残疾人数量反而逐渐增加，这增大了日本决策者建设高等教育系统的压力。

从2016年4月1日起，日本所有国家和公共高等教育机构必须根据新的《残疾人反歧视法》的规定，容纳残疾学生。通过这项规定，日本残疾大学生的人数增加，从而扩大残疾人劳动力库。为给残疾人高等教育系统提供服务和资助资金，2015年日本针对教育的援助总预算为5 338亿日元，针对残疾人的为1 110亿日元。自2013年以来，文部科学省响应专家委员会的建议，即国家和公共高等教育机构应设立一个残障服务办公室，向国立大学提供额外的资金来建设其残障服务能力。所有国立大学都可以申请资金，每家机构可获得约900万日元。截至2015年7月，在86所国立大学中，有25所获得了这项特殊资金。国立大学通常用这笔资金招募现有的参与提供残疾服务的教师来担任（兼职）残疾服务协调员。补助金是通过文部科学省的一般预算中的所谓"日本私立学校促进与相互援助公司"来支付的。2015 财年，日本对私立大学的补贴总额为 3 150 亿日元，其中包括与残疾相关的支持和服务。①

除了以上法律，日本政府于 1961 年以后分别颁布了《关于国家对上学困难的学生给予补助的法令》《孤岛振兴法》《大雪覆盖地区对策特别措施法》，制定了《边远地区教育振兴法》，明确而具体地规定了文部大臣、都道府县、市镇村各级政府在振兴边远地区教育方面的任务，如教员编制待遇、教材、教具、教学方法、保健等。法令还规定，国家对都道府县及市镇村政府为振兴边远地区教育所用的经费给予 50% 的补助。《孤岛振兴法》中规定，对地方政府为振兴孤岛教育所用经费，国家补助 66%。仅 1978 年的年度财政开支中，就有 15 705 亿日元作为边远地区教育的津贴。法令同时也相应规定，如果地方政府不按规定使用国家补助费时要予以退还；如果有违反有关法令而使教育受到损害者，学校或个人可以向教育裁判法庭提出控诉，追究其责任。② 日本政府在 1990 年颁布的《修订小学校令》中，提出实施四年制的免费义务教育，并通过了《市、町、村小学教育国库补助法》。

（二）战略规划

1. 终身学习规划

20 世纪 70—80 年代，日本的学校教育存在许多缺点。统一、僵化和封闭的学校教育制度，以及对学历和极端管理教育的追求，在很大程度上造成了"教育荒废"，例如学校中的欺凌和暴力等。为了纠正学历社会的

---

① BOELTZIG-BROWN, HEIKE. Disability and Career Services Provision for Students with Disabilities at Institutions of Higher Education in Japan: An Overview of Key Legislation, Policies and Practices [J]. Journal of Postsecondary Education and Disability, 2017, 30 (1): 61-81.

② 张凤莲. 日本扶贫支边教育政策论析 [J]. 教育论丛, 1989 (3): 63-65, 32.

弊端，强调学生学习的主体性及终身性，自 20 世纪 80 年代以来，日本就一直将终身教育、终身学习作为整个国家教育改革的重要方向。目前终身学习社会的实现也是文部科学省九大政策目标之一。特别是 1990 年颁布的《终身学习振兴法》，更是世界上少有的专门的终身学习法律，这对日本终身学习体系的形成起到了不小的推动作用。至 2003 年，日本所有的都道府县都设立了终身学习局，约 80% 的都道府县设立了终身学习审议会，216 个市镇村加入了终身学习市镇村协会。①

2. 以发展私立高校为主导的日本高等教育大众化发展战略

20 世纪 60—70 年代中期，日本高等教育进入了高速发展阶段。1960—1977 年，接受高等教育的学生由 71 万人增加到 223 万人。② 日本教育的飞速发展需要更多的学校来满足学生的教育需求。20 世纪 70 年代后发生了改变，为了鼓励私立大学的发展，确保每个孩子的受教育机会和受教育质量，1975 年颁布了《私人学校振兴援助法》。20 世纪 70 年代，日本政府对私立大学的资助力度加大，投资于私立高校的建设。因此，日本的私立教育迅速发展并成熟。

3. 教育优先发展战略

日本政府认为，对教育进行投资以提高教育质量并确保平等地获得教育的机会可以实现社会的快速发展，投资教育可以提高劳动生产率。日本已经实施了 200 多项法律，以实施发展教育优先权的战略，具体包括《基础教育法》《学校设置法》《财务法》和《地方财务法》等。日本的教育经费由国家独立项目或设立的独立部门提供，出台专门的教育投资法律、法规予以保障。另外，日本采取措施切实落实教育法中规定的"两个提

---

① 吕达，周满生. 当代外国教育改革著名文献：美国卷第 1 册［M］. 杨维和，译. 北京：人民教育出版社，2004：372.
② 樊继轩. 日本私立高等教育内涵式发展战略及启示［J］. 中国成人教育，2018（4）：107—111.

高""三个增长"的目标，真正把法律条文落到实处。[①] 私立教育给日本学生提供了大量受教育的机会，私立教育的发展促使日本教育更加快速地发展。

4. 教育再生计划

2018 年是时任日本首相安倍晋三提出"教育再生"口号的第二年。2018 年 1 月，全球顶级大学计划不断推进，第一个中期考核评价顺利实施；3 月，文部科学省公布了新的高中《学习指导要领》，新修订的《幼儿园教育纲要》也开始正式实施；4 月，小学的"道德时间"升格为与国语、数学并列的正式学科，开始使用国家审定的教科书进行授课；6 月，内阁审议通过了第三期《教育振兴基本计划》；12 月，中央教育审议会围绕中小学运营体制改革等展开了一系列咨询审议。[②]

（三）援助计划

1. 减免贫困学生学费的规定

第二次世界大战后，日本政府计划在经济拮据的情况下减少或免收贫困学生的学费。1954 年明文规定文部大臣、都道府县、市和乡村部长被赋予恢复边远地区教育的任务。同时，将边远地区分为以下七个级别：特殊区域、5 级、4 级、3 级、2 级、1 级和准偏远地区。根据 1982 年的有关数据，以上七类地区全国共有 6 994 所小学。这些地区的学校由于条件差、设备不足，国家和地方政府逐年增加教育投资，并规定这些投资只限用于以下三个方面：（1）充实设施设备。边远地区的教育设施设备费由 1967 年的 402 百万日元增加到 1976 年的 15 848 百万日元，是 10 年前的近 40 倍。这些经费用于为学生上学购置交通工具；修建学生宿舍、教师住宅；提供

---

① 樊继轩. 日本私立高等教育内涵式发展战略及启示 [J]. 中国成人教育，2018（4）：107-111.
② 谭建川. 2018 年中国的日本教育研究综述 [J]. 日本学刊，2019（S1）：70-84.

医疗保健等。① （2）用于提高教师待遇。为确保师资数量和质量，规定给边远地区教师发放津贴，月津贴额根据不同地区的级别而定，控制在本人月工资及月抚养津贴（即抚养家庭人口的津贴）总额的 25% 以内；当该地区教职员工调动或随校搬迁时，从搬迁之日起三年内，都道府县给教职员工发放迁居津贴，其月津贴额控制在本人月工资及月抚养津贴总额的 4% 以内。（3）用于改善学习条件。除以上所述外，提高边远地区学校免费供给膳食的比例，如冲绳鹿儿岛县的公立中小学针对学生伙食实行 100% 免费的政策。②

2. 日本特别支援教育

日本特别支援教育的产生、发展是基于国际障碍观的变化而不断推进的。它主张应通过适当的教育和指导，改善残障儿童生活与学习上的困难，施行以残障儿童为主体配合的支援。如果我们从这个角度保护残疾儿童的发展权，那么整理和总结关于教育内容和方法的参考意见将是至关重要的。

3. 日本学前支援教育

学龄前儿童的教育发展非常迅速。日本政府从国家到社会再到企业，都在不断扩大支持力度，为幼儿提供教育援助。日本对学前教育制定了一系列规则和要求，例如：分层补贴，关注学龄前儿童的教育援助。

育儿支援是为了减轻家庭的育儿负担，增进家长与孩子之间的交流，促进婴幼儿健康快乐地成长，日本政府从关爱的角度对有需要的家庭实施的育儿方面的援助。③ 学校支援的主要目标是实现幼小衔接，使学生能够适应小学的教育模式并顺利进入小学学习。学校支援的目标还在于加强教

---

① 张凤莲. 日本扶贫支边教育政策论析［J］. 现代教育论丛，1989（3）：63-65.
② 张凤莲. 日本扶贫支边教育政策论析［J］. 现代教育论丛，1989（3）：63-65.
③ 张福平，刘兴凯，王凯. 日本学前支援教育的措施及其对我国的启示［J］. 教育探索，2019（5）：121-125.

师队伍建设，对幼儿园教师进行培训，防止虐待儿童一类情况的发生。

四、日本教育扶贫的主要实践与经验

（一）实践成果

日本政府一直通过扶贫支边政策来振兴落后地区的教育、缩小区域间教育发展差距，政府出资在特殊地区重点是贫困人口聚集区建立学校，提供财政资金补贴，学生免缴学费并获得免费的学习用品，教师的收入也高出一般学校的教员。①

日本教育高速发展取得了一定的教育成果，从学前教育到基础教育、高等教育再到职业教育，日本都取得了不错的成果。作为一个文化强国与经济强国，日本意识到唯有发展教育才能使国家快速发展。日本政府针对教育出台的政策都取得了很好的成果。《文部科学省政策评价基本计划（2013—2017年）》中明确指出，文部科学省进行政策评价的目的在于不断提高政策水平、改进政策，履行行政机关对国民的责任。

各项措施的有效落实，使日本的义务教育得到了普及，其结果主要表现在以下方面：（1）有效地提高了国民的素质，成为世界上文盲最少的国家，中小学毕业率也是全世界最高的。教育的发展，为各行各业提供了一支阵容整齐、有相当文化的、训练有素的劳动者队伍，大大提高了劳动生产率。（2）缩小了后进地区和先进地区学校之间的差距，在教育上为儿童创造了一个基本平等的竞争条件。日本政府千方百计地缩小各地区学校的差距，无论在设施设备还是在教员配备等方面，都要求达到一定的标准。②

（二）实践后的主要经验与教训

日本教育事业发展稳步推进，主要原因在于日本政府针对教育领域颁

---

① 董云，费丽娜，张永升. 教育扶贫的国际经验及国内实践创新研究［J］. 世界农业，2013（3）：138-141.

② 张凤莲. 日本扶贫支边教育政策论析［J］. 现代教育论丛，1989（3）：63-65.

布的政策非常全面具体，且各个部门分工完善，对教育的投资力度大。日本完备的教育法律法规体系，为日本依法治教提供了保障，为日本实现"教育机会均等"和"教育无差别"提供了法律依据。[①]

日本在全面提升教育质量的同时，也注重提升教师的教学水平。日本针对贫困地区教师进行的教育改革取得了很不错的成就，主要体现在使边远贫困地区的教师、教育机构和课程得到了高质量的发展，边远贫困地区教师职前教育实习理论与实践得到了交融，边远贫困地区教师职后教育研修机会得到了专业化的推进，教师教育保障的法制机构得到了完善。虽然这些改革取得了显著的成效，但也存在着一些不足，受地理条件以及发展战略等主客观因素的限制，日本积极致力于设置边远贫困地区教师教育课程的高等教育机构数量并不多，发达地区的高校对边远贫困地区教师教育课程的设置并未表现出太大热情；教师职前教育实习理论与实践的交融性推进需要学生的积极参加，但学生对于边远贫困地区的抵触情绪等使得实习过程的开展受到了一定的阻碍；而且长期在贫困地区工作的教师并不多。[②] 这些都是在教师教育改革过程中出现的问题，在认识到这些问题后，我国在进行偏远地区教师教育改革时应该注意避免出现类似的问题。

日本公民普遍承认，教育的私人成本占整个教育成本的很大一部分，因此对教育的质量和公平有影响。日本政府鼓励大力发展私人教育，从而造成了教育上的一些弊端。因为日本教育高速发展，学校的课程已经不能满足日本大众对教育的需求，因此，日本出现了大量的私人补充教育，即影子教育。这种影子教育为日本处于学习困境的学生提供了很大程度上的帮助，提供了无数的教育机会。但这种教育的发展没有考虑到不同社会阶

① 李梦杰. 教育公平中的地方政府责任研究［D］. 长春：吉林大学，2019.
② 陈君. 日本边远贫困地区教师教育改革战略与路径述评——以北海道地区为例［J］. 教学研究，2018，41（1）：42-48.

层之间受教育的机会存在的差异，从而导致不同社会阶层之间受教育的程度的区别也越来越大。

第三节　澳大利亚教育扶贫的政策、实践与经验

一、澳大利亚教育扶贫政策的演进历程

澳大利亚是一个典型的具有多元文化的国家，同时由于语言种类繁多，教育的发展尤为困难。澳大利亚在 20 世纪 70 年代实行单一的语言政策，规定学校只能使用英语授课，这给澳大利亚土著居民和一些移民人口带来了严重的语言问题，导致土著教育一直落后。后来，澳大利亚联邦政府意识到必须尊重多元文化的发展以及保留每个种族的独特文化。同时，澳大利亚联邦政府已经开始制定"多元文化"教育政策，在某些地区引入双语和双重文化教育制度，特别关注处境不利的学生的教育权利。这些政策一直延续至今，涵括了处境不利地区或群体教育发展的方方面面，有力地促进了澳大利亚教育的均衡发展。①

（一）探索改革时期（1965—1972 年）

澳大利亚的早期发展问题集中在语言上。土著居民和移民人口导致语言复杂。早在 19 世纪，澳大利亚政府提出了一项"融合政策"，以推广殖民地语言并以英语为母语。澳大利亚土著居民和外来移民为在政治经济、教育文化、就业生活等方面融入主流社会并获得认可，不得不学习和使用英语。语言同化政策的实施一定程度上使当地土著居民方言处于濒危状态，损害了土著居民对本民族语言的情感，给澳大利亚的语言和文化发展带来

---

① 杨洋. 发达国家教育扶贫政策比较研究［D］. 西安：陕西师范大学，2018.

了负面影响。①

在国际组织 1965 年制定了《消除种族歧视公约》之后，澳大利亚政府也开始制定一系列法律，以保护土著居民，废除土著居民的行政管理制度和限制性规定，并实行综合的管理制度，鼓励各族裔互相学习并继承文化。1967 年澳大利亚修改了宪法，正式确认了土著居民的所有权益。1972 年，联邦政府废止了《教师手册》中关于拒绝土著儿童入学的相关条款。②

（二）稳步推进时期（1973—1999 年）

1973 年澳大利亚引进了"多元文化"的观点，随之开始制定多元文化政策并予以推行。此后，多元文化主义的概念、内涵及原则等相关内容，在 1977 年的《作为一个多元文化社会的澳大利亚》、1979 年的《多元文化主义和它对移民政策的影响》以及 1982 年的《为所有澳大利亚人的多元文化主义》等报告中，得到了进一步的扩充与发展。③

由于受到了前期语言融合政策的影响，有专家指出，"如果不采取紧急措施改变这种语言不平等的状况，澳大利亚的发展趋势，将无法满足澳大利亚对内和对外语言交际的需求"。④ 20 世纪 70 年代后，澳大利亚部分专家、学者意识到语言的发展在国家建设中起着至关重要的作用，澳大利亚政府开始尊重，并且保护土著民族的独特语言。国家媒体使用土著居民语言开播节目，教育界也为土著居民和外来移民提供双语教育，并将其语

---

① WILLIAM E. Language Policy and Planning in Australia [J]. In Annual Review of Applied Linguistics, 1994 (14): 137-155.

② 杨洪贵. 论澳大利亚土著人的同化政策 [J]. 世界民族, 2003 (6): 26.

③ 杨洋. 发达国家教育扶贫政策比较研究 [D]. 西安：陕西师范大学, 2018.

④ DJITE, PAULIN G. From Language Policy to Language Planning: An Overview of Languages Other Than English in Australian Education [M]. Canberra: National Languages and Literacy Institute of Australia Ltd., 1994.

言与文化列入教学大纲，这些措施极大地促进了外语及部族语言的普及和发展。①

从 20 世纪 70 年代开始，澳大利亚就开始密切关注残疾人教育。1973年，在卡美尔的报告《澳大利亚的学校》中，开始建议联邦政府推行一体化，为残疾儿童提供普通班的安置方式。到了 1981 年，澳大利亚几乎每一个州都采取了一体化教育政策，残疾儿童在普通学校中接受教育逐渐成为现实。② 1992 年，澳大利亚出台了《残疾人歧视法》，该法为残疾人在各个领域内免受歧视提供了法律保障，教育被视为残疾人反歧视中的一个重点关注领域。③ 1995 年，澳大利亚为消除贫困，提高生活水平，制定了"澳大利亚资格框架"等一系列扶贫政策，该框架规定了初等教育、中等教育、职业教育以及高等教育的分离与互通，明确了它们之间的关系与衔接。1997 年，澳大利亚启动了"培训包"，"培训包"的内容和要求被用作职业培训、认定和评估的标准。④

（三）全面发展时期（2000 年以后）

2000 年后，澳大利亚颁布了《土著教育援助法》，其中对教育援助和教育资金的投放进行了详细的规定，对与土著居民的教育活动有关的法律信息也予以了明确。2003 年，澳大利亚政府颁布了一项新法律，即《澳大利亚多元文化主义：统一多样性》，该法律概述了未来三年多元文化教育政策的方向。2004 年，国家教育、科学和培训国务大臣宣布分配专项资

---

① 王劼丹，洪云. 澳大利亚语言教育政策及其启示 [J]. 开封教育学院学报，2018，38（3）：163-165.

② CARROLL A, FORLIN C, JOBLING A. The Impact of Teacher Training in Special Education on the Attitudes of Australian Preservice General Educators Towards People with Disabilities [J]. Teacher Education Quarterly, 2003, 30 (3)：65-79.

③ COMMONWEALTH OF AUSTRALIA. Disability Discrimination Act 1992 [EB/OL]. [2020-07-11]. https：//docs. education. gov. au/system/files/doc/other/dse-fact-sheet-1-dda_ 0. pdf.

④ 冯增俊，张桂春. 当代比较教育学 [M]. 北京：人民教育出版社，2008：444.

金，以在未来四年内支持土著居民各级教育机构的发展。

澳大利亚政府于 2005 年出台了《残疾人教育标准》，确保残疾人教育的实施与完善。它构建了一个更为清晰明确的教育框架，对残疾人入学、调整、评估、支持服务、课程参与等方面都做了基本的规定，并对每个领域教育机构及相关人员的职责进行了具体的界定，同时建立了评价标准。[①]澳大利亚政府和各州政府于 2008 年共同签署了《墨尔本宣言》，这是关于未来十年澳大利亚教育方向的重要文本。《墨尔本宣言》提出了两大目标，一是学校教育要支持所有年轻人成为优秀的学习者、自信与富有创造性的个体、积极且见多识广的公民；二是学校教育要促进优质和公平，学习者不因残疾、性别、文化、宗教、社会经济背景等因素而受到歧视。[②]

经过长期的发展，澳大利亚的教育业已逐渐稳定下来，同时，澳大利亚政府认识到多元文化的特征。各级政府更加重视教育的发展，更加重视消除教育贫困的政策，坚持平等教育与发展的理念，维护国家和平。在采取了一系列消除贫困的措施之后，国家继续对特殊群体进行培训，特别注重对土著居民和移民的教育，并取得了一定的成就。

二、澳大利亚教育扶贫的主体

澳大利亚是一个典型的联邦制国家，澳大利亚有六个州和两个领地。州和领地的立法权有很大分别，州在某些领域可以自行立法，而澳大利亚政府不能干预。领地也可以自行立法，但领地的立法权来源于澳大利亚政府的授权，领地所订立的法律，澳大利亚政府如有不满可以废止。

---

① COMMONWEALTH OF AUSTRALIA. Disability Standards for Education 2005 [R]. Federal Register of Legislative Instruments F2005L007672006, 2005.

② BARR A, GILLARD J, FIRTH V, et al. Melbourne Declaration on Educational Goals for Young Australians [R]. Melbourne: Ministerial Council on Education, Employment, Training and Youth Affairs, 2008.

（一）澳大利亚政府

澳大利亚政府采用每个州的管理系统，由地方政府来管理每个州。为了改善当前的教育状况，澳大利亚政府提供了教育支持并宣布了各种措施。1995 年，为摆脱贫穷、改善生活水平，澳大利亚政府建立了"澳大利亚资格框架"，并于 1997 年通过了《反种族歧视法》和其他法律。澳大利亚政府与各州政府签订了《墨尔本宣言》，这是一部关于澳大利亚未来十年学校教育发展方向的重要文本。澳大利亚政府还与各级政府制定了"儿童移民教育计划"，以减少移民儿童在教育过程中受到的不利影响，并为英语教学提供大量的援助资金。

在 1990 年之前，澳大利亚延续了自 18 世纪以来州政府一直负责学校和课程统一管理的传统。每个州都引入了中央管理系统，州教育当局直接管理州中小学的课程，包括教育教学的发展、规划创建课程、课程的监督评估等。20 世纪 90 年代之后，受公共管理理论的影响，澳大利亚州政府部门开始在教育管理工作上简政放权，强调学校的自我管理，尤其是校长被委以重任，负责实现学校教学课程的自我管理。[①]

近年来，澳大利亚州政府和州教育部门还通过根据州的实际情况制定法律或制定综合行动计划，积极响应澳大利亚政府对全纳教育的要求。2014 年通过的《残疾人融合法》，极大地促进了残疾人的教育计划。澳大利亚各州政府通过进行包括提高问责和透明度以及初步转向学校自主权等在内的各种改革措施，对学校资金的检查提供了详细的审查背景，确保资金能够公平、客观地分配给学校。[②]

---

① 杨洋. 发达国家教育扶贫政策比较研究［D］. 西安：陕西师范大学，2018.
② 董海青，刘畅. 促进教育公平，提升教育质量——澳大利亚独立研究中心述评［J］. 外国中小学教育，2017（12）：68-72.

（二）专职机构

为了更好地执行教育政策，澳大利亚已经成立了负责执行该政策的相应机构。例如，由各个团体设立的负责教育和减贫的委员会办公室。澳大利亚政府已经建立了多元文化和土著居民的管理体系，就业办公室主要负责与土著居民和移民有关的教育活动，建立了许多协会和理事会来处理土著居民的多元文化和教育问题；同时，建立了许多社会设施，包括土著学校、特殊学校、特殊语言学校、多元文化保健中心等，以实现对土著居民的高质量教育活动。

（三）社区与土著学校

社区在土著教育中发挥着重要作用。社区将教育者、学校、学生和父母联系起来。社区参与是加强教育的关键。教育者、父母和社区成员在教育过程中是合作伙伴。

与非土著民族的形成相比，澳大利亚土著民族的形成相对较复杂。由于其语言的独特性和各族裔之间的文化差异，政府很难对其教育提供统一的指导。为了改善土著居民的受教育状况，澳大利亚政府建立了特殊的土著学校。学校培训土著学生，缩小不同族裔群体之间的差距，并使所有土著居民都享有受教育的权利。这种学校的硬件设备取决于种族的文化特征、生活方式和独特文化。同时，澳大利亚政府还根据土著居民的特点有针对性地选择学校聘用的教师，管理学生的学习和生活，以便更轻松地与学生及时交流并了解学生各个方面的情况。教师们根据各自民族语言的特点，设置英语和相应的民族语言进行教学，重点发展学生的双语能力。这使学生能够在学习英语的同时发展自己的民族语言，弘扬了民族文化，增强了民族自信心和自尊心。

三、澳大利亚教育扶贫的制度安排

（一）法律法规

澳大利亚作为一个移民国家，其人口组成十分复杂。澳大利亚政府重视土著居民以及移民人口的教育问题，为此，制定了相关法律来确保土著居民享受教育的权利。同时，澳大利亚政府每年都会针对土著教育发放援助资金，确保土著居民的教育质量。

1.《儿童保育法案》

在澳大利亚的幼儿教育与保育发展过程中，为改善服务供给不足、学费交叉补贴和信息不对称等市场失衡状况，政府使用了直接提供服务、管制和资助等方法进行干预。政府干预为市场有效运行提供了重要保障，但表现出了一定程度的局限性。[①] 早期，针对学前教育，澳大利亚政府出台了《儿童保育法案》，这标志着政府开始对学前保教进行财政拨款。21 世纪以来，政府财政对学前保教服务的支出增长了近 3 倍，覆盖了学前保教成本的 2/3。[②]《儿童保育法案》明确规定了对学前教育的支持水平：三年内不得少于 2 300 万澳元，符合国家标准的学前教师的工资的 3/4 由澳大利亚政府承担。作为澳大利亚政府制定的第一项学前干预政策，该法律收效良好，并解决了一些学前问题。

2.《学前教育服务国家法案》

质量是澳大利亚学前教育的中心，针对这一中心，澳大利亚政府对学前教育展开了认证、标准评估等活动。2009 年 12 月，各级政府在澳大利亚政府委员会的协调下达成合作协议，所有州政府合作开发新的学前教育

---

① 赵强. 澳大利亚幼儿教育与保育的政府干预研究 ［J］. 浙江师范大学学报（社会科学版），2017，42（2）：106-114.

② 洪秀敏，马群. 澳大利亚学前保教财政资助体系改革的动因、进展与特色 ［J］. 外国教育研究，2017，44（1）：41-54.

国家法案。2011年1月1日，澳大利亚政府颁布了《学前教育服务国家法案》，用之取代州政府针对日托、家庭、校外看护的现有法案。为《国家质量框架》制定了发展目标，如：（1）保证学前教育机构中儿童的安全、健康和福利；（2）改善正在享受学前教育服务儿童的教育和发展成果；（3）促进学前教育服务质量的持续改进；（4）为澳大利亚政府和各辖区建立一个实施国家质量框架的国家整合以及责任共担的体系；（5）提升大众对于高质量学前教育服务的认知；（6）通过澳大利亚政府和各辖区之间的信息共享来减小学前教育服务的监管和行政负担。该法案的指导原则为：把儿童的权利和兴趣放在首位；培养儿童成为成功的和有能力的学习者；加强《国家质量框架》的平等性、包容性和多样性；尊重和重视澳大利亚土著和托雷斯岛民的文化价值；尊重和支持家长和家庭的角色；学前教育机构应提供最好的实践。①

3.《墨尔本宣言》

澳大利亚政府联合各州政府基于对未来教育面临的问题及分析通过了《墨尔本宣言》，各级政府愈加认识到：（1）教育是确保澳大利亚未来经济繁荣和满足不断变化的劳动力需求的核心；（2）年轻人需要具备合适的技能和知识以担负国家兴盛的职责；（3）教育是理解和重视所面临的不断恶化的环境挑战的关键；（4）教育能使学生将自身价值观与他人经验建立联系，从而促进社会融合；（5）教育是实现机会平等的主要途径。澳大利亚的发展需要教育，教育的发展带动国家的发展。澳大利亚要让所有青年都能拥有受教育的机会，《墨尔本宣言》更进一步明白无误地阐述了"澳大利亚政府必须支持所有青少年不仅实现机会的平等，而且要达到更为公平

---

① 员春蕊. 澳大利亚联邦政府学前教育质量保障发展研究（1983—2014）［D］. 长春：东北师范大学，2015.

的结果"。①

4.《高等教育支持法案2003》

早期的澳大利亚，土著居民接受高等教育的机会少之又少，但现在澳大利亚高等教育的普及程度逐年提高。同时，高等教育还存在教育质量高却不平等的情况，澳大利亚政府为此出台了相关的政策。1987—1988年，澳大利亚政府针对高等教育连续出台了绿皮书与白皮书，开启了高等教育改革。近些年来，澳大利亚政府针对高等教育出台了《高等教育支持法案2003》。该法案明确了对接受高等教育学生的资助政策，同时提出了三项学生贷款计划。②"高等教育供款及贷款计划"指出，符合条件的学生在接受高等教育的过程中产生的学费由政府支付，毕业后根据收入情况还贷，免还利息。"全额自费计划"向高等学校全额付款的学生提供贷款计划，符合要求的可以申请全额贷款或小额贷款。"留学计划"是为了使本国留学生在国外能顺利毕业制定的贷款计划，该计划规定每期为学生提供的贷款不超过5 000澳元。2008年，澳大利亚政府提供了1 000份的海外学习贷款。③

澳大利亚针对高等教育主要采用了学生贷款政策。学生贷款政策有效地解决了贫困学生受教育的问题，有效地促进了高等教育的平衡发展。

除了以上法律，1989年，澳大利亚政府出台的《土著居民教育法》，提出向土著民族学生提供补充性财政资助。澳大利亚政府对土著民族学生进行高等教育方面的经济资助始于1998年发布的《高等教育资助法案》，

---

① BARR A, GILLARD J, FIRTH V, et al. Melbourne Declaration on Educational Goals for Young Australians [R]. Melbourne: Ministerial Council on Education, Employment, Training and Youth Affairs, 2008.

② 陈时见，覃丽君. 世界教育改革概览 [M]. 北京：高等教育出版社，2014：144.

③ 吕达，周满生. 当代外国教育改革著名文献：日本、澳大利亚卷 [M]. 北京：人民教育出版社，2004：470.

法案要求设立专项资金，且所拨款项用以支持提高土著民族学生的高等教育入学率和帮助学生获得成功的各项事宜。[①] 2014 年，澳大利亚政府根据《残疾人歧视法》颁布了《残疾人融合法》，以保护和实现残疾人的受教育权。《儿童移民教育方案》的实施，减小了有移民背景的儿童所受到的不利影响，在教育过程中为英语教学提供了大量帮助。

（二）战略规划

为加强对土著人口的帮扶力度，澳大利亚政府不仅仅出台了一系列的法律法规，同时还制定了相应的战略规划。这些教育规划全面地涵盖了土著居民在教育方面的问题，大大缩小了土著居民与非土著居民之间受教育的差距。

1.《缩小土著与非土著教育差距战略计划》

《缩小土著与非土著教育差距战略计划》是针对长期受到经济发展不平衡的影响，文化发展受限，在区域间、学校间、性别间与非土著居民存在巨大教育差距的土著居民而制定的。澳大利亚政府出台此项政策的目的就是缩小土著居民与非土著居民之间的教育差距，政府为此拨付 460 万美元作为战略行动基金，主要涉及几个方面的改革内容，其中包括：近五年内让所有 4 岁以上的土著儿童接受高质量的教育；近十年内提升土著学生的学习能力，缩小土著儿童与非土著儿童的差距。[②]

2.《2011—2018 年土著经济战略》

2011—2018 年土著经济战略主要说明了经济的增长与人民的劳动、相关职业技能有关。该战略要求人们必须接受职业技能教育与培训，在生产中发挥自身作用，为国家贡献价值。该战略包含的教育内容为：要优先发

[①] 吴明海. 中外民族教育政策史纲 [M]. 北京：中央民族大学出版社，2006：331.
[②] 刘琴. 澳大利亚缩小土著与非土著教育差距政策研究 [D]. 兰州：西北师范大学，2015.

展土著教育，缩小教育差距。教育差距会导致社会经济差距，要改善这一现象就必须紧抓教育，所以缩小教育差距不仅具有教育自身的意义，而且具有更广泛的社会意义和政治意义。在《2011—2018 年土著经济战略》中，政府设立了一个 5 000 万美元的"土著青年之路"项目，试图在全国范围内向土著青年提供有针对性的、相当于中学水平的职业技能培训，希望短时间内有更多的土著青年能够在学校获得他们就业所需的知识与技能，最终顺利就业。这不仅有利于土著个人生活水平的提高，也有利于为澳大利亚劳动力市场补充大量的劳动力。①

3.《澳大利亚土著民族高等教育 2006—2008 年战略计划》

澳大利亚土著民族高等教育研讨会于 2005 年召开，澳大利亚土著民族高等教育顾问理事在会上向教育科学与培训部部长提交了报告。该报告引起了广泛的讨论，并据此制定了《澳大利亚土著民族高等教育 2006—2008 年战略计划》。② 该计划以优先促进土著居民的教育发展为主要内容，设立了五项基本原则：尊重土著民族的知识和文化；发展教育是高校、政府和土著民族人士共同的责任；跨部门综合制定政策和计划；满足土著民族发展的高期望值；制定清晰的目标。该计划旨在建立一个高等教育系统，这个高等教育系统肯定土著民族的文化和知识在校园中的价值，土著民族文化研究是高质量的，拥有很高的学术地位；土著民族文化是学生课程的一部分，这些课程是生动活泼且具有意义的。③

（三）援助计划

在澳大利亚教育扶贫政策中，对土著居民的援助计划是不可或缺的，

① 刘琴. 澳大利亚缩小土著与非土著教育差距政策研究 [D]. 兰州：西北师范大学，2015.

② JAMES R，DEVLIN M. Improving Indigenous Outcomes and Enhancing Indigenous Culture and Knowledge in Australian Higher Education [R]. Canberra，A. C. T.：Department of Education，Science and Training (Prepared for the Indigenous Higher Education Advisory Council)，2006.

③ 澳大利亚土著民族高等教育战略计划概述 [EB/OL]. [2020-07-14]. https：//www. xzbu. com/9/view-9340056. htm.

援助计划直接地影响着土著居民的教育及生活。全面且有效的援助计划可以快速地改善土著居民的现状，让他们享受高质量的教育。

1. 土著研究资助计划

1969 年，澳大利亚政府启动了土著研究资助计划，主要用于通过优质教育改善土著居民和托雷斯海峡岛民的贫困状况，通过改善土著居民的受教育机会来改善其生活质量。如 2010 年，澳大利亚政府为托雷斯海峡岛民发布了一个为期五年的《原住民和托雷斯海峡岛民教育行动计划》。该计划的主要目标是缩小土著居民与非土著居民之间的教育差距，维持教育的平等，推行优先发展教育的概念。因为教育的发展与人、社会、科技和经济的发展息息相关；教育对促进人的全面发展具有根本性的作用；教育是促进社会科学发展的根本途径，对缩小社会差距、维护社会公平具有积极的意义；教育是实施科教兴国战略的基础；教育能够促进经济又快又好地发展。①

2. 劣势学校计划

针对基础教育，澳大利亚政府制定了一系列的贫困地区扶贫计划。为了帮助贫困地区人民接受教育，缩小城乡差距，澳大利亚政府拨款对贫困地区进行援助。针对贫困地区教育扶贫，最早澳大利亚政府出台了劣势学校计划。② 该计划主要是通过澳大利亚政府出资对贫困地区学校进行支援。在 1975 年公布的报告中，联邦学校委员会认为农村学生处于不利地位且有特殊需求以及需要政府财政支持。1977 年，在联邦学校委员会的建议下，

---

① 刘琴. 澳大利亚缩小土著与非土著教育差距政策研究 [D]. 兰州：西北师范大学，2015.

② NEBAUER A J, SUNGAILA H M. The Implementation of the Disadvantaged Schools Program in an Australian Country Region: An Evaluation [J]. Journal of Educational Administration, 1980, 18 (1): 165-167.

劣势学校计划被贫困乡村地区计划替代。① 这些计划主要都是各州向各个学区学校发放援助资金，制定教育发展规划，由各州政府负责这些学校的发展。同时澳大利亚政府也支持在贫困地区建立私立学校，给贫困地区人民提供更多的教育机会。除了进行资金的帮扶外，澳大利亚政府还解决了贫困地区学生的就读方式，对不同的学生采取不同的教育方式。例如，针对一些由于地理隔离、残疾或特殊健康需求而无法就读合适的州立学校的学生，帮助他们以远程教育、离家居住、建立第二家庭等方式接受教育。② 推动贫困乡村地区的教育事业的发展，有利于教育公平，缩小城乡差距。

3. 土著民族青年流动教育计划

澳大利亚政府认为，教育发展可以促进社会和经济的发展，职业培训可以使人们掌握技能，人们最终会通过使用技能来回馈国家。澳大利亚政府启动了土著民族青年流动教育计划，以提高土著居民的专业技能。尽管澳大利亚政府大力支持土著教育并发展其专业技能，但土著人口仍处于社会底层。为此，澳大利亚政府在 2007 年承诺为土著学生提供与非土著学生相同的教育和就业机会。土著民族青年流动教育计划是承诺的一部分，该计划为土著居民提供了更多的就业机会，为土著居民和穷人提供了帮助。事实表明，通过职业培训的方式，提高土著居民的技能和能力，是最直接的支持方式。

4. 小额信贷计划

澳大利亚通过小额的贷款来增加贫困地区的妇女与儿童接受教育的机会。调查显示，小额信贷最好是提供给妇女，这有利于改善妇女不平等的

---

① RANDELL S K. The Disadvantaged Country Areas Program：A Program Designed to Increase Social an Australian Country Region［J］. Journal of Educational Administration，1980，18（1）：165-167.

② 曾俊霞，龙文进，庞晓鹏，等. 澳大利亚农村和边远地区中小学教育支持政策［J］. 世界农业，2016（3）：185-191.

地位。但实际上，妇女容易受到其家庭中男性的影响，这一笔信贷资金常常为男性所有，他们把这一笔钱用于投资，但因为缺乏市场观察能力，从而导致投资失败。专家指出，只有通过教育使妇女能够批判性地反思自己的生活和管理她们的生活，她们的现状才会有所改变。[①]因此，向妇女提供信贷、商业培训、资产和市场知识，可以扭转妇女的现状。澳大利亚的小额信贷计划有助于缓解儿童与妇女的贫困现状，通过小额的贷款，让其分阶段地接受教育，让他们学会算数、识字，解决这一群体的基础教育问题。

四、澳大利亚教育扶贫的主要实践与经验

（一）实践成果

澳大利亚政府通过制定一系列的教育扶贫政策，使澳大利亚土著居民的教育现状得到了很好的改善。从澳大利亚的教育现状可以看出，澳大利亚现已形成了一套完好的教育体系，并由一系列政策进行指导与监督。作为一个多元文化和多语言的国家，澳大利亚制定了相关的文化和语言教育政策。澳大利亚是世界上首个制定并实施多语言和多元文化策略的国家，其语言教育政策的制定充分尊重了本国居民包括土著居民和外来移民的语言情感和权利，重视语言教育和人才培养，将语言政策规划与国家经济发展战略紧密联系，得到了国内外政治家和语言学家的高度评价。[②] 对于教育发展不平衡的问题，澳大利亚政府也发布一系列教育计划，例如《原住民和托雷斯海峡岛民教育行动计划》，有效缓解了土著居民教育的困境，并缩小了土著居民和非土著居民之间的教育差距。澳大利亚政府颁布了《残疾人歧视法》，随后对《残疾人融合法》进行了修订和补充。2014 年

---

① VOOLA A. Gendered Poverty and Education: Moving Beyond Access to Expanding Freedoms Through Microfinance Policy in India and Australia [J]. The International Education Journal: Comparative Perspectives, 2016, 15 (1): 84-104.

② 王劼丹，洪云. 澳大利亚语言教育政策及其启示 [J]. 开封教育学院学报，2018, 38 (3): 163-165.

《残疾人歧视法》有效地保护了残疾人的社会地位及其受教育权。澳大利亚政府实施的许多高等教育和职业培训措施改善了高等教育发展中的不平等现象。政府采取了各种措施来支持高等教育，以确保土著居民高等教育的质量，增加他们接受高等教育的机会。通过政府制定的职业培训战略，土著居民已经掌握了基本技能并解决了基本生活问题。

总而言之，澳大利亚通过制定大量的教育扶贫政策，解决了教育不平等的问题，完善了教育体系，针对不同阶段、不同个体形成了与其相对应的法律条款。同时，澳大利亚政府针对教育投入大量资金，完善教学资源，帮助土著居民解决读书问题，将部分资金投入贫困地区来吸引更多优质的教师去任课，缩小了城乡差距。澳大利亚政府要求教育要追求卓越与公平，同时也付诸实践，取得了很好的效果。

（二）实践后的主要经验与教训

澳大利亚早期在发展语言融合阶段，太过于偏重发展单一的语言，导致土著居民的文化、语言发展受到了限制。土著居民发展滞后，得不到优质的教育以及工作机会，从而导致社会发展不平衡。由于澳大利亚是两党治国，很多政策得不到全面持续的实施，总是半途而废。例如：工党针对高等教育制定的相关政策，执行之初取得了很好的效果；但后期由于工党执政人下台，这些政策并未达到预期效果。

澳大利亚政府在改善土著居民教育的同时，忽略了教师的发展，专业教师供不应求。随着2008年土著改革协议签订以来，偏远和极偏远地区土著儿童的入学率大幅提升，这使澳大利亚政府倍感欣慰，但由于没有充足的教师队伍，新的问题又出现了，土著儿童未受到高质量的启蒙教育，导致出勤率不高或辍学。[①] 澳大利亚土著儿童的读写能力会随着年级的提高

---

① 刘琴. 澳大利亚缩小土著与非土著教育差距政策研究［D］. 兰州：西北师范大学，2015.

而降低。针对这种情况，澳大利亚政府规定了土著学生的阅读范围。澳大利亚政府尽一切努力发展土著居民的教育，以使土著居民的教育得到充分发展，但是这仅解决了一部分土著居民的教育问题，仍然有一些土著居民处于教育政策制定不充分的负面影响中。当澳大利亚发展针对土著居民的教育时，过分强调土著居民学习主流文化，这意味着土著文化没有得到很好的继承和保护，削弱了土著居民对传统文化的认识，从而失去自身的文化特色。

澳大利亚教育扶贫的方式有很多值得我国借鉴的地方，在政策实施上澳大利亚由联邦政府与各州政府制定相关的教育政策，其政策各有针对性，能有效地解决贫困人口的教育问题。针对学前教育，澳大利亚政府各级政府制定了有效的学前教育的法律法规，并监督政策的执行，设立第三方非政府性管理机构，制定学前教育质量国家标准和健全学前教育质量评估体系。[①] 基础教育是最重要的教育阶段。澳大利亚政府制定了一些基础教育准则和标准，为土著学校改善了硬件设施，并根据土著居民的语言特点选择了专业教师进行教学。澳大利亚政府使用高科技资源来改善偏远地区教学困境，使偏远地区的学生可以在线学习。同时，学生可以选修课程，这大大增加了他们的学习兴趣。澳大利亚职业教育发展的宗旨始终是为国家社会的稳定和谐与国家经济的繁荣发展提供支持。为了顺应时代的发展和环境的变化，澳大利亚不断调整职业教育与培训政策，以求职业教育更好地发展。[②] 高等教育阶段，澳大利亚政府使用资金援助政策，政府在制定高等教育经费政策时，秉持非营利性私立高等教育机构享有与公立高等教

[①] 员春蕊. 澳大利亚联邦政府学前教育质量保障发展研究（1983—2014）[D]. 长春：东北师范大学，2015.

[②] 罗舒隽. 澳大利亚职业教育政策变迁研究（1990—2017）[D]. 成都：四川师范大学，2019.

育机构平等的地位和受资助的权利①，加大了对私立大学的援助，让更多的澳大利亚人民有机会享受高等教育。

第四节　英国教育扶贫的政策、实践与经验

一、英国教育扶贫政策的演进历程

英国的教育政策非常全面。通过教育扶贫政策，英国为公民提供了更多享受高质量教育的机会。针对不同群体的教育政策在某种程度上关系着一定时期整个国家的种族关系与社会状况，关乎着每个个体与社会的全面协调发展。二战后，英国的教育政策在国家现代化建设的进程中几经调整与变革，跟随社会制度的变化先后经历了不同的发展时期。

（一）初步发展时期（1944—1978 年）

20 世代 40 年代，英国政府通过了《1944 年教育法》，确立了初等教育、中等教育以及继续教育的公共教育体系，提出了宗教教育、师范教育、高等教育等方面的改革。20 世纪 50 年代，随着教育民主化浪潮的高涨，强化了"教育均等"的思想，英国开始进行中等教育综合化改革，取消中等教育多轨制，开办适合大众教育的综合中学，目的是实现教育的平等化。②针对少数民族教育，英国政府于 1967 年出台了《种族关系法（修正案）》，保证了少数民族享有公平待遇的权利，使他们的利益得到了保障。20 世纪 60 年代，移民的少数族裔逐渐成长为社会青年群体的重要组成部

---

① 虞宁宁，刘强. 澳大利亚高等教育经费政策体系解析［J］. 济南大学学报（社会科学版），2017，27（4）：149-156.

② 何瑜. 英国中等教育政策发展的文化性及启示［J］. 教学与管理，2019（6）：118-120.

分，但其入学率、升学率、学业表现、语言能力、文化融合等方面相较于英国本土青年尚存在较大差距。① 随后，1963 年英国颁布了《移民英语教育》，1965 年颁布了《移民教育》。针对贫困地区的教育，1967 年英国政府又发布了《普劳顿报告书》，提出了"教育优先区"的方案，旨在为主客观环境存在一定不利因素和障碍的贫困地区，尤其是少数族裔地区提供学费补助、校舍翻新、入学机会、师资配比等相关扶持和支撑。1972 年，英国政府发布了一份教育白皮书，为 3—4 岁的学生提供免费的学习机会。

（二）探索时期（1979—1996 年）

在玛格丽特·希尔达·撒切尔执政时期，英国政府意识到福利国家带来的影响，迅速进入福利紧缩阶段。英国采取了一系列的措施，如削减包括教育经费在内的社会福利支出、引入"准市场"机制、抑制对福利的依赖等，这些措施呈现出来的特征是福利国家后撤、注重市场效率优先的政策导向，以及赋予家庭和个体更多的责任担当。②

20 世纪 70 年代中期，英国政府的社会压力巨大。撒切尔政府所采取的这一系列行动均是为了重振英国的国家经济，其他社会政策也都服务于这个根本目标，教育政策自然也不例外，在教育领域，人们开始意识到必须在增加公共开支以外寻找解决问题的其他办法。③ 自 1970 年以来，英国的学前教育发生了一些变化。学龄前教育的年龄限制不再是 3—6 岁，而是扩展到了 0—6 岁。在 1976 年颁布的《教育法》中，英国首次以立法形式对特殊儿童入读正规学校予以支持。1978 年，英国政府发表了开创性的《沃诺克报告》，其中强调特殊学生与普通学生平等，并享有受教育的权

① LINDLEY J. The Over-Education of UK Immigrants and Minority Ethnic Groups：Evidence from the Labor Force Survey［J］. Economics of Education Review，2009，28（1）：80-89.
② 杨洋. 发达国家教育扶贫政策比较研究［D］. 西安：陕西师范大学，2018.
③ 撒切尔. 撒切尔夫人自传：通往权力之路［M］. 李宏强，译. 北京：国际文化出版公司，2009：164.

利，重点是融合教育。1981 年的《教育法》颁布后，英国政府开始更加重视残疾人教育。1988 年颁布的《教育改革法》和 1992 年出版的《教育白皮书》，赋予了更多家庭选择学校的权利。

（三）全面发展时期（1997 年以后）

英国的教育在 21 世纪得到了全面发展。在英国前首相布莱尔任职期间，他强调了教育的民主化：推行全民教育，发展终身教育，提升教师资格，加强国家教育政策，实现教育现代化。随后的每个英国统治者的思想都在不同程度上促进了国家教育减贫，这使英国的教育蓬勃发展，并在国际上处于领先地位。

从 1997 年到 2006 年，英国教育的 GDP 从 4.5% 上升到 5.6%。自 21 世纪初以来，英国政府推行了"确保开端""儿童计划"等相关措施，以改善学前教育的质量。1997 年，英国政府发表了《学习社会中的高等教育》绿皮书，1998 年发表了《21 世纪高等教育》报告，2003 年发表了关于高等教育改革的《高等教育与未来》白皮书，以改善高等教育。2002 年为特殊教育发布了《特殊需要和残疾人教育法》，在法律层面上确保残疾人的教育公平。2002 年英国政府颁布了《学习与技能法》，以全面推行终身学习的概念。2002 年颁布了《教育法》，以解释义务教育的经费筹措情况。2003 年出版了《创新国家战略》白皮书，倡导以创新促进繁荣并实现教育资源和机会均等。

二、英国教育扶贫的主体

（一）正式的官方层面

英国中央政府和地方政府共同制定教育政策，于 1944 年颁布了《教育法》。该教育法包括基础教育和继续教育，还包括少数民族教育和特殊教育，倡导为公民提供教育机会。为了更好地管理与国家教育有关的事务，英国政府废除了教育委员会，所有教育事务均由国家教育部统一负责，在各个地方都设立了地方教育部门、教育办公室和其他教育机构。地方教育当局享有较大的教育行政管理权限，负责为本地区的学生提供初等、中等以及继续教育，且有责任向义务教育超龄者提供全日制教育和业余教育。[①]在教育扶贫政策的制定过程中，英国议会扮演了重要角色。作为国家立法机关，英国议会在政策制定过程中的作用主要体现在三个方面：组织相关论坛就将要出台的政策进行辩论、推动教育政策的合法化进程、对政府的教育议案与教育活动进行调研并施加影响。[②]

（二）非官方层面

1. 市场

20 世纪 70 年代，受经济危机的影响，英国政府进入了福利紧缩时期，以发展市场经济为主要目标的教育改革措施由此展开。撒切尔执政期间，英国在教育领域中引入了市场教育：扩大公民对学校的选择权利，让公民有自主选择权；英国政府设立了部分公立学校，直接为这些公立学校拨款资助；私人资本同时可以介入教育系统。教育作为一项社会公益事业，本身是一个很难私有化的领域。对此，执政党将"市场"的成分创造性地引至教育领域，推行"准市场"运行机制。此后，人们日渐使用"准市场"这一术语描述在福利事项中引进非官方决策与市场力量的特征。[③]

英国工党派人士强调了教育机会和教育资源的一致性。为了在教育平等与教育效率之间取得平衡，每个公民都必须接受教育并拥有受教育的权利。《教育白皮书》于 1997 年发布后，英国政府帮助更多的私营企业进入

---

① 吴式颖. 外国教育史教程 [M]. 北京：人民教育出版社，2014：540.

② 杨洋. 发达国家教育扶贫政策比较研究 [D]. 西安：陕西师范大学，2018.

③ 惠迪. 教育中的放权与择校：学校、政府和市场 [M]. 马中虎，译. 北京：教育科学出版社，2003：3.

教育行业，并与中央政府建立了伙伴关系。教育行动区计划于 1998 年发布，大力倡导一种新型的伙伴关系，该伙伴关系允许更多的社会组织加入教育部门。这项政策赋予了教育部门更大的权力，从而大大改善了教育资源。社会组织的参与为公民提供了更多的教育机会，使教育更加公平。

2. 社区与家庭

英国政府非常重视社区与学校之间的关系，希望通过教育减少贫困。基层组织之间的这种合作在各种教育项目的筹资中尤为明显。英国政府建立了"地方伙伴关系"，以加强社区、学校和其他基层组织之间的密切合作，并更好地管理学校。通过比较不同学校的交流方式，他们可以相互学习，科学解决各种学校问题并共享教育资源。为了强调正义和提高教育质量，父母的参与是必不可少的。英国政府鼓励父母参与，甚至在某些地区，父母参与教育被纳入政治体系。一些家长负责处理学校与父母之间的关系，以加强学校与家长之间的联系，同时扩大家庭教育课程的范围，使家长可以掌握家庭教育技能。

新工党政府"不赞同以往单纯向贫困人口直接提供物质支持的做法，主张通过教育与培训计划从根本上提高并改善他们的技能与适应能力，教育和培训是提升个体适应或就业能力、培养个人对自身负责和独立精神的最重要的途径"[①]。总之，面对层出不穷的社会现实问题，英国各届执政党都清晰地认识到：仅凭直接"授之以鱼"的扶贫方式无法从根源上消除贫困现象，必须通过"授之以渔"的方式提升贫困人口的内生能力[②]，只有通过教育扶贫才能让贫困人口真正脱离贫困。

---

① 江赛蓉. 英国教育福利制度的变迁及其启示［J］. 外国教育研究，2012（7）：82.
② 何伟强. 英国教育战略研究［M］. 杭州：浙江教育出版社，2014：139-143.

三、英国教育扶贫的制度安排

教育政策是最直接的扶贫手段。执政理念的转变直接影响着教育、经济、政治等领域的发展。英国的教育政策随着保守党与新工党的交替执政发生了翻天覆地的变化。

（一）法律法规

1.《1944 年教育法》

《1944 年教育法》是英国教育史上最重要的法律，它确定了英国教育的基本框架。其主要内容为：加强国家对教育的控制，在地方设立教育厅、教育局等分管教育领域的部门；加强地方教育行政管理权限，设立公共教育系统，由初等教育、中等教育和继续教育组成；对 5—15 岁的孩子实施义务教育，父母须保证子女接受义务教育和在册生正常上学；地方教育组织应向义务教育超龄者提供全日制教育和业余教育；规定地方教育局免费为贫困学生提供在校学习期间的衣、食、住、行等方面的服务，并实施免费的中等教育，为接受高等教育和继续教育的学生提供奖助学金。[①]《1944年教育法》贯穿整个教育领域，使人们逐渐接受了"在普通教育中应设置适应残疾儿童的年龄、能力、特性、需要的教育"的观念，有利于人们更加积极地看待残疾儿童的教育问题。随着"福利国家"政策的实施，残疾儿童的教育问题越来越受到政府重视，加之"正常化""去机构化"和"一体化教育"运动等社会思想的推动，一系列有利于特殊教育融合发展的政策法规相继出台，促使这一时期的英国特殊教育在各方面都得到了迅

---

① 陈群. 发达国家教育精准扶贫的政策比较与借鉴——以美国、英国、法国和日本为例［J］. 当代教育科学，2019（3）：40-46.

速发展，特殊教育体系也逐步健全，"融合教育"的格局初步形成。①

2.《1988 年教育改革法》

《1988 年教育改革法》是英国历史上颇具影响力的法案之一。该法案规定在英格兰和威尔士地区的公立学校必须开设核心课程和基础课程。核心学科是英语、数学和科学；基础学科为历史、地理、技术、音乐、美术和体育；中学生的基础学科还包括一门现代外语。② 这些课程培养学生的整体素质，并提高了他们的能力，同时添加了学校义务考试，并为公立学校设置了考试课程，以便每所学校都可以根据课程进行教学。与学校管理制度相比，该法案的一项重要规定是，所有由地方教育主管部门领导的中学和入学人数超过 300 的小学都可以脱离地方教育主管部门，并应家长的要求直接接受中央教育机构的指导。这一政策称为摆脱选择，被认为是英国打破过去中央、地方两级分权教育的传统，走向中央集权的重要一步。该法案还决定 1990 年 4 月撤销内伦敦教育局。③

3.《1965 年种族关系法》

《1965 年种族关系法》是英国历史上威尔逊工党政府通过的打击种族歧视的第一部法律。它是针对英国移民和战后种族关系日益政治化而制定的。法律主要专注于种族关系的惩罚机制，鼓励两党在移民和种族关系上达成共识，并为 20 世纪 60 年代、70 年代英国新的"限制融合"移民政策定下基调。该法案维护了英国社会的稳定，促进了英国多元文化和多民族社会的发展。《1965 年种族关系法》首次将"种族语言"引入英国的法律

---

① 杨正刚. 从"隔绝"到"融合"：英国特殊教育变革与发展研究（1760—1981）［D］. 福州：福建师范大学，2018.

② 麦克利恩，石伟平."民粹主义的"中央集权主义——评英国 1988 年教育改革法案［J］. 外国教育资料，1990（4）：74-81.

③ 袁桂林. 英国 1988 年教育改革法案述评［J］. 外国教育研究，1989（1）：48-51.

文本中，是英国种族关系发展史上一个重要的里程碑。^①

《1976 年种族关系法》因 1976 年有色人种与警察发生冲突而出台，旨在从法律上规范种族关系，在一定程度上保障了有色人种的发展权。然而，从法律到现实所要经历的路程仍然很漫长，时至今日，英国境内的种族歧视问题依然普遍存在。^② 该法律第三部分规定了教育中的非法种族歧视。歧视学生进入教育机构、使有色人种无法获得服务等，都是非法的行为。该法案第二十条规定了有色人种有权利享受公共资源，例如教育设备、国家补贴等。1977 年政府加强对城镇援助项目的管理，并将经费由原来的 3 000 万英镑提高到 1.25 亿英镑，管理职责也从内政部转移到环境部。^③

4.《1981 年教育法》

《1981 年教育法》是英国历史上针对残疾人教育最重要的法案。该法案吸取了《沃诺克报告》的大量内容，但同时进行了相应的补充：（1）基于学习困难和特殊教育服务的概念，重新定义特殊教育对象；（2）明确地方教育当局发展特殊教育的职责；（3）保障特殊教育障碍类别需求的连续性；（4）规范家长参与特殊教育的权利与程序；（5）建立特殊教育需要对象的评估与鉴定制度；（5）整合特殊教育专业服务机构。《1981 年教育法》正式认可了"特殊教育需要"的概念，取消了长期以来对特殊儿童分类教育的做法，为英国特殊教育实现从隔离到融合的转变提供了重要保障。^④

① 于明波. 对英国《1965 年种族关系法》的历史考察 ［M］//陈晓律. 英国研究：第 8 辑. 南京：南京大学出版社，2016：138-148，174.

② 任灵兰. 英国诺丁山种族骚乱与《1976 年种族关系法案》［EB/OL］.［2020-07-15］. http://www. cssn. cn/sjs/sjs_ sjxds/201507/t20150714_ 2077479. shtml? COLLCC=2384212869. html.

③ BULPITT J. Continuity, Autonomy and Peripheralisation：The Anatomy of the Centre's Race Statecraft in England ［M］//Race, Government and Politics in Britain. London：Palgrave Macmillan, 1986：17-44.

④ 杨正刚. 从"隔绝"到"融合"：英国特殊教育变革与发展研究（1760—1981）［D］. 福州：福建师范大学，2018.

（二）战略规划

1. 教育行动区计划

20世纪末，英国政府针对基础教育采取了教育行动区计划，通过对贫困落后地区的薄弱学校进行教育管理权利的转移，吸引其他主体参与学校管理，借助成功经验提高这些薄弱学校的办学效率。1998年批准了第一批教育行动区，到2001年为止已经成功建立了73个教育行动区。[①] 2011年出台了教师继续教育计划，对教育行动区计划进行了一定的总结，新的计划将焦点聚集在为贫困地区培养优秀教师上。1999年3月出台的追求卓越的城市教育计划认为，出身于贫困家庭的学生是帮扶的对象，要为他们进行投资改变学业不良的状况，要为学生设立学习发展的支持机构。例如：帮助学生解决学习上的问题可以设立辅导员系统，帮助学生制订学习计划可以设立学习支撑单元。国家、社会为教育优先区域提供了大量的教育资源、援助资金等，为贫困学生提供教育补助，促进教育平等化。[②]

2. 国家技能战略

职业教育一直强调技能，英国政府为提升技能，出台了《学会竞争：14—19岁的教育与培训》白皮书，认为增进学生的技能是政府的首要任务；发布了《学习时代：为了新英国的崛起》绿皮书，强调了建设终身教育一体化的重要性；推出了《学会成功：关于16岁以后学习的新框架》白皮书，旨在"构建一种新的学习文化，以夯实国家竞争力与个人成功的基础，鼓励创造和革新并帮助建立一个全纳社会"。[③]

---

① 袁李兰，杨梅. 优质教育视野下英国学院类学校的教育政策解读［J］. 教师教育学报，2018，5（4）：102-111.

② 马丽，余利川，冯文全. 英国改造薄弱学校的三项计划评析［J］. 上海教育科研，2014（7）：17-20.

③ Learning to Succeed：A New Framework for Post-16 Learning［R］. England，London：Stationery Office，1999.

国家从法律法规的层面对各项政策的实施进行监督，新工党顺利实施了各项政策。2003 年英国政府制定了《21 世纪技能：实现我们的潜能》国家技能战略白皮书，实施国家技能战略的目的是"确保雇主拥有助其成功的合适技能劳动力，又确保学习者个体具有就业与自我实现所需的技能"①。国家支持发展个人的技能，技能是经济复苏的关键，也是迫切的挑战，国家的前途维系在受过良好教育、积极进取且有合适技能的人民的手中。

3. 教育发展规划计划

英国教育标准局的调查显示，"整体而言，国家的学校教育水平在不断提高，但弱势群体学生的学业成就水平与平均水平之间的差距却扩大了，落后地区的学校问题重重，如果要脱离这一困境，唯一的办法就是赋予学校超越它们能力范围之外的真实扶持力量"②。基于此，新工党政府宣布，"从今往后的教育政策不再仅是围绕少数学生，而是着眼于多数学生，将对学生学业成就低下的现象实施'零容忍'政策。教育薄弱地区以及薄弱学校将成为政府实施教育改革行动的关键突破口"③。1997 年，新工党在一次发言中说，英国可以变得更好，但要成为世界经济强国，就需要更好的培训和更好的医疗条件。这表明教育在建设世界经济强国中发挥着重要作用。2001 年，英国政府提出教育是英国政府的首要任务，教育问题需要首先解决。

4. 儿童保育计划

1997 年，英国政府发起了一场育儿革命。1998 年，关于应对育儿挑战的报告建议，国家应该为解决育儿问题提供资金和政策支持。2003

---

① 21st Century Skills: Realising Our Potential [R]. England, Nottingham: Department for Education and Skills, 2003.
② 贺武华. 英国"教育行动区"计划改造薄弱学校的实践与启示 [J]. 教育科学, 2012 (6): 78.
③ 汪利兵. 公立学校私营化：英国教育行动区案例研究 [J]. 比较教育研究, 2001 (1): 49.

年，英国政府发布了一份绿皮书《每个孩子都很重要：改变孩子》，以促进不同的服务部门一并为所有孩子提供成长所需的支持；并确定全国青少年教育工作的五个目标："保持健康，确保安全，幸福成长，为经济贡献并对其进行保护。"关于促进教育公平，该绿皮书强调必须注意弱势学生群体的健康成长，包括 18 岁以下的贫困儿童、残疾儿童、单亲家庭的儿童等。

2004 年 12 月，英国有关部门联合发布了《父母和孩子的最佳选择：十年托儿服务》，明确表明政府致力于"对孩子和父母的承诺"。这项战略措施旨在促进英国公民的终身发展，改善人民的生活质量，并促进儿童享受福利。2011 年，《减少儿童贫困的新方法：解决贫困问题和家庭生活的改变》出版，该书为早期儿童教育筹集了资金，并为贫困家庭提供了教育支持。

(三) 援助计划

1. 贫困学生援助计划

1990 年的《教育法》规定，50 岁以下的全日制学生可以申请政府补助、贷款等，英国政府可以在指定范围内向大学生提供教育贷款。英国政府每年向地方拨款 1 500 万英镑，用于帮助特困家庭的学生接受高等教育。[①] 从 2006 年开始，英国政府引入了"先上学后付款"政策，完成学业后学费将分期支付，贫困家庭的学生可以免交一定的学费。2010 年的《布朗尼报告》提高了学生开始还款的最低标准，当学生在毕业后年收入达到 2.5 万英镑时再开始偿还学费，同时建议提高贫困学生补助金。[②] 英国政府

---

① 孙萍，熊筱燕. 中英高等教育学生资助体系比较研究 [J]. 高校教育管理，2017，11 (3)：80-87.

② 陈群. 发达国家教育精准扶贫的政策比较与借鉴——以美国、英国、法国和日本为例 [J]. 当代教育科学，2019 (3)：40-46.

设立了大批基金项目，向弱势人群提供更多的接受教育的机会。英国政府不论是在社会群体教育方面，还是在教育财政支出方面，都尽可能维护了弱势人群的利益，为弱势人群提供了更多参与社会流动的渠道，加快了弱势人群进入市场的速度。①

2. 学前教育援助计划

针对学前教育，英国政府出台了一系列学前教育政策。《2014—2017年儿童贫困战略》主要提供学前教育的支持计划，其主要内容为：每周为学龄前儿童提供早期教育服务；划拨一定数额的款项来支持儿童早期教育；设立学前教育奖学金计划，提高学生的幸福感；提高贫困地区学前教育师资质量，为贫困地区引入大量的师资以提高学前教育质量；减少官僚形式主义，真正为贫困地区的儿童提供学习帮助；为学前教育的教师提供专业的支持。《儿童早期奠基阶段》中的《法定框架》和《发展事项》指导材料都十分重视学龄前儿童的发展。《发展事项》将其界定为"发掘所有与儿童相关的文化社区资源；通过游戏和有趣的教学为儿童提供丰富的学习机会；支持儿童进行冒险和探索"。②《法定框架》要求教师竭尽所能，为孩子们创造一个高质量的学习环境，使孩子们快乐地成长；教师需要保证在校学生的安全，并设置医务人员参加儿童课程。英国政府通过采用一系列教育措施使贫困儿童的教育状况得到了显著改善。

3. 义务教育援助计划

1997年7月，英国政府发布了《学校卓越教育行动计划》文件，其中明确指出："在2002年之前，政府将引入一项教育行动计划，将学校和质量较差的欠发达地区纳入行动系统，为避免不利情况，有必要提高教育质

① 李阳. 英国教育改革：为什么要让穷人的孩子上学 [J]. 云南教育：视界，2015（9）：43-45.

② EARLY EDUCATION. Development Matters in the Early Years Foundation Stage（EYFS）[EB/OL].（2012-03）. https：//www. foundationyears. org. uk/files/2012/03/Development-Matters-FINAL-PRINT-AMENDED. pdf.

量，以消除学校和学习成绩差的学生的困难。"在贫困地区加强学校建设，建立教育联合体来监管学校教育质量。英国政府提出：地方学校可以开设具有特色的校本课程，自由授课，增加学生学习兴趣。贫困地区学校聘请教师不受国家限制，可以根据学校自身特点来进行招生。国家政府除了每年的基本预算外，再向贫困地区义务教育学校提供一定数额的拨款，并从社会筹集一定数额的教育援助资金。《2002 年教育法》规定，若有学校不能达到国家规定的标准，便由社会组织接手管理学校相关事宜，从头开始运营学校。新工党为了达到教育标准，不惜将市场机制中"残酷"的淘汰规则引入公立学校的经营之中。这也说明新工党在后福利国家时代的教育政策已经逐渐向商业化靠拢。①

英国与大多数国家的情况相反，私立学校比公立学校拥有更多的教师和机构，其高质量的基础教育集中在农村地区。因此，英国政府启动了卓越城市教育计划。该计划主要处理城市基础教育质量差的问题，具体方法是：加强学校与地方政府之间的交流与合作，交流教育经验，交换教育资源；解决学生在学习过程中的问题，对困难学生提供特殊服务，改善边缘化学生的学习取向；针对学生的特殊学习计划，进行特殊指导并快速使其融入学校；为教师、学生提供各种活动，从而达到因材施教的目的。

4. 高等教育计划

英国的四个区域，已经制定了许多政策，提出了许多倡议，以解决高等教育发展存在的问题。与英国其他地区的学生不同，苏格兰的学生不需要缴纳高等教育学费（但是，自 2017 年起，苏格兰留学生如果在国外学习，则需支付高达 9 000 英镑的费用）。在北爱尔兰和威尔士，如果本地学生在其本国接受高等教育，英国籍学生最多可接受 9 000 英镑的资助，他

---

① BALL S. The Teacher's Sou and The Terrors of Performativity [J]. Journal of Education Policy, 2003, 18（2）: 215-228.

们所支付的基本费用不得超过基本费用（约 4 000 英镑）。① 英国政府于 2006 年提出了一项政策，高等教育的毕业生根据毕业后工资的多少进行还贷。政府针对家庭经济困难的学生给予减免学费的支持，比如规定向家庭年收入低于 2 万英镑的学生减免 1 100 英镑。② 2010 年，英国政府发布了《布朗尼报告》，提出高等教育免费的意见，并为学生提供广泛的学习机会。该报告强调需要提高教育偿还标准，简化生活信贷体系，增加对贫困家庭学生的补贴，并用政府补贴代替大学的最低补助金。

四、英国教育扶贫的主要实践与经验

（一）实践成果

英国是世界领先的教育大国，《1944 年教育法》是英国历史上最具影响力的法律。作为一项宏观政策，它体现了教育公平的核心概念。该法律确定了义务教育与继续教育之间的联系，并完善了英国的教育体系。《1944 年教育法》为残疾人的教育做了某些规定，并取得了良好的效果。扩大公民受教育的规模对英国战后教育具有重大影响，《1944 年教育法》中有关特殊教育的规定，后来基本得以实施。20 世纪 70 年代之后，英国特殊学校已增加了一倍。该法律还包括有关教育援助资金的规定。英国政府宣布了《1976 年种族关系法》，该法为有色人种提供了教育机会。根据对《1944 年教育法》的修订，《1988 年教育改革法》主张开设核心课程，提出了一个社会组织和个人参与学校管理的系统，并规定一些学校不受国家政策的影响，由英国政府统一管理。2003 年、2004 年以及 2011 年，英国政府针对学前教育先后发布了《每个孩子都很重要：改变孩子》绿皮书、

---

① DONNELLY M, EVANS C. A Home-International Comparative Analysis of Widening Participation in UK Higher Education [J]. Higher Education, 2019, 77 (1)：97-114.

② 陈时见，覃丽君. 世界教育改革概览 [M]. 北京：高等教育出版社，2014：21.

《儿童法》以及《减少儿童贫困的新方法》，促进了学前教育的发展。

（二）实践后的主要经验与教训

英国的政治观念受执政党的影响发生了翻天覆地的变化，从《1944年教育法》的内容中我们可以看出，该法不是一部全面的法律，并且对很多方面的课程内容没有提及。在制定教育政策的过程中，政府需要全面考虑，制定一套全面的法律。英国政府早期十分鼓励私立教育的发展，但由于过分侧重私立教育，公立学校的教育质量难以保证。私立学校位于农村等偏远地区，致使城市教育与农村教育发展不平衡。早期英国的原住民较为歧视有色人种，有色人种社会地位较低，失去了受教育的机会，引起了社会暴乱。在撒切尔主义的主宰下，经济上的不平等现象越来越严重，进而导致了英国有色人种在社会地位和其他领域的不平等，并没有实现撒切尔夫人所预期的社会经济与政治的快速发展。撒切尔夫人在教育上指责教育中的福利主义加重了英国经济的负担，造成了民众严重的依赖性。她提出教育市场化、学校自治、中央制定课程、设立城市技术中学等举措，但是这导致了教育资源出现严重的不平衡，教育的公平性受到了影响，收入较低的人士无法享受良好的教育资源，民众的意见很大。[1]

---

① 周增尧. 英国新工党政府教育政策评析［D］. 石家庄：河北师范大学，2007.

第五章　主要发展中国家教育扶贫的
政策、实践与经验

第一节　巴西教育扶贫的政策、实践与经验

巴西是拉丁美洲面积最大的国家，也是拉丁美洲经济实力最强大的国家。1822 年巴西结束了葡萄牙对其长达三百多年的殖民统治，宣布独立，建立巴西帝国。虽然在 1824 年巴西颁布的第一部宪法中，规定了"普通教育是公民的权利"，但当时巴西文盲率达 85%。[①] 尽管巴西在 1948—1979 年创造了令全球震惊的"巴西奇迹"，国民生产总值跃居世界前列，但其依然是世界贫富不均严重的十国之一。到 21 世纪初，巴西有34%的人生活在贫困线以下，数量超过 5 000 万。扶贫减贫一直是巴西政府关注的重点难点问题，社会财富分配不均使巴西教育公平面临巨大挑战。留级、辍学、教育经费分配不公平、阶级种族差异等一系列问题，一直是巴西教育部关注和急需解决的问题。

---

① 黄志成. 巴西教育［M］. 长春：吉林教育出版社，2000.

一、巴西教育扶贫政策的演进历程

巴西教育直到 19 世纪 30 年代瓦加斯执政时期才逐渐受到重视，巴西的宪法规定了人人享有教育的权利，可以说瓦加斯时期为巴西实现教育公平奠定了基础。民主共和国时期巴西教育得到了进一步的发展，免费初级义务教育被纳入宪法，巴西颁布的一系列相关教育政策计划进一步推进了教育的发展。巴西教育经历了初期探索、转折期、发展期，并不断地发展向前。

（一）初期探索（1930—1985 年）

早在 19 世纪，巴西就颁布了第一部《教育法》，随之有了一些官方和私人集团创建的学校。二战结束之前，教育还没有得到巴西政府的高度重视。1930 年瓦加斯政府建立了第一个主管教育的职能部门教育与卫生部（Education and the Ministry of Health），负责出台国家教育方针和教育计划。1931 年，联邦政府签署《巴西高等和中等教育组织法》，强调发展工程技术专业教育、发展自然科学和综合大学。1934 年宪法强调，公民均有受教育的权利；1937 年宪法规定，普通劳动者在就业前应接受基础教育和职业训练；1946 年宪法规定，在全国实行普及小学义务教育，各级政府负有对公民实施教育的义务。[①] 这一时期是巴西教育有较大发展的时期。二战结束之后，巴西政府重视发展经济，国民教育也受到政府高度重视。从 1964 年到 1985 年，稳定政治和发展经济被巴西政府视为主要任务。经济的高速发展与教育的滞后不相适应，巴西政府开始着手优先发展教育，政府通过多种形式增加对教育的投入。这一时期也是巴西教育重大改革和发展期。巴西政府颁布了一系列相关法律文件，其中包括：1961 年颁布的《全国教

---

① 陈作彬，石瑞元. 拉丁美洲国家的教育［M］. 北京：人民教育出版社，1985.

育方针与基础法》，提出扩大免费义务教育范围以及建立多层次管理体制；1968 年的《大学改革法》，推动了高等教育发展；1971 年的《中等教育改革法》，首次创立了非正规教育的"补充教育"体系。[①] 这一时期，巴西政府虽然逐渐重视教育，有了一系列的改革举措，但其重点在于建立针对少数人的高质量公共教育体系，其造成的教育不平等、地区之间的差异依然很严重，其改革对基础教育的忽视，也使普及义务教育并没有完全落实。这一时期只是巴西教育改革的初期探索，直到 1985 年巴西教育进行全面改革，才开始进入转折期。

（二）转折期（1985—2001 年）

1985 年，巴西政府提出了全民教育计划，旨在增加初等教育入学机会、提高初等教育质量、保证初等教育普及，但由于 20 世纪 80 年代巴西面临经济问题，因此全民教育计划并未得到认真实施。1988 年，宪法对巴西教育做了全面规定，对包括幼儿园、初等义务教育、中等教育、大学在内的各阶段教育进行了规定，对正规教育、非正规教育、特殊教育等各方面进行了阐述，其教育目标之一就是普及教育和提高教育质量。《巴西联邦共和国宪法》是现今仍然沿用的一部宪法，其中规定：联邦每年不少于 18% 的税收及州、联邦区、市不少于 25% 的税收，包括转让，要用于教育的维护和发展。1993 年，巴西政府为响应世界全民教育大会制定了《全民教育十年计划（1993—2003 年）》，旨在督促政府履行职责进一步促进教育公平，推动基础教育发展。为了落实教育目标，巴西政府实施了一系列教育计划，其中主要有：全国全面援助儿童和青少年计划；东北地区基础教育计划；教育和教学改革援助计划；全国远距离教育计划；提高教师职业价值计划；学前教育扩展和改进计划；青年和成人教育计划；印第安人

---

① 黄志成. 巴西教育［M］. 长春：吉林教育出版社，2000.

教育计划；学校学生资助计划；等等。①

1995 年，巴西宪法修正案的颁布推动了教育普及，还规定成立了初等教育维持和发展及教师专业发展基金。有了这个基金后，各州和市开始从联邦得到足够的资金以确保为 7—14 岁学生提供普及且免费的教育。② 1996 年出台的《全国教育方针与基础法》规定，联邦、各州、联邦区和各市应互相合作，在巴西政府帮助下承担责任，组织各自相应的教育体系。联邦负责协调全国教育政策，具体规定不同的教育层次和体系，发挥其对其他教育方式的规范、调配和补缺作用，并具体规定了联邦和各州的职能。

（三）发展期（2001 年至今）

2001 年巴西出台了《国家教育计划（2001—2010 年）》，这是巴西教育进入新世纪的导航性文件。该计划明确指出各级政府在教育发展改革中的重要地位和作用，提出了巴西教育发展要以提高质量、缩小差距、实现民主公平为主要目标。2014 年，巴西批准了《国家教育计划（2014—2024 年）》，提出到 2024 年其国内生产总值中用于支持教育的比例不应低于 10%，希望通过教育发展，减少贫困人口，实现社会进步。③

二、巴西教育扶贫的制度安排

（一）法律法规

1.《巴西联邦共和国宪法》

从 1822 年至今，巴西共颁布了六部宪法，其中 1988 年的《巴西联邦共和国宪法》沿用至今。1891 年宪法规定，在公共教育机构实施的教育是

①　黄志成. 巴西教育 ［M］. 长春：吉林教育出版社，2000.
②　朱艺丹. 发展中国家教育扶贫政策比较研究 ［D］. 西安：陕西师范大学，2018.
③　唐智彬，胡媚. 教育权利与个人能力的双重发展：巴西教育扶贫透视 ［J］. 河北师范大学学报（教育科学版），2019，21（6）：77-84.

世俗的；1934 年宪法规定，教育是所有人应当享有的权利，由家庭和公共权力机构来实施；1937 年宪法提出了初等教育的义务和免费，从不同方面规定了国家对教育的责任；1946 年宪法明确了教育立法应遵循的各项原则，规定每年联邦将不少于 10%，各州、联邦区和市将不少于 20% 的税收用来维持和发展教育；1988 年宪法规定了教育是人人都享有的权利，国家的教育责任是保证实施义务和免费的基础教育，包括幼儿教育、特殊教育在内的各方面教育都要得到保证。巴西修改宪法将义务教育年龄修改为 7—14 岁，但没有得到立即实施，之后又将教育要求再次修订，将义务教育年龄定为 7—15 岁。

2.《全国教育方针与基础法》

1996 年 12 月 24 日巴西政府颁布的《全国教育方针与基础法》，从国家层面上赋予了教育扶贫的法律权力，明确了各级各类教育的分类，即学前教育、初等与中等教育、职业教育和高等教育四个层次，并规定了每个层次教育扶贫的重要措施和意见。[①] 该法案从教育目标、教育权力、教学自由、教育的义务性、免费教育和奖学金等方面做出了相关规定。《全国教育方针与基础法》规定，国家对教育负有以下责任：（1）提供强制性的、免费的基础教育，包括适龄时期未受教育者；（2）逐步实现强制性和免费的中等教育；（3）对有特殊需要的受教育者给予免费的专门教育，特别是在普通教育范围内；（4）免费接收 0—6 岁的儿童进托儿所或学前教育学校；（5）根据每个人的能力，提供更高层次的教育、科研、艺术创作的机会；（6）提供适合受教育者条件的普通夜校教育；（7）在公立基础教育中，采取提供学校教材、交通、膳食和医疗等辅助措施。[②]

---

① 朱旭东. 新比较教育［M］. 北京：高等教育出版社，2008：88.
② 黄志成. 巴西教育［M］. 长春：吉林教育出版社，2000.

（二）战略规划

1. 全民教育十年计划

1990 年在泰国的宗迪恩召开了世界全民教育大会，巴西也参加了此次大会并在决议上签字，做出了全面实施全民教育的承诺。加之当时的巴西政府已经认识到教育对国家发展的重要性，1993 年底巴西随即出台《全民教育十年计划（1993—2003 年）》，以发展初等教育、实施全民教育为重点，保障了公民的受教育权，促进了基础教育的发展。该计划由五个部分组成：巴西初等教育的现状与前景、巴西初等教育面临的障碍、巴西普及初等教育与扫盲的策略、巴西全民教育的措施和方法、巴西政府对全民教育的承诺。

2. 教育发展计划

2000 年在塞内加尔首都达喀尔举办了全民教育论坛，包括巴西在内的 164 个国家做出了将在 2015 年前实现全民教育的六个目标的承诺。巴西承诺实现的全民教育的六个目标有：第一，开展幼儿保育和学前教育；第二，为所有民众提供免费的、义务的基础教育；第三，促进青少年和成人学习必需的生活技能；第四，使成年人的读写技能在原有基础上提升 50%；第五，到 2005 年大幅度减小性别差异，到 2015 年基本实现男女平等；第六，提高教育质量。其采取的措施主要是：第一，制定教育发展计划。通过该计划确保教育质量，实现巴西宪法所提出的基本教育目标，如提供免费义务教育、减少贫困导致的教育边缘化和教育发展的地区差异、消除教育歧视。而教育系统观、教育领导权、促进教育发展、政府的合作与支持、鼓励社会参与和形成责任意识是支持开展教育发展计划的六个支柱。第二，制定基础教育发展指标（Basic Education Development Index）。巴西政府开创性地提出将学校流动和平均监测成果这两个评价教育质量的重要概念合并为一个指标，通过参考基础教育发展指标的最终结果，可以为教育系统建立教育发展目标，促进基础教育的发展。第三，每年为每所学校和学校系统建立两次绩效目标，并在发展和实现 2022 年的教育质量目标的协同行动计划中，为每个州和自治市提供技术支持。第四，所有参与教育发展计划的州和自治市，都以教育发展计划中的提高教育质量为最终目标。

3. 幼儿保育与教育计划

幼儿保育与教育国家政策是多部门联合实施的，实施这一政策通常涉及的部门有教育、卫生、营养等。该计划为业务多部门规划和协调提供了一个框架，包括愿景、使命、目标、核心概念和战略优先事项。幼儿保育与教育计划的一些政策是简短的"政策声明"，正式确立了巴西将投资重点放在幼儿发展上的意图。①

（三）援助计划

1. 全国全面援助儿童和青少年计划

巴西虽然早在 1937 年的宪法中就提到了初等教育的义务和免费，1971年又延长了义务教育年限，但学前教育长期以来并未受到重视，哪怕是教育较先进的圣保罗州，1972 年 3—6 岁的儿童进入州市立幼儿园的也仅占儿童总人数的 8.5%。直到 20 世纪 70 年代中期，政府对学前教育才有明文规定，规定了 4—6 岁为学前教育阶段，教育司中设立了学前教育处。迄今为止，巴西未颁布专门的学前教育法，但在各大法律法规、援助计划中都有提及，其中以全国全面援助儿童和青少年计划为代表。在 20 世纪 90 年代初，巴西政府高度重视儿童和青少年的教育问题，组织制定实施了全国全面援助儿童和青少年计划，以期集齐社会各界力量，共同解决这一巨大问题，明确提出儿童和青少年的基础需求由家庭和社区直接提供，家庭、

---

① VARGAS-BARÓN E. Policy Planning for Early Childhood Care and Education: 2000-2014 [J]. Prospects, 2016, 46 (1): 15-38.

社会、国家均有责任促进儿童发展等。该计划指出，对特殊儿童和家庭的保护、对儿童和青少年健康的促进、加快发展托儿所和学前教育、提升正规学校教育质量、进行体育运动、发展职业教育等，都是解决儿童和青少年问题的重要途径。

2. 扫盲计划

巴西于2003年启动了一项全国扫盲计划，为成人提供免费扫盲培训。作为一项附带措施，巴西政府对贫困地区的教师培训给予了帮助，并向贫困者分发了免费教科书。为了更有针对性地消除文盲，政府要求参加"零饥饿计划"的成年人参加扫盲课程。仅2004—2005年，扫盲计划就帮助大约550万人享受到基础教育服务。[①] 巴西教育部已制定学前教育大纲，可见巴西政府对学前教育投入了较大关注，但巴西本身社会财富分配不均的现象严重，加之地区差异明显，其学前教育发展道阻且长。一直以来，巴西政府对基础教育不够重视，致使巴西义务教育的普及实施较晚，直到1937年，巴西才有宪法规定初等教育是义务的和免费的。

3. 国家早期儿童计划

国家早期儿童网络编制了国家早期儿童计划，儿童和青少年权利全国委员会于2010年批准了该计划，总统府人权秘书处于2011年正式通过了该计划。国家早期儿童计划是幼儿保育与教育计划多部门规划、协调和服务提供的总体框架。这是2001—2011年巴西教育、卫生和其他部门广泛工作的结果。在国家早期儿童计划被采纳之前，每个部门都有一个单独的幼儿保育与教育计划。

民间社会和各级政府的广泛接触——包括协商讲习班和高级别访谈——导致了多部门对幼儿保育与教育政策规划的高度参与。它们使用积

---

① YAN K. Comparison of International Practices in Poverty Alleviation [M] //Poverty Alleviation in China. Berlin：Springer，2016：125-157.

极倾听的方法，在五个州对 3—6 岁的儿童进行了 15 次咨询。许多协商参与者审查了国家早期儿童计划草案，建立了强有力的政策自主权。

之后，巴西设立了两个全国性方案：一是卫生部的斯道克网络，该网络提供产前教育和护理、分娩以及两岁以下儿童的保健；二是巴西关爱方案，主要针对 0—3 岁儿童和 6 岁以下贫困家庭的儿童，该方案与巴西无贫困方案相联系。巴西政府扩大了针对贫困幼儿的有条件现金转移支付方案的范围，它包括每年为 50 多万名儿童提供的幼儿保育与教育服务、学校供餐和微量营养素。通过将现金转移支付和幼儿保育与教育服务相联系，巴西希望改善儿童状况——这很少通过现金转移支付来实现。实施国家早期儿童计划的人权秘书处扩大了儿童和社会保护活动的范围。[①]

4. 助学补助金计划

巴西的助学补助金计划被美洲开发银行和世界银行称为是加强对贫困人口保护的一项"最佳实践"。1995 年，巴西政府启动助学补助金计划。该计划最早是一个市级项目，政府给予贫困学生的母亲或者家庭提供一定数额的补助，条件是该家庭必须确保孩子在学校就读且不得辍学。2001 年巴西开始在全国范围内向地方政府支付该计划的部分资金，使助学补助金计划成为一个全国性项目。该计划对巴西入学人数增加、辍学率降低都产生了积极影响。巴西从 2003 年起开始实施成人扫盲计划和全国工人职业培训计划等，包括帮助落后地区增强师资力量、免费发放教科书等。此外，为提高适龄儿童入学率，除为贫困学生提供各种助学金外，巴西政府还指定巴西利亚大学等 5 所公立大学为贫困生预留一定比例的入学名额。[②]

---

① VARGAS-BARÓN E. Policy Planning for Early Childhood Care and Education：2000 – 2014［J］. Prospects，2016，46（1）：15-38.

② 柳晓明，黄利文. 多维贫困视角下教育扶贫的国际经验与启示［J］. 吕梁学院学报，2019，9（1）：78-81.

5. 学生贷款计划

1999 年启动的学生贷款计划取代了以前的信贷计划。学生贷款计划提供 70% 的学费贷款，直接支付给学校，而不是学生。按照巴西的标准，贷款收取的利息很低，还款从学生毕业后的第一年开始。除了贷款，私人机构本身也提供一些奖学金，支付部分费用。目前，法律要求非营利机构以这种方式将 20% 的收入用于资助免费名额。[①]

6. S-系统建设计划

S-系统是巴西规模最大的劳动力技能培训系统，是巴西成人职业教育的重要力量。该系统诞生于巴西工业刚刚起步的 20 世纪 40 年代，其最初的目标是为劳动者提供职业培训，使其胜任现代工商业的工作。[②] 到目前为止，该组织包括全国工业学徒服务机构、全国商业学徒服务机构、全国农业职业培训服务机构、全国交通业学徒服务机构、巴西小型企业扶持服务机构、全国合作社学徒服务机构、商业社会服务组织、工业社会服务组织、交通业社会服务组织 9 个组织。其中，前 6 个机构旨在为所在行业的劳动者提供职业教育，后 3 个组织则为所属行业的劳动者提供生活服务。S-系统经过萌芽初创期、徘徊发展期、改革创新期近 80 年的发展，至今仍具有旺盛的生命力。由于具有覆盖领域及服务人群广泛、资金来源稳定多样、校企合作关系紧密等特点，该系统已经对巴西员工工资收益产生了显著的积极影响，更为巴西的职业教育走向国际做出了卓越的贡献。

巴西于 1967 年颁布了《青少年与成人功能性扫盲和终身教育法》。该法的重要内容包括：将青少年与成人扫盲和终身教育置于长期实施的地位，要求各级行政管理部门和大、中学生支持扫盲工作；依法制定青少年与成

① MCCOWAN T. Expansion Without Equity：An Analysis of Current Policy on Access to Higher Education in Brazil [J]. Higher Education，2007，53（5）：579-598.
② 侯翠环，屈书杰. 成人职业教育的重要力量——巴西的 S-系统 [J]. 内蒙古大学学报（哲学社会科学版），2014，46（1）：108-112.

人扫盲和终身教育计划，实施年度检查；建立具有行政管理权和财政独立权的扫盲运动基金会，属教育部领导，接受国家的预算拨款和来自各方的捐赠；等等。①

7. 国家教育计划

国家教育计划是巴西旗舰计划，旨在扩大职业技术教育与培训的规模。该计划提出要实现消除文盲，全民上学，克服教育不平等，消除一切形式的歧视，重视教育专业人员，尊重人权，确定教育公共资源在国民生产总值中所占比例，确保质量和公平标准满足扩展需求。

三、巴西教育扶贫的主要实践与经验

经过巴西政府的努力，各级各类教育政策的出台实施，巴西教育减贫得到了有效改善。基尼指数从 2001 年的 0.59 回落到 2008 年的 0.56，提前完成联合国"千年发展目标"提出的"25 年内将每天不足 1 美元收入人口数量减至一半的目标"。②

（一）巴西教育扶贫的主要实践

1. 强化落实全民教育，促进基础教育发展

1990 年世界全民教育大会召开，巴西响应相关政策，在 1993 年颁布了《全民教育十年计划（1993—2003 年）》。该计划保障了巴西全民受教育权，对巴西基础教育的发展具有重要意义。在全民教育理念下，巴西贫困人口明显减少，从 2001 年的 24.3% 减至 2012 年的 8.4%，极端贫困人口占比从 14% 降至 3.5%。

2. 关注儿童教育

在 20 世纪 90 年代初，巴西政府高度重视儿童教育问题，组织制定实

---

① 高艳贺，黄志成. 巴西教育平等透视 [J]. 外国教育研究，2007（8）：54-57.
② 丁声俊. 反饥饿 反贫困——全球进行时 [M]. 北京：中国农业出版社，2012：65.

施了全国全面援助儿童和青少年计划，颁布实施了国家早期儿童计划，保障了儿童教育问题。相关助学金计划为贫困地区儿童提供了更多受教育的机会。

（二）巴西教育扶贫的主要经验

1. 完善教育扶贫体系，出台相关专项计划

教育是促进可持续发展和社会福利增长的重要保障。长期以来，巴西政府推行经济发展为主、教育滞后发展的政策是其贫困加剧的原因之一。为了改善巴西社会财富分配不均等各方面原因导致的教育不平等等一系列问题，巴西政府通过推行多元化扶持政策、实施系列专项计划来完善教育扶贫体系，取得了一些效果。随后，巴西推出了一系列专项行动计划，其中多数方案都是直接与教育扶贫密切相关的，在为贫困家庭提供收入资助和生活补助的同时，更强调通过改善教育、医疗等公共服务和增加贫困人口及其家庭就业能力和机会，为贫困人口脱贫并实现可持续发展提供整合的解决方案。① 国家通过家庭救助基金计划、家庭医疗救助计划、保障性住房计划分别在贫困人口生活、卫生健康、住房等生存基本需求方面给予了保障。自巴西实施"助学金计划"以来，98%以上的 7—14 岁的巴西学龄儿童在学校上学，学习年限、学业质量、教育资源均衡分配等都有了全面提升。实施多样化扫盲计划，减少了文盲比例，全国性各项助学计划，降低了辍学率。在帮助就业方面，政府制定的相关计划有：促进就业计划和增加收入计划，通过提供优惠信贷帮助就业；巴西行动计划，通过投资解决人口失业及贫困带来的社会问题；初次就业计划，通过培训、贷款等

---

① 唐智彬，胡媚. 教育权利与个人能力的双重发展：巴西教育扶贫透视［J］. 河北师范大学学报（教育科学版），2019，21（6）：77-84.

手段帮助青年就业。① 巴西在长期探索和不断实践中完善部分专项计划，并针对现实问题提出并实施新的专项计划，长期以来在教育扶贫方面成效显著，影响深远。

2. 保障教育质量

巴西经济体量巨大，但其劳动生产率依然很低，可见提高教育质量是扶贫发展战略的关键。尽管巴西入学率一直稳步上升、平均受教育年限增长、教育投入也在不断增加，但是巴西中等教育中的大多数学生上的是夜校，每天的学习时长也只有四小时，远远低于其他国家。同时，由于学生缺乏图书馆、科学实验室、计算机和语言设施等硬件设备，教育水平迟迟不见提高。尽管巴西政府逐渐意识到教育的重要性，从法律法规战略计划等各方面都有体现，但这些法律计划并没有得到很好的落实，没有体现在行动上。为了保证教育发展质量和水平，从 2007 年起，巴西启动了教育质量指数。该指数是基于对学校如何实现目标的系统评估，指标水平刻度范围为 0—10 分，利用这个工具，教育部在 2022 年前为每一所学校和系统制定了两年一次的绩效目标。2005 年，公立学校的小学平均教育质量指数为4.0；而私立学校机构中，这一数字与发达国家相似，达到了 6.0。为提高教育质量指数水平，巴西政府提出了教育发展计划（Education Development Plan），其中包括大量的关联行动计划，由政府、教育部门、社会组织、私人机构以及与其他社会行动者合作，以严格控制质量标准和人人参与的方式建设基础教育。教育发展计划为巴西基础教育的质量设定了目标，为学校和教育部门提供了有助于学生的组织行动。针对教育指标较低的地方和学校，由巴西政府和其他教育部门提供咨询与帮助，内容包括：对符合条件的教育管理人员和其他基础教育专业人员进行培训，巩固社会参与教育

---

① 雷安琪，杨国涛. 中国精准扶贫政策的国际比较——基于印度、巴西扶贫政策的案例分析[J]. 价格理论与实践，2018（12）：103-106.

的机制，成立学校理事会，强化科技教育。教育发展计划代表了巴西教育公共政策的进步，不仅促使教育部门与社会合作，还强调政府、社会、私人部门之间的互动合作，共同推进以高质量和包容性的方式发展教育。同时，该计划设立了教育目标，根据不同学校的困境分类指导，更好地确保地区和学校的教育质量水平，有助于构建理想的教育。①

3. 落实教育扶贫措施，培养良好师资力量

巴西长期以来，留级率、辍学率居高不下，其中一个重要原因在于教师教育水平参差不齐。重视师资队伍建设，是落实教育扶贫措施的重要环节。巴西教师职业整体水平偏低，教师在巴西是一个不受欢迎的职业。为加强师资队伍建设，巴西政府 1996 年颁布的《全国教育方针与基础法》，对教师最低学历标准做出了规定，但直到 2012 年仍有许多未达到最低学历要求的教师在岗。且巴西教师存在严重的学科比例失调现象，人文社科类饱和，自然科学类供不应求。2002 年巴西政府颁布《全国中小学教师培训课程大纲》，从教学设计能力、教学管理能力、教学评价能力、组织协调能力等方面为教师提供了专业发展标准。2011 年，巴西政府推出全国教师入职考试，以此作为更有效地评估新教师各项素质和综合能力的手段。教学启动奖学金机构计划，帮助教师提升职业能力。为扩大教师接受高等教育的机会，实施远程教育计划。巴西政府为吸引高素质人才进入教师队伍，在 2009 年启动"晋升项目"，建立了包括"绩效工资""入职教师奖学金项目"在内的一系列教师奖励机制。

---

① 唐智彬，胡媚. 教育权利与个人能力的双重发展：巴西教育扶贫透视［J］. 河北师范大学学报（教育科学版），2019，21（6）：77-84.

第二节　印度教育扶贫的政策、实践与经验

印度是南亚人口大国，也是四大文明古国之一，曾诞生了灿烂的印度河文明，其教育发展史已有 3500 多年。印度的国情之复杂，决定了其独具特色的教育发展背景。独立之前，印度大多数国民处于极度贫困的状态；独立之后，贫困依然是社会顽疾。据统计，印度失学儿童和失学青年人口占世界的比例相当大，青少年和成人识字率落后于大多数发展中国家，仅超过撒哈拉以南的非洲。如何将巨大的人口压力转化为人口资源是印度政府亟待解决的重要课题。印度作为一个复杂的多民族国家，受种姓制度等社会传统的影响，其社会财富分配不均，贫富差距大。有 1/3 的人口生活在贫困线以下，其中表列种族、表列种姓最为严重。种族歧视只是造成贫困的原因之一，此外，印度贫困问题还受诸如土地改革不彻底、经济发展失衡、工业结构逐渐向资本密集型产业及技术密集型产业倾斜造成的经济"无就业式增长"等其他因素的影响。一方面，经济的高速发展带来了一片繁荣景象；另一方面，许多农村地区、贫困地区的人民依然过着食不果腹的日子。印度反贫困主要采用的是"满足需求式"模式，在一定程度上可以缓解贫困，但这种单纯的输血式扶贫模式，容易造成"返贫困"现象。发展教育无疑是反贫困的有力手段，因此，印度高度重视弱势群体的教育，无论是各级政府还是民间组织，通过相关法律法规的约束、战略的规划以及援助计划的实施，以期改善国内教育不公平的问题。

一、印度教育扶贫政策的演进历程

印度自 20 世纪中叶独立后，先后颁布实施了多项多维度扶贫减贫相关

政策。印度开国总理尼赫鲁将科技和教育列为国家发展的首要任务，他意识到发展科学技术和教育事业是提高国民素质、摆脱贫困的根本之策。印度几代领导人都高度重视教育发展。从宪法到国家教育政策，开展各项行动计划、援助计划等，印度教育扶贫经历了独立后的初期探索、20 世纪 80 年代以来的深入发展，直到今天扶贫减贫工作的不断推进，取得了一定效果。

（一）初期探索阶段（1951—1985 年）

1947 年印度独立后，中央政府积极打破旧制度的约束，并在探索中制定了一些教育扶贫计划，以保护少数群体的合法权益，开始筹划教育事业的发展。1950 年的印度《宪法》提出"各邦应致力于面向所有儿童提供 10 年免费义务教育直到 14 岁止"。1956 年之前，印度实施甘地经济发展战略，优先发展初等教育。"一五"期间，强调实行免费义务教育，要求首先发展初等教育、农村教育和成人教育。1956—1961 年，印度第二个五年计划将教育发展重点转向高等教育，此后，印度政府不断增加高等教育投入，开办了多所国立大学。到第二个五年计划末期，全国共有 41 所大学，1 050 所学院，入学率从 1950—1951 年度的 0.7% 增加到 1960—1961 年度的 1.4%，这也导致了"一五"期间提出的普及义务教育迟迟无法落实。到 1965 年，印度全国农村人口 5% 的地区连小学都没有，已有的大部分农村小学师资缺乏、资金短缺、设备落后，在 10 年内几乎没有大的变化。1966 年印度完成了《教育与国家发展》报告。报告指出："教育是国家发展的最强大的工具，教育的重建与国家重建紧密相关。"报告还提出了"印度教育 20 年计划（1966—1986 年）"。印度在 1968 年颁布国家教育政策时，再次强调为所有 14 岁以下的儿童提供免费义务教育，并对教师教育问题、教育机会均等问题做出规定。这标志着印度对初等教育、基础教育、职业与成人教育、高等教育等各种教育类型均展开了相应的教育计划，标志着印度教育扶贫的全面展开，印度进入教育扶贫的中期发展。1985 年，印度总理宣布要在全国范围内进行新一轮的教育改革。

（二）深入发展阶段（1985—2007 年）

20 世纪 80 年代，印度开始意识到重视高等教育忽视初等教育的畸形发展模式，对印度教育带来的不利影响。1986 年出台的国家教育政策，特别提到了重视弱势群体，以期更好地解决教育机会均等的问题。拉奥执政后，转变了教育经济由国家统一规划的局面，接纳了诸多国际组织的援助计划。如由英国海外发展援助资助的安得拉邦初级教育项目（1986 年），瑞典国际开发署（简称瑞开发署）资助的什卡·卡尔米项目（1987 年），荷兰援助北方邦、古吉拉特邦和卡纳塔克邦的马希拉萨马赫亚项目（1988—1990 年）。① 20 世纪 90 年代，印度又在此基础上掀起新一轮教育改革，推出《1992 年行动纲领》。《1992 年行动纲领》指出：把普及初等义务教育和成人教育作为优先发展的部分，构建了一个到本世纪末的教育发展的框架，而且还提供了一份关于组织、执行和经费筹集的具体职责的行动计划。② 随即，国家又推出操作黑板计划、县域初等教育计划、营养午餐计划等，进一步落实普及初等教育计划。1993 年在印度召开的国际教育大会，提出了"全民教育"的口号。21 世纪以来，印度开始实施初等教育普及计划。印度联邦和地方政府制定了弱势群体学生奖助学金、弱势群体学生助学贷款、弱势群体学生公寓与寄宿学校以及各种有针对性的弱势群体学生资助计划等，形成了覆盖面广、侧重点不同的资助体系，有力地保障了弱势群体学生受教育的机会和权利。③

---

① COLCLOUGH C, DE A. The Impact of Aid on Education Policy in India ［J］. International Journal of Educational Development, 2010: 30 (5), 497-597.

② 王长存. 印度教育 ［M］. 长春：吉林教育出版社，2000.

③ 杨洪. 印度弱势群体学生教育资助体系探析及启示 ［J］. 贵州工程应用技术学院学报，2016，34 (2)：73-79.

（三）全面推动阶段（2007 年至今）

1990 年起，印度逐步开放市场，实施经济改革。进入 21 世纪，印度的国民生产总值在 15 年间增长了 7 倍，国际影响力进一步提高。在第十一个五年计划（2007—2012 年）和第十二个五年计划（2012—2017 年），印度政府提出了保护弱势群体在各级各类教育体系中的合法权益。在第十一个五年计划期间，印度着重解决机会、公平和质量问题，广泛兴建学校并保障其教育条件。[①] 联合国的一份报告称，印度的贫困率在 10 年内下降了 27%。在 2005—2015 年的 10 年间，多达 2.71 亿人摆脱了贫困，该国的贫困率从 55% 降至 8%。现今，印度对弱势群体教育更为关注，提出消除种族、性别、阶级等入学歧视，通过各种途径保障补充教育经费，最大程度降低辍学率，多方位多维度采取措施保障弱势群体教育公平。以兼容性发展和质量建设为抓手，发展高等教育。虽然印度对弱势群体教育给予政策倾斜，但由于种姓制度的根深蒂固，在取得一些显著成绩的同时，从现实情况来看，弱势群体教育依然受到严重歧视，更为有力的保障措施及相关政策有待于进一步实施。

二、印度教育扶贫的制度安排

长期以来，印度种姓制度、性别歧视、贫富差距等严重制约着印度教育发展，这些突出的社会问题也让政府和民众认识到扶贫减贫工作的重要性。各种社会问题交织，弱势群体一直是政府关注的重点。为此，印度政府制定了一系列针对弱势群体的相关政策法律，其中包括：《宪法》中相关条款、表列种姓与表列部落的经济发展计划及保留政策。印度是中央政府和邦政府合作的教育管理体制，人力资源开发部是中央教育管理部门。

---

① 李建忠. 第十一个五年：印度教育以质量促公平［N］. 中国教育报，2008-10-07（4）.

该部门以宪法作为宏观指导，制定各类战略规划、援助计划及针对各方面的立法，齐头并进，共同推动国家扶贫减贫进程。

（一）法律法规

印度《宪法》自 1949 年起，经过多次修正，一直强调教育公平问题。印度《宪法》规定国家应向 6—14 岁儿童提供免费义务教育。其中规定"国家应在其经济能力和发展范围内，做出有效规定，确保失业、年老、疾病和残疾以及其他不应有的匮乏情况下的工作权、受教育权和公共援助权"。其中特别提到了弱势群体，"国家应特别注意增进弱势群体的教育利益和经济利益，尤其是表列种姓和表列部落人民的教育利益和经济利益，并应保护他们不受社会的不公正待遇和各种形式的剥削"。2009 年议会通过了《儿童接受免费义务教育权利法案》。该法案规定儿童有权利就近接受免费的 8 年义务教育，并指出要保护儿童接受免费义务教育的权利。[①]2002 年，印度宪法修正案要求"国家要努力为所有 6 岁及 6 岁以下的儿童提供学前教育"，以此来保障儿童受教育权。

（二）战略规划

印度共和国成立以来，各届领导人始终将教育发展水平作为社会经济发展目标的决定性因素。20 世纪 60 年代科塔里教育委员会发表的报告，引起了印度社会强烈反响，被认为在印度教育史上具有里程碑意义。印度政府随即颁布了《1968 年国家教育政策》，高度肯定教育的作用，提出推行"10+2+3"的教育结构，促进了教育的普及。由于其中许多建议未付诸实施，加之执政党的更迭，1986 年颁布了新的国家教育政策，并于 1992 年再次修订。除国家教育政策以外，印度政府从 1951 年开始实施五年计划，至今已经实行了十三个五年计划。

---

① 安双宏. 印度教育战略研究 [M]. 杭州：浙江教育出版社，2013.

1. 国家教育政策

《1968 年国家教育政策》是印度独立以来教育发展史上重要的里程碑，旨在重建教育体系、提高教育质量，从免费义务教育落实、教师地位待遇保障、教育机会均等、科学教育研究、工农业教育、中等教育、高等教育、扫盲和成人教育等 17 个方面进行了阐述，确定了"10+2+3"的教育结构，提出要保障少数民族教育利益。该政策在实现教育机会均等方面指出：要改善教育设施地区不平衡，重视女性教育，加紧发展落实落后阶级人民教育，扩大残疾儿童、弱智儿童教育设施建设。[①]《1968 年国家教育政策》实施以来，取得了一定的成效，但随着社会的发展，各方面因素的交织，新的挑战和社会需求使政府迫切需要为国家制定实施新的教育政策。《1986 年国家教育政策》是对《1968 年国家教育政策》的进一步细化落实，使各项政策更具操作性。在"教育机会均等"部分，该政策介绍道：关注被剥夺平等权利人的具体需求，将教育作为妇女改变地位的媒介，重视少数民族、农村偏远地区、弱势群体的教育。在国家政策的基础上，印度政府结合时代要求，提出了《1992 年行动纲领》。《1992 年行动纲领》对《1986 年国家教育政策》的内容进行了修改，并以"为了平等的教育"为名，分别以"表列种姓的教育""表列部族的教育""其他教育落后的部分和地区""少数民族"等为题，论述了在这些方面应该采取的措施以及采取这些措施的必要性。[②]《1992 年行动纲领》分别对妇女平等教育、少数民族、表列种族弱势群体以及各种类型各个阶段的教育进行了详细阐述，对消除教育不平等、关注弱势群体教育公平问题具有重要意义。

---

① Ministry of Human Resource Development, Government of lndia. National Policy on Education, 1968 [EB/OL]. [2020−05−20]. https：//www. education. gov. in/sites/upload_ files/mhrd/files/document-reports/NPE-1968. pdf.

② Ministry of Human Resource Development, Government of lndia. Programme of Action 1992 [EB/OL]. [2020−05−23]. https：//www. education. gov. in/sites/upload_ files/mhrd/files/document-reports/POA_ 1992. pdf.

2. 五年计划

五年计划是印度仿效苏联，制定的针对经济、社会、文化、教育等各方面的发展规划。1951—1956 年印度的第一个五年计划，将教育作为国家发展的首要领域。第十一个五年计划再次强调教育在国家发展中的地位，把教育作为最优先发展的领域，并且作为国家快速和全面发展的核心手段。第十二个五年计划提出教育是社会、政治、经济变革重要的杠杆，前所未有地提出了要把重点放在扩大教育、显著提高教育质量、确保教育机会均等上。通过五年计划，印度希望能够普及免费义务教育，将小学辍学率降低到 10% 以下，增加高等教育入学率，将中学总入学率提高到 90%，高中总入学率提高到 65%。① 根据"十二五"报告，印度青年识字率从 1983 年的 60% 提高到 2009 年的 91%，成人识字率从 2004 年的 64.8% 增至 2011 年的 74%。印度在缩小教育公平差距方面也取得了良好的进展。印度的教育不平等，以基尼系数来衡量，受教育年限的系数从 1983 年的 0.71 减小到 2010 年的 0.49。基础教育中的性别差距缩小，大幅减少了社会经济层面导致的教育不平等现象。

(三) 援助计划

以宪法和相关战略规划为主导，为实现扶贫减贫，改善弱势群体教育公平问题，国家又提出了一系列援助计划，其中包括各类发展计划、中央政府的奖学金计划、各邦政府的奖学金计划等，涵盖学前教育、基础教育、中等教育、高等教育各个层次，涉及普通教育、职业教育等各个类型。

1. 整体性儿童发展计划

整体性儿童发展计划始于 1975 年的一项小规模实验，后在印度全国进

---

① Ministry of Human Resource Development, Government of lndia. Twelfth Five Year Plan (2012 - 2017) Social Sectors [EB/OL]. [2020 - 05 - 23]. https://www. education. gov. in/sites/upload_ files/mhrd/files/document-reports/XIIFYP_ SocialSector. pdf.

行推广。具体来看，该计划从以下六个方面为儿童的发展提供全面的服务：向0—6岁的儿童以及孕妇和哺乳期母亲提供营养补充；健康检查；免疫接种；转诊服务；3—6岁儿童的非正规学前教育；健康和营养教育。[①]

2. 国家儿童行动计划

2005年印度提出的国家儿童行动计划明确规定，国家要优先向弱势群体儿童提供教育和保育服务，要"解决由于性别、阶级、部落、种姓、宗教和法律地位而导致的歧视问题，从而确保平等"，"所有政策和项目要向最弱势的、最贫穷的和获得最少服务的儿童提供最大程度的优先"。[②] 具体来看，国家儿童行动计划包括儿童发展——学前儿童保育与教育、女童的权利、青春期儿童、残疾儿童、儿童与环境；儿童保护——处境不利儿童、犯罪儿童、性剥削与儿童色情、非法交易儿童、反对童工、感染艾滋病毒的儿童等。[③]

3.《国家儿童宪章》

《国家儿童宪章》2003年提出"国家要保证所有儿童被平等地对待，不因儿童的背景、儿童父母或法定监护人的种族、人种、种姓、性别、语言、宗教信仰、政治观点、国别、道德信仰或社会出身、残疾、政治地位或其他任何原因而受到歧视"。[④] 同时《国家儿童宪章》指出，国家要保护儿童心理健康，保证儿童娱乐设施建设与服务。

4. 区域初等教育计划

20世纪90年代，印度提出实施区域初等教育计划（District Primary

① GOVINDA R. Education for All in India：Assessing Progress Towards Dakar Goals ［J］. Prospects, 2018，38（3），431-444.

② 庞丽娟，沙莉，刘小蕊. 印度学前教育公平的法律与政策研究 ［J］. 教育发展研究，2008（Z3）：100-103.

③ 钱晓玲. 近十年来印度学前教育政策研究 ［D］. 昆明：云南师范大学，2011：42.

④ National Charter for Children（2013）［EB/OL］.（2015-10-02）. https：//www. nhp. gov. in/national-charter-for-children-2013_ pg.

Education Plan，缩写为 DPEP），各县规划的目标除有效地普及初等教育外，还应包括减少现在的入学机会不平等现象，为不利群体儿童提供相应的教育机构，提高教学质量，吸引社区居民积极参与学校教育事务及建立地方性教育机构以确保地方分权教育规划的有效性。[①] 其总目标是重建所在县整个初等教育。1993 年该计划正式运行，旨在提高初等教育质量。

1993 年欧盟与印度缔结伙伴关系，双方就县域初等教育普及计划的合作进行了探讨，并促使了初等教育的全面改革。2000 年，欧洲共同体以拨款的方式支持区域初等教育计划，总投资达 1.5 亿欧元，其中 95% 以上的资金由印度政府用作区域初等教育计划的发展优先事项部署资金。[②] 1994 年，在阿萨姆、哈里亚纳等几个邦首先实施区域初等教育计划，1996 年扩展到 9 个邦，目前已扩展至印度大部分地区。

5. 初等教育普及计划

初等教育普及计划是印度政府在 21 世纪推出的一项被誉为全面普及初等教育的旗舰型计划。该计划提出了一个明确的目标：到 2007 年所有儿童至少完成五年小学教育，弥合小学阶段性别、种姓差距，到 2010 年所有儿童都能完成小学教育，在基础教育阶段弥合性别、种姓差距。[③] 其终极目标是解决教育不公平的问题，2001—2010 年的十年间，印度在全国范围内实行免费的、义务的初等教育。初等教育普及计划实施以来，降低了基础教育的辍学率，尤其提高了女性识字率。

6. 中等教育普及计划

印度政府针对中等教育质量和供给不足的问题，于 2009 年启动了中等

---

① 王长存. 印度教育［M］. 长春：吉林教育出版社，2000.

② JAGANNATHAN S, KARIKORPI. EC-India Collaboration in Primary Education：Sector-Wide Approaches to Development Co-operation ［J］. Prospects, 2000, 30（4）：409-422.

③ DAS A. How Far Have We Come in Sarva Siksha Abhiyan ［J］. Economic and Political Weekly, 2007, 42（1）.

教育普及计划。中等教育普及计划有三个目标，即准入、公平和质量。具体而言，该计划的目的包括将小学高年级升级为中学；加强现有的中学；在学校增设教室，科学实验室，图书馆，计算机室，美术、工艺和文化室，厕所和供水设施；为教师提供在职培训；为教师提供校舍和修缮住宅区。①在印度第十一个五年计划中，进一步完善了中等教育普及计划的相关条款，支持将中等教育的覆盖水平由 2006 年的 52% 扩大到 2012 年的 75%，要求农村地区以及在册种姓和在册部落人口的覆盖总比率达到 70%；穆斯林作为一个群体并不是单独的目标，但被广泛认为在教育方面参与度很低；同时，学校应在所有居住区 5 公里（九年级和十年级）或 10 公里（十一年级和十二年级）内提供中等教育。②

除此之外，印度政府一方面通过如资源支持计划、女童教育计划、开放教育计划等，将更多的适龄儿童纳入到中等教育计划中来；另一方面通过实施质量改进计划、青春期教育计划、教育质量指标项目等，提高中等教育质量。③

7. 操作黑板计划

为解决正规小学最基本的设施设备问题，印度于 1987—1988 年实施了操作黑板计划。其基本内容是：（1）保证每所小学有两间在任何天气条件下都能使用的、带走廊的、面积合理的教室，有男女厕所；（2）每所学校至少有两名教师，尽可能保证其中一人是女教师；（3）为每所学校提供最基本的教学和学习材料，包括黑板、地图、图表、图书、乐器、玩具、游

①　KELLY O, BHABHA J. Beyond the Education Silo? Tackling Adolescent Secondary Education in Rural India [J]. British Journal of Sociology of Education, 2014, 35 (5): 731-752.

②　LEWIN K M. Expanding Access to Secondary Education: Can India Catch Up? [J]. International Journal of Educational Development, 2011, 31 (4): 382-398.

③　阚阅. 中等教育普及化与新世纪印度高中教育改革 [J]. 比较教育研究, 2010, 32 (6): 37-42.

戏设备及劳动实习工具等。① 操作黑板计划是通过改善学校设施和教学环境，以期提高学生学习成绩的计划。

8. 农村青年创业计划

1979 年 8 月，印度开始实施农村青年创业计划。国家在每个地区投资建立了一个职业培训中心，为 18—35 岁的农村失业青年提供技术和教育培训。经过培训，他们可以在获得地方当局的许可并获得银行贷款后开始经营业务。1980—1982 年，共有 293 000 名年轻人接受了职业培训，其中很多成为个体经营者。②

9. 国家职业教育资格框架

迈入 21 世纪后，印度政府同时面临人口资源丰富与人力资源短缺的矛盾与困境。同时，印度职业教育发展相对迟缓，吸引力不足，质量不高，很难满足印度产业发展的诉求。③ 国家职业教育资格框架通过多种渠道提供学习，贯通职业教育和普通教育以及劳动力市场，从较低层次的学习到高等教育，无论学生从哪一个阶段开始，均能相互衔接。大力发展职业教育有助于增加和扩宽劳动者受教育机会的渠道，提高全民受教育的程度，促进中学教育、高中教育和高等教育普及水平的提高。④

10. 高等教育保留政策

高等教育保留政策是印度推行的肯定性行动政策，旨在改变不公正社会结构，主要针对表列种姓、表列部落及其他落后阶级等弱势群体。印度虽然早在 1953 年就提出了高等教育保留政策的建议，但一直到 1990 年，

① 王长存. 印度教育 ［M］. 长春：吉林教育出版社，2000.
② YAN K. Comparison of International Practices in Poverty Alleviation ［M］//Poverty Alleviation in China. Berlin：Springer，2016：125-157.
③ 王为民. 印度"国家职业教育资格框架"设计理念探析 ［J］. 外国教育研究，2014，41（2）：120-128.
④ 李建忠. 印度国家职业教育资格框架的特征及实施 ［J］. 职教论坛，2014（31）：85-90.

中央政府才开始实行该政策，"第 93 次宪法修正案"对该政策给出相关支持。在印度的国立大学里，表列部落和表列种姓分别获得 7.5% 和 15% 的配额，两者合计占 22.5%。由于印度宪法规定保留配额不能超过 50%，因此，其他落后阶级获得了 27% 的配额。[①] 在印度高考中，根据考生分数和种姓排序，高校依次录取。该政策也因存在城乡差异显著、性别不平等、政策偏误滥用、忽视穆斯林等诸多问题而饱受非议。不可否认，高等教育保留政策让部分弱势群体切实享受了权益，但印度政府也应该针对现实问题，提出切实可行的多种配套政策，以期印度教育综合全面发展。

三、印度教育扶贫的主要实践与经验

（一）印度教育扶贫的主要实践

印度采用的是"输血式"扶贫模式，通过"绿色革命""土地改革"等解决农业问题，通过社保医保等强化社会保障，依靠全国农村就业计划、农村青年自我就业及培训计划扶持就业。印度高度关注弱势群体教育问题，以 2005—2010 年为例，表列种姓、表列部落和一般学生的高等教育入学率分别增加了 32.7%、55.8% 和 28.4%。[②] 1991 年以来，印度经济步入发展的快车道，21 世纪初，印度 GDP 增速一度超过 10%。金融危机以后，印度 GDP 增速虽有所放缓，但仍保持在 7% 左右。1991 年印度 GDP 仅为 2 700 亿美元，2014 年印度 GDP 已超 20 000 亿美元，人均 GDP 也从 310 美元跃升至 1 610 美元。[③]

---

① 王晴锋. 印度高等教育的保留政策：影响、问题及对策 [J]. 民族教育研究，2017，28（4）：99-103.

② 盛荔，徐辉. 试论印度高等教育保留政策的合法性与有效性 [J]. 高等教育研究，2015，36（5）：99-103.

③ 贾静航，王虎，刘诗惠. 印度减贫的内在动力与挑战 [N]. 中国财经报，2017-02-11（6）.

（二）印度教育扶贫的主要经验

1. 关注弱势群体教育，兜底保障教育扶贫

印度同中国一样均为人口大国，印度有超过 65% 的人口为表列群体，他们生活在农村，受教育水平低下。印度想要改善全国受教育状况，就必须关注弱势群体教育。事实上，印度各届政府都高度关注弱势群体的问题，颁布实施了一系列相关政策来保障和维护弱势群体的相关权益。印度宪法明确指出要彻底摒除各教育机构对表列种姓和表列部落的漠视，相继颁布了国家教育政策、行动纲领等，对弱势群体教育给予了特别关注。进入 21 世纪后，印度政府对弱势群体教育更为关注，加大奖学金资助力度，实施高等教育保留政策，运用多元措施解决弱势群体的教育问题。

2. 多措并举，合力解决减贫难题

印度自独立以来，就将消灭贫困、改善国际地位视为第一要务，将发展科技教育视为主要手段。《宪法》《国家教育政策》《1992 年行动纲领》相继颁布实施，各种配套法律法规环环相扣，为国民教育提供了法律保障。印度以中央政府为主力，制定颁布相关政策；各级地方政府为协力，协助颁布实施并落实相关计划；非政府组织积极参与，各级合力遍地开花，为教育扶贫提供实行保障。同时，印度以法律法规、相关政策为宏观指导，相继出台了各项战略规划、援助计划，多元配套，多措并举，综合提高国民素质；从学前教育、基础教育、中等教育、高等教育各阶段全面覆盖，逐级保障，确保教育扶贫落到实处。

第三节　南非教育扶贫的政策、实践与经验

位于非洲大陆最南端的南非，是非洲第二大经济体。1961 年南非退出

英联邦，成立南非共和国。南非共和国作为非洲最发达的国家，享有"彩虹之国"和"黄金宝石之国"的美誉。南非三面临海，自然风光旖旎多姿，人文资源丰富灿烂。南非从 1948 年开始实施种族隔离制度，种族隔离制度将各色人种分离，除白人以外的其他人种，受教育权近乎被剥夺。白人生来接受的是怎样做统治者的教育，黑人则被教育如何做被统治者。直到 1994 年种族隔离制度才废除，而长达近 50 年的种族隔离制度，严重妨碍了南非教育公平。种族主义教育成为历史后，南非新政府将提高全民教育水平作为基本政策，旨在让南非国民平等地接受教育，对备受歧视的黑人的受教育权尤为重视。迄今为止，南非依然是世界上贫富差距巨大的国家之一。世界银行将南非描述为世界上不平等的经济体之一。教育公平问题像其他领域的问题一样是系统性的，教育扶贫减贫是国家经济发展、综合国力提升的一个非常重要且行之有效的手段。早在 1945 年，联合国《宪法》就提出人人享有充分和平等的教育机会，《联合国世界人权宣言》也强调了人人均有平等的受教育权。消除贫穷已成为实现可持续发展的重要支柱，南非作为金砖五国之一，也在努力实行教育扶贫减贫，在为成为非洲大陆新兴大国、提升国际地位而不懈努力奋斗。

一、南非教育扶贫政策的演进历程

南非经历了西班牙、英国殖民统治之后，又经受种族隔离内部殖民统治。种族隔离时期加剧了教育不平等的同时，也出现了一些反种族主义的斗争，为南非教育改革相关政策的制定实施奠定了一定的基础。经过曼德拉时期共识的凝聚、改革框架的设计，到姆贝基的全面改革实践与反思，以及祖马当选总统以来的进一步调整，南非最终完成了教育战略的全面拼图。①

---

① 王琳璞，毛锡，张屹. 南非教育战略研究［M］. 杭州：浙江教育出版社，2014：123.

（一）初期酝酿（1948—1993 年）

1953 年南非正式建立种族隔离教育制度，以《班图教育法》（*The Bantu Education Act*）的颁布为主要标志。南非以种族为基础的教育制度，加剧了教育不平等。该制度规定了对白人免费的义务教育，黑人则必须缴纳费用才能接受。其教育目的也是不尽相同的，这种管理体制的实质正如土著教育委员会报告中所指出的，"白人小孩的教育是为其进入统治者社会做准备，而黑人小孩的教育是为其进入被统治者社会做准备"。① 这种教育不平等体现在种族界限，即使加大教育投入依然不会改变非白色人种受教育的状况，而黑人占南非人口的绝大多数，这就导致其国民整体教育水平无法简单地通过增加教育投入来提高。《班图教育法》限制黑人受教育的同时，也使其重文轻理，从根本上来说限制了南非整体劳动力水平。南非是矿产资源非常丰富的一个国家，其经济发展也主要依赖出口矿产品。20 世纪 70 年代国际经济状况的恶化，使南非固有经济缺陷暴露，经济在一定程度上受教育发展模式的影响。这一时期南非也有一些反种族主义的呼声，如 1955 年通过的《自由宪章》提出了对平等受教育权的要求，相继展开的教育宪章运动、人民教育运动、大众教育运动等，也为南非废除种族隔离制度、进行教育改革奠定了基础。南非有其独特的社会背景，教育改革并非一朝一夕之事，这一时期只是其初期酝酿阶段，直到 1994 年种族隔离制度废除以后才有进一步的发展。

（二）发展探索（1994—2010 年）

1994 年种族隔离制度废除以后，南非新民主政府把教育当作社会前进的动力、推进民族融合的催化剂和促进社会公平的重要抓手，并在促进教

---

① 刘晓绪，陈欣. 南非高等教育改革中的平权行动政策分析［J］. 外国教育研究，2015，42（3）：62-74.

育公平、提高教育质量、推进教育改革等方面出台了一系列政策法规和改革举措。① 自 1996 年开始，南非通过财政补贴对贫困家庭学生实行学费减免政策。随着全球性教育改革浪潮的席卷，20 世纪 90 年代，南非逐渐发展全民教育、终身教育和全纳教育。世界银行相关数据显示，南非贫困总人口呈现下降趋势是在 2000 年以后。学界有一个共识："以收入为衡量的依据，南非贫困问题在 20 世纪 90 年代后期恶化，而在 2000 年之后略为改观。"② 从数据上来看，发展探索时期，南非减贫成绩斐然，1993—2010年，南非贫困人口占比从 37% 下降到 8%；但从实际效果来看，其相关减贫措施依然是治标不治本，并没有改变贫困人口的命运。南非在"千年发展目标"开始之初，只有 4% 的年轻人在 1999 年获得入学机会，到 2012 年，这一数据增至 8%。

（三）全面推进（2010 年至今）

南非自成立以来，各届政府都十分重视教育。1996 年开始实行贫困家庭学生学费减免政策后，7—15 岁少年儿童入学率一直稳居 95% 以上，2016 年更是达到了 98.9%。南非不仅基础教育投入大，其幼儿启蒙教育也在全球领先。南非教育投入虽然大，但是教育效果并不与教育投入成正比，2010 年以后，学生辍学情况相当严重，其中一个重要原因就是学生无法跟上教学进度。南非摆脱种族隔离束缚时，人们纠正系统性地排斥黑人等"有色人种"的现象。2010 年通过的《成人教育和培训法》为这一举措提供了立法框架，尽管如此，南非的贫困依然由肤色决定。③ 自 2005 年以来，

① 王娟娟. 后种族隔离时期南非教育现状、发展及挑战［J］. 赤峰学院学报（汉文哲学社会科学版），2019，40（8）：154-158.

② FRIEDMAN I, BHENGU L. Fifteen Year Review of Income Poverty Alleviation Programmes in the Social and Related Sectors［R］. Durban：Health Systems Trust，2008：73.

③ LEIBBRANDT M, WOODARD I, FINN A, et al. Trends in South African Income Distribution and Poverty Since the Fall of Apartheid［M］. Paris：OECD Publishing，2010：90.

南非政府加大教育投入，全面启动教育扶贫相关战略规划，在 2013—2014 年，南非政府为改善学生学习生活条件投入教育经费达 2 500 万兰特，计划在 2016 年投入 4 000 万兰特。这一阶段，南非政府相继推出一系列行动计划和战略框架，以不断缓解教育公平问题，改善弱势群体长期遭受不平等教育的局面，构建包容公平、多方协力、共同促进的良好教育环境。政府出台各项政策法规全方位奠基，正规非正规教育多种形式助力，为弱势群体接受平等教育权利提供有力保障，为南非教育扶贫减贫形成合力。

二、南非教育扶贫的制度安排

南非政府以宪法精神为纲领开展教育改革，旨在消除种族差异和性别歧视的单轨制教育体系。各项战略规划、扶贫计划多层次、全方位助力南非扶贫减贫，为南非教育扶贫减贫提供了法律保障和政策支撑。

（一）法律法规

宪法是国家的根本大法，南非宪法由南非联邦参议院与众议院共同订立，赋予每个公民受教育权这一基本权利。1996 年南非新宪法规定，每位国民都有接受基础教育和经过合理测评后接受继续教育的权利。1995 年颁布的《国家教育政策法案》，确定了国家对教育的集中统一管理并明确了国家与各省教育管理机构的关系；1996 年的《南非学校法》明确了学校教育体制改革方向和举措，成为南非教育的主要法律遵循；1997 年的《高等教育法案》以法律形式确定了南非高等教育的价值取向、基本原则和核心政策；1998 年的《继续教育与培训法》确定了建立和发展继续教育与培训体制的基础；2001 年的《国家高等教育规划》和 2002 年的《变革与重建：高等教育机构新框架》确定了南非高等教育机构整合的具体方案和时间表。①《南非学校法》对不能支付学费的学生实行了学费减免的相关政策。南非教育部据此制定了《学校经费的国家规范与标准》（于 1999 年 4 月生效），自此进行的教育改革已经减少了 60% 的生均经费不平等，确保在同一个省内，最穷的学习者所得到的经费是最富裕学生的七倍之多，以达成省内的公平。②

（二）战略规划

1. 教育白皮书

1994 年颁布的《重建与发展计划白皮书》（以下简称《白皮书》），是新南非国家首个发展战略。《白皮书》提出了新南非四个中长期发展重点，即发展经济、缩小城乡差距、提高人力资源水平、满足人民基本需求。③ 南非政府提出民主、无歧视、平等的原则，重视人力资源开发，从课程改革、职业技术教育、成人教育、性别教育等各方面具体落实。1995 年出台的《教育与培训白皮书》，肯定了教育与培训政策在国家重建与发展中的重要性，指出非政府组织在教育与培训中发挥的作用，提出加强民主教育与培训，并专门论述了国家制定教育政策的基本原则，共计六个方面。该白皮书对南非教育发展改革起到了宏观总领作用，随后南非相继出台教育白皮书 2《学校的组织、治理和资助》，教育白皮书 3《高等教育转型计划》，教育白皮书 4《继续教育和培训转型计划》，关于幼儿教育的教育白皮书 5《应对南非幼儿发展的挑战》，教育白皮书 6《建立包容性的教育和培训体系》，关于电子信息技术教育的教育白皮书 7《通过信息和通信

---

① Ministry of Education（South Africa）. Transformation and Restructuring: A New Institutional Landscape for Higher Education ［R］. South Africa: Ministry of Education, 2002.

② Department of Education（South Africa）. Equity in the Classroom ［R/OL］.（2006-8-12）. http://www. education. gov. za/dynamic/dynamic. aspx? pageid=&catid=&category=Reports&legtype=null.

③ Parliament of the Republic of South Africa. White Paper on Reconstruction and Development ［R］. South Africa: Parliament of the Republic of South Africa, 1994.

技术转变学与教》。白皮书内容涉及教育的方方面面，为南非教育改革与发展提供了基本思路，奠定了基础。

2. 教育绿皮书

南非政府于1996年12月颁布《高等教育转型绿皮书》，指出高等教育为社会发展提供创新、适应和发展能力，表明南非政府重建和发展高等教育的意愿，指出南非深受种族隔离制度影响，纵使其高等教育有一定的发展，但从根本上依然存在不平等、不平衡的事实。绿皮书为新时期南非高等教育转型提供了思路。1998年颁布了关于继续教育和培训的绿皮书《通过教育、培训和工作为21世纪做准备》，1999年颁布了有关特殊教育的咨询文件《建立全纳教育和培训体系》。① 绿皮书的政策制定是对国家发展战略的补充，旨在推动终身教育，提高就业率和劳动生产力。

3. 《2014 行动计划：面向 2025 学校教育》

2010年11月，南非发布了《2014 行动计划：面向 2025 学校教育》(Action Plan to 2014: Towards the Realisation of Schooling 2025，以下简称《2014 行动计划》)。该计划中提出了南非基础教育发展的关键举措及内容。②

4. 《残疾人中学后教育与培训体系战略政策框架》

2018年3月，南非发布了《残疾人中学后教育与培训体系战略政策框架》(以下简称《政策框架》)。这部《政策框架》战略重心是建立南非高等全纳教育体系，是南非第一部专门针对残疾人群体的全纳高等教育政策文件，旨在为残疾学生提供充分的有质量的支持服务，解决南非高等教

---

① Department of Basic Education (South Africa). Green Papers [R/OL]. [2020-12-07]. https://www. education. gov. za/Resources/Legislation/GreenPapers. aspx.

② DBE. Action Plan to 2014-Towards the Realisation of Schooling 2025 [R/OL]. (2010-07-24). http://planipolis. iiep. unesco. org/upload/South% Africa/SouthAfrica_ ActionPlan2025. pdf.

育中残疾学生面临的诸多挑战性问题，推动南非高等全纳教育标准化进程，大幅提高高等教育公平度和全纳性，全面深入推进高等教育大众化进程。①

5.《2019 行动计划：面向 2030 学校教育》

2015 年 4 月，南非发布了《2019 行动计划：面向 2030 学校教育》（*Action Plan to* 2019：*Towards the Realisation of Schooling* 2030，以下简称《2019 行动计划》）。②《2019 行动计划》是对《2014 行动计划》的延伸和发展。《2019 行动计划》系统全面地规划了各阶段的学生所要达成的学习目标和所需掌握的基本技能，以及各阶段学生所要完成的任务。前面的多项目标起指导性作用，后面的多项目标强调如何实现改进。学前教育阶段——提高早期儿童发展质量评价标准；基础教育阶段——注重学生入学率，以及掌握语言和算术的能力；继续教育阶段——提高高等教育的升学率以及学生数学、物理学科考试通过率，并引进国际测评考试。

（三）援助计划

南非教育系统分为基础教育部和中学后的教育与培训。种族隔离制度废除以后，南非颁布了许多相关政策助力教育扶贫减贫，也出台了一系列援助计划，进一步保障弱势群体受教育权，努力构建公平的教育体系。

1. 国家早期教育领航计划

1997 年，在《国家早期教育临时政策》的指导下，南非政府启动了国家早期教育领航计划（The National ECD Pilot Project）。该项目是为了确保儿童能够接受预备班教育，获得高质量的课程而开展的一系列研究，确保新政策实施的体系和模式。有资料显示，该计划已经为近 7 万名处境不利

---

① MUTANGA O，MANYONGA B，NGUBANE-MOKIWA S. South Africa's New Higher Education Disability Policy is Important，But Flawed［R］. The Conversation：Technical Report，2018.

② DBE. Action Plan to 2019-Towards the Realisation of Schooling 2030［EB/OL］.（2015-04-03）. https：//www. education. gov. za/Portals/0/Documents/Publications/Action% 20Plan% 202019. pdf? ver = 2015-11-11-162424-417.

的儿童提供了保教服务，为约 3 千名幼儿教师提供了有关预备班课程的教学培训与指导。

2001 年，南非政府将包括早期保育服务和学前教育在内的 0—9 岁儿童教育整合为儿童早期教育，从而大力推动了儿童教育并启动了儿童早期发展计划综合服务项目，具体包括营养、卫生健康等发展领域，儿童的生存状况得到了极大改善。①

2. 南非国家儿童行动计划

南非国家儿童行动计划（National Plan of Action for Children in South Africa）的出台，为政府部门和民间社会旨在促进儿童福利的所有政策和计划提供了整体框架。该计划涉及学前教育，具体表现在以下方面：（1）2012—2017 年目标。为 0—5 岁儿童入学做好准备，使其享受到有效的、综合的、质量高的早期发展服务，并确保在 2015 年 R 年级适龄儿童入学率为100%。（2）为儿童提供高质量的学前教育。确保每所学校为儿童提供有效的、优质的学前教育；确保儿童安全、健康；确保儿童不受性别歧视，促进公平公正；确保多所学前教育机构与社区的联系与合作。②

3. 全国学校营养计划

全国学校营养计划（National School Nutrition Programme）是为那些来自贫困社区的儿童每天提供一顿午餐，改善儿童营养不良的状况，提高儿童学习积极性。2004—2005 年度，南非为此项目和艾滋病项目共投入了96.08 亿兰特，这些资金用来为 1.5 万所学校的 500 万名学生提供膳食。截至 2007 年，已经有 10.98 亿兰特投入该项目。

4. 提高全民免费和高质量基础教育入学行动计划

为了落实提高全民免费和高质量基础教育入学行动计划（Plan of

---

① 王桂娟. 南非学前教育管理体系研究 [D]. 金华：浙江师范大学，2014.
② 郭小晶. 新南非学前教育政策研究 [D]. 金华：浙江师范大学，2016.

Action：Improving Access to Free and Quality Basic Education for All），南非政府通过制定全国统一的生均公用经费拨款标准，来降低学校收费标准，将教育资源向占学生总数 40% 的贫困学校倾斜，保持教育投入地区相对平衡。为了保证 720 万名贫困生完成九年义务教育，政府对贫困学校加大政策扶持力度。每年公布一批免费的公立学校，由政府加以补贴。仅 2007 年，就有 500 万名学生享受了免费学校教育。[①] 2010 年，南非公立学校 68.27% 的学生享受免费义务教育，免费学校达到 19 933 所，高出政府所定的 60% 免费生的目标。

5. 技术高中经费援助

技术高中的经费来源主要包括：国家分配的资金；学校收到的捐款或捐赠；学校自筹资金；依照相关规定通过贷款方式筹集的资金；来自投资的收益；提供各种服务收到的资金；学生的学费；学校提供其他服务，如住宿等从员工和学生那收到的钱；其他来源的资金。其中，国家的拨款占了很大的比重，且南非对教育的投入特别大，这成为技术高中能成功改革的原因之一。2008—2009 年，南非政府投入约 31 亿兰特，到 2013—2014 年，投入的经费增加至约 55 亿兰特。根据南非政府发布的 2013 年计划，2014—2015 年，技术高中的经费投入达到约 58 亿兰特，平均每年增长 10% 以上。[②]

6. 国家学生财政资助计划

1999 年，南非针对非研究生阶段的高等教育的在校生颁布了《国家学生财政资助法》，旨在资助这些没有学术能力没有其他资金的学生完成高等教育。与之相适应的国家学生财政资助计划（National Student Financial

---

① Department of Government Communication and Information System. South Africa Yearbook 2004 ［R］. Pretoria：GCIS，2015.

② 侯丹丹. 南非技术高中教育改革研究 ［D］. 大连：辽宁师范大学，2014.

Aid Scheme）面向南非所有人，这一政策对于在南非长期处于不利地位的黑人来说无疑是一个好消息，黑人是其主要的受益者。该计划相当于中国的助学贷款，就读期间国家贴补利息，且利息远低于银行。该计划的经费主要来自政府（约占 75%），在新的高等教育拨款政策中以专项拨款的形式体现，其余部分来自国内外援助、高校，以及贷款清偿的回笼资金。[①]新政府执政之后，这一政策被应用于职业教育领域，对于那些学习上优秀、经济上困难的接受职业教育的学生也实施资助政策。2010 年 12 月，高等教育部部长将国家证书（职业）课程系列纳入国家学生财政资助计划中，并于 2011 年 1 月开始生效。因此，国家学生财政资助计划资助的课程包括国家证书（职业）课程系列和国家证书课程系列。[②]

7. 成人教育援助计划

成人非正规教育和培训（Non-formal Education and Training）已成为全球"全民教育"运动和"千年发展目标"的重要内容。在 20 世纪 60 年代至 70 年代，非正规教育与培训为那些被赶出正规教育体系的人提供了第二次教育机会，并促进了他们的就业。在南非，这一援助计划于 1990 年通过，旨在响应无法接受正规教育的成年人的学习需求；增加他们的就业机会；降低高贫困率并加强社会包容性。

8. 南非继续教育与培训学院国家计划

2008 年 12 月，南非推行了南非继续教育与培训学院国家计划（National Plan for Further Education and Training Colleges in South Africa）。该计划主要包括六个方面：第一，建立中央协调机构，明确继续教育与培训学院部门特征，优先发展关键课程并确定课程目标，改造学校基础设施或

---

① 刘晓绪，陈欣. 南非高等教育改革中的平权行动政策分析 [J]. 外国教育究，2015，42（3）：62-74.

② 李梨. 新南非继续教育与培训学院改革研究 [D]. 金华：浙江师范大学，2014.

景观，打造独具特色全国统筹的继续教育培训学院体系；第二，发展能力和加强基础设施建设，扩大公立高等学校招生计划，规范资金使用标准来提高学生的入学机会，注重学生入学的质量与公平，对错过最佳入学时间的学生实施补救，实施大学奖学金计划，积极招生，广泛使用信息和通信技术，提高支持学生参与学习的服务能力，促进继续教育和高等教育建立联系，增加学生参与学习的机会并提高其成就；第三，开发资格证书、项目与课程，集中评估考试和质量保证体系，对教师进行培训与资助，规范私立部门运行机制，提高学院教学质量；第四，与行业建立高质量的合作关系，鼓励企业参与提高课程质量、更新课程内容的过程，帮助学生获得实习机会，协助教师进企业提高工作实践能力，促进机构发挥自主性、灵活性与协调性的能力；第五，提供多样的机构与学校类型、多样的课程、多样的参与方式，促进教育多样化发展；第六，建立信息管理系统，建立继续教育与培训的监测系统与绩效制度，推动公共问责机制发挥作用。①

9. "让我们学习"计划

在世界范围内，成人文盲阻碍着国家经济和社会的发展。南非也陷入该窘境之中。2006 年 2 月 3 日，南非针对全国 470 万名成人文盲开发了"让我们学习"（Let Us Learn）计划，并于两年后正式启动实施。该计划囊括了妇女、残疾人、辍学者及老年人等社会弱势群体，为他们开发了包含社会各个领域主题的教材和课程，教授其使用南非 11 种官方语言中的任意一种来进行读、写、算。针对视力残障人士，相关部门还免费发放了 11 种语言的盲文教材，满足了他们的特殊需求。"让我们学习"计划于 2016 年正式结束，并取得了十分显著的效果。②

---

① Department of Education of South Africa. National Plan for Further Education and Training Colleges in South Africa [R]. South Africa：Department of Education，2008.

② 朱艺丹. 发展中国家教育扶贫政策比较研究 [D]. 西安：陕西师范大学，2018.

三、南非教育扶贫的主要实践与经验

南非结束种族隔离制度以后，消除教育差距与不平等，是政府工作的永恒话题和重中之重。相关法律法规的颁布使保障弱势群体教育公平具有强制性，影响着相关扶贫减贫政策的有效落实。南非新政府废除种族隔离时期的 15 个教育部门，设立国家教育部，统管全国教育；将 10 个黑人家园教育机构统一到所属 9 个省的教育管理部门。国家教育部与各省政府合作管理，设立教育部长理事会、教育厅长委员会、基础和中等教育与培训质量保证委员会、南非资格认证署、高等教育理事会、南非教育工作者理事会等教育辅助机构。政府在考虑现实需要和历史遗留问题的基础上，按照 "公平分配公式" "全国学校拨款规范标准" 和 "全国岗位规定标准" 向各省公平分配国家收入。[①]

（一）完善扶贫体系

南非废除种族隔离制度以后相继颁布了《宪法》《南非学校法》，为教育扶贫工作提供了法律保障。南非政府大力发展教育，不断完善教育政策，重视有色人种教育，相继颁布了教育白皮书、教育绿皮书、教育行动计划等。

（二）实施高等教育免费，推广高等教育大众化

2017 年 12 月，南非政府宣布来自 "家庭年总收入低于 35 万兰特" 的贫困家庭或工人家庭的大学生可以免费接受高等教育，免费内容包括导师费、学习材料费、伙食费、住宿费和交通费等。[②]

---

① 罗毅. 南非教育的改革与发展 [J]. 西亚非洲，2007 (9)：17-22.

② 王娟娟. 后种族隔离时期南非教育现状、发展及挑战 [J]. 赤峰学院学报（汉文哲学社会科学版），2019，40 (8)：154-158.

（三）重视教师队伍建设

南非各界政府对教育的投入并不少，但其成效差强人意，其主要原因之一就是教师队伍的建设问题。南非教师队伍面临着总量短缺、结构失衡、管理无序、素质参差不齐的问题，为改善这个状况南非政府相继出台了《教育从业者规范与标准》《教师就业资格认可与评价标准》《南非教师教育和发展国家政策框架》等，以加强教师队伍建设，为教育扶贫再添力量。2011年4月，南非出台了《南非2011—2025年教师教育与发展综合战略规划框架》，继承和发扬了以往南非政府关于教师的相关文件精神，并提出了当前南非教师数量质量均不能满足国家需求，基础教育部、高等教育部、省级教育部需从多个方面着手，合力解决教师问题。

第四节　俄罗斯教育扶贫的政策、实践与经验

俄罗斯是一个联邦制国家，位于欧亚大陆北部，是世界上面积最大的国家，也是金砖五国之一。1991年12月，苏联解体，俄罗斯成为苏联唯一继承国。俄罗斯社会各方面发生了变革，激进的政治变革、"休克式"的经济疗法，使国家力量骤减、社会发展失控，教育也受到波及。俄罗斯庞大的教育体系的各个层面面对新的市场环境，面临着将理论从供给驱动转变为需求导向的任务。[①] 当时俄罗斯的综合国力和国际地位远不如苏联，教育事业也危机四伏、荆棘丛生。在知识经济与全球化时代，一个国家的教育发展水平，严重制约着国家的发展，影响着国家的未来，是综合国力的重要体现。21世纪的今天，俄罗斯积极推行教育变革，增加教育资金投

---

① WALKER C. Managing Vocational Education and the Youth Labour Market in Post-Soviet Russia［J］. The International Journal of Human Resource Management, 2017, 17（8）：1426-1440.

入，积极发展教育。俄罗斯为世界促进教育减贫贡献了力量，培养了一大批顶尖人才，为俄罗斯加速发展提供了强大助推力。

一、俄罗斯教育扶贫政策的演进历程

受教育机会不足和教育质量差是造成贫困的原因，贫困往往导致儿童没有入学、中断教育或参加质量低的教育以及接受不相关的学习方案。受教育程度低是提高劳动生产率的制约因素，也是经济增长的制约因素。贫困与受教育机会不足之间相互制约的关系在俄罗斯是一个严重的问题——这个问题一直在恶化，并且可能会继续恶化，除非采取措施打破这一循环。穷人面临的教育挑战主要来自两个方面：受教育机会越来越取决于收入和财富，贫困对获得非义务教育和高质量现代教育方案产生负面影响。

（一）叶利钦时代

俄罗斯教育发展初期，其主要特点有：去意识形态化，去集权化，多样化，个性化，人道化和人文化。俄罗斯社会转型以政治为中心，作为上层建筑重要部分的教育文化变革也是以国家民主建构新机制、新体系为取向的。[①] 1991 年，《关于俄罗斯苏维埃社会主义联邦共和国教育发展的紧急措施》确立了教育优先的发展方针；1992 年，《俄罗斯联邦教育法》进一步规范了相关法令政策。但是当时俄罗斯经济形势严峻、教育优先发展的政策并不能有效执行。即使国家给予了教育很大的自由，但因缺乏监督约束，俄罗斯教育水平参差不齐；社会信息未经过滤传递给青少年，导致学校道德教育严重缺失，教育政策得不到落实。

俄罗斯继承了苏联的教育系统，不分种族背景、性别或地理位置，提供了广泛的受教育的机会。虽然苏联时期没有对教育成果进行比较性衡量

---

① 姜晓燕. 俄罗斯教育 20 年：变革与得失 [J]. 比较教育研究，2010，32（10）：16-21.

（客观评估学习成果的能力目前才发展起来），但人们普遍认为，不同收入群体或地理区域之间在教育质量方面没有显著差异，特别是与许多经合组织国家相比。几乎所有学生都接受了基础教育，这反映在成人识字率上，据报道，当时的成人识字率已接近100%。苏联是第一批引进扶持行动复杂系统的国家之一，该系统支持高等教育中来自农民和工人阶级家庭的学生。这一体系在过去一段时间里崩溃了，只有孤儿继续接受从学前教育到高等教育的定期支持。一些地区继续根据贫困程度为学生提供免费校餐、课本，甚至暑期学校补助金，但是这些补助金并不普遍，而且往往是不定期提供。

　　出生率下降和出入境率上升影响了整个联邦的学龄人口结构，在计算俄罗斯教育系统的人均指标时应考虑这一因素。西北、远东和西伯利亚的外围地区很可能会因为未来几年的净移民减少而教育需求下降，而伏尔加、乌拉尔和中部地区将会因为净移民增多而教育需求上升。尽管俄罗斯在义务入学和毕业方面处于强势地位，但来自贫困家庭的儿童接受学前和非义务教育的机会较少，这越来越取决于收入和财富。① 自1995年《俄罗斯人类发展报告》首次发表以来，联合国系统各组织一直密切关注俄罗斯的贫困问题。生活水平和生活质量问题是这份报告的关键组成部分。这一时期，俄罗斯教育投资呈现减少的趋势，1970年，教育投资占苏联国内生产总值的7%，而在1994年，教育投资占国内生产总值比例仅为3.4%，相比之下减少了一半以上。1997年以后，俄罗斯政治经济出现改变，教育也有了新的发展趋势。1998年8月的金融危机导致俄罗斯人民的生活水平大幅度下降，因此，联合国开发计划署与劳工组织莫斯科办事处一起举行了题为"俄罗斯8月危机和贫穷程度"的圆桌会议。正如圆桌会议上指出的那样，贫困水平不能再被视为决定改革成败的标准，减少贫困的规模和深度将成

---

　　① SHABAN R, ASOAKA H, BARNES B, et al. Reducing Poverty through Growth and Social Policy Reform in Russia [R]. Washington, D. C.：World Bank Publications, 2013.

为社会政策的首要目标。劳工组织莫斯科办事处邀请贫困问题主要专家就贫困监测和制定减贫战略提供咨询。专家们与俄罗斯贫困问题研究人员以及俄罗斯联邦劳动和社会发展部的官员进行了多次磋商。

（二）普京时代

普京时代提倡争当独立的强国，不做附庸的大国。教育更是发展的重中之重，具体措施包括实施国家统一考试，侧重专业教学，加入欧洲一体化进程。1999年10月6日，劳工组织莫斯科办事处、俄罗斯联邦劳动和社会发展部、俄罗斯独立工会联合会和俄罗斯雇主协会协调理事会在莫斯科举行了一次联合会议"社会和劳工领域：克服俄罗斯金融危机的不利后果"。会议指出，贫困加剧是推行改革的最严重的负面后果。在当时，贫困问题被纳入俄罗斯和劳工组织2000—2001年合作方案，并构成一个单独的部分。在这一方案中，劳工组织专家拉祖莫夫编写了题为"俄罗斯：走向减贫战略"的报告。根据俄罗斯科学院劳动力市场研究中心1999年11月进行的"提高劳动力市场上雇用工人竞争力的措施"调查，年轻人找不到工作的主要原因是"被雇主拒绝"（33%），而不是"低工资"（9.8%）。雇主的拒绝理由是工人的年龄和职业不匹配、工人的资质低，以及最常见的原因——缺乏工作经验。没有受过专业教育的年轻人最初进入劳动力市场时年龄较小，因为其家庭收入不足以供养他们。[①] 2000年，联合国方案代理驻地协调员格鲁埃发起了由国际组织代表组成的专题小组，在莫斯科开展工作。在这些小组的工作框架内，决定就减贫战略向俄罗斯联邦政府提出建议。瑞典政府的拨款用于资助文件的编写。在莫斯科工作的所有国际组织编写的材料被用于制定俄罗斯减贫建议。莫基廖夫认为，2002—

① ILO MOSCOW OFFICE. Working Towards a Poverty Eradication Strategy in Russia: Analysis and Recommendations [EB/OL]. (2015-08-17). https://www.ilo.org/wcmsp5/groups/public/---europe/---ro-geneva/---sro-moscow/documents/publication/wcms_ 344669. pdf.

2006 年一些职业学校由于财政问题，有的被取消、有的被合并、有的划归地方政府和财政。几年间，俄罗斯从"数百年来最困难的一个历史时期"跨入世界十强的行列，到 2007 年底，俄罗斯国内生产总值 8 年来增长了 70%。然而，普京时代依然存在教育质量低下，师资力量水平欠缺，中小学设施匮乏等问题。2005 年 35% 的国立全日制学校需要大修；3.1% 的学校校舍处于随时会倒塌状态；37% 的学校没有排水设备；20% 的学校没有中央暖气供应；25% 的学校没有体育馆和运动操场，正常的体育教学无法保证。

（三）梅德韦杰夫时代

梅德韦杰夫时代并不是普京时代的结束，相反俄罗斯教育在继承以往好的方面的同时，不断总结提升，注重教育创新、增加教育投入、加强师资建设、重视学生个性化培养，俄罗斯教育正在向着越来越好的方向不断发展。2008 年末、2009 年初先后颁布了《教育与创新经济的发展：2009—2012 年推广现代教育模式的国家发展纲要（草案）》和《2020 年前的俄罗斯教育——服务于知识经济的教育模式》，这两份文件可以被认为是俄罗斯的中长期教育发展指南。这一时期俄罗斯教育的主旋律仍然是推进教育现代化、加速教育创新，而且许多已经开始了教育教学改革，包括高中阶段两项大型改革得以全面铺开和进一步深化。[①]

俄罗斯高等教育毛入学率为 76.1%，远远高于我国。2017 年俄罗斯超前性、未来性地提出了教育优先发展动态方针。2018 年对于俄罗斯教育来说是承上启下的一年，普京再次当选总统，政治环境虽然稳定，但其经济长期处于低迷状态，致使教育事业投入不足、地区差异大。2018 年 5 月普京签署的"五月命令"指出，要提高教育水平，促使普通教育质量进入世

---

① 肖甦. 新世纪俄罗斯普通高中的教育改革：政策、措施与特点 [J]. 比较教育研究，2010，32 (7)：25-30.

界前十，科研能力进入世界前五。① 在高等教育方面加大财政投入、整合各类资源、扩大教育出口、完善评估体系。为了实现普通教育现代化，构建多种渠道、采用多种手段。2018 年，俄罗斯召开了国家战略项目发展战略理事会，主持人梅德韦杰夫表示将大力发展农村地区教育，除已有计划外，另拨 3.7 亿卢布供农村地区进行基础建设，提高教职人员社会保障。这笔资金为俄罗斯缩小城乡教育差距提供了资金保障。

二、俄罗斯教育扶贫的制度安排

（一）法律法规

俄罗斯教育公平在实现的过程中存在一些阻碍因素。就高等教育而言，首先，表现为男女大学生性别不均衡。女大学生占比居高，尤其是在 2005—2006 学年初期，女大学生占全体大学生的比例达 58%。② 其次，表现为区域发展不均衡。再次，表现为社会分层不平等。据俄罗斯有关学者调查，接受高等教育的工人和农村家庭的孩子占比仅为 7.8%。③ 基于这些现状，俄罗斯政府采取了一系列措施，其中首要体现在法律法规上，在相继颁布的《俄罗斯联邦宪法》《俄罗斯联邦教育法》《初等职业教育法》中，都有相关内容的明确规定。

1.《俄罗斯联邦宪法》

宪法作为一个国家治国安邦的根本大法，也为全体公民各项权益提供有力保障。《俄罗斯联邦宪法》中明确规定：保障公民不受居住地、性别、

---

① 李明华，梅汉成，于继海. 2018 年俄罗斯教育发展概况［J］. 世界教育信息，2019，32（5）：19-24，38.

② Федеральная служба государственной статистики. Российский статистический ежегодник［M］. Москва：ИИЦ Статистика России，2014：135.

③ ЛАРИОНОВОЙ М В. Аналитический доклад по высшему образованию в Российской федерации［M］. Москва：Издательский дом ГУ ВШЭ，2007.

民族、宗教等限制，平等接受教育的权利。《俄罗斯联邦宪法》第四十三条规定：（1）每个人都有受教育的权利；（2）保障国家或地方教育机构和企业中的学前教育、基础普通教育和中等职业教育的普及性和免费性；（3）每个人都有权在竞争的基础上获得在国家或地方教育机构和企业中接受高等教育；（4）基础普通教育为义务教育，父母或其替代者应保证使孩子受到基础普通教育；（5）俄罗斯联邦规定联邦的国家教育标准，支持各种形式的教育和自修。

2.《俄罗斯联邦教育法》

《俄罗斯联邦教育法》（以下简称《教育法》）颁布于 1992 年，是苏联解体后俄罗斯的第一部教育法。该法 1996 年、2004 年和 2013 年相继修订，最新修订版于 2017 年正式生效。《教育法》明确提道，保障每个公民平等的受教育权，规定了教育机构、培训机构、个体教育者的权限、权利、义务和责任。《教育法》第九章对职业教育做出了规定，相继规定了补充教育、补充职业教育。教育活动由国家统一调控，实行国家教育政策，各市辖区自治开展解决教育领域地方重要性问题。《教育法》明确规定保障每个人受教育权，不允许教育歧视，保障个人终身受教育权。《教育法》中已明确提出：国家优先发展教育并保证教育拨款，教育经费不少于国家收入的 10%；保障教育预算拨款的兑现；制定教育拨款标准；等等。①

3.《初等职业教育法》

首先，《初等职业教育法》明确规定了国家在经费支持和物质保障等方面对初等职教机构应承担的法律职责，具体包括：（1）国立初等职教机构的经费由国家财政预算（联邦和各主权共和国预算）拨款，联邦政府用于此项目的拨款应不少于联邦预算支出的两个百分点；（2）不断扩大公民

---

① 王义高. 当代世界教育思潮与各国教育改革趋势［M］. 北京：北京师范大学出版社，2004.

接受初等职业教育的规模，不允许缩减靠国拨经费接受初等职教的学生数量；（3）凡投资用于发展初等职教与培训的学校、个人和法人，均可享受相应的税务优待；（4）对国立初等职教机构的学生提供国家奖学金、免费食宿、发放津贴及享受其他优待（其中包括交通、运输等项）。

其次，《初等职业教育法》还较详细地规定了保障公民个人接受初等职教权利的具体法律措施，具体包括：（1）国家保障完成普通基础教育的公民享有接受初等职业教育的权利；（2）凡初次接受初等职教的公民，国家保障其免费在国立、市立职教机构内学习国家职教标准范围内的初等职教大纲；（3）国家保障接受初等职教的公民享受社会保险；（4）身为孤儿的初等职教在校生，可免费获得第二职业。在职教领域，专门为初等职教立法，在世界各国尚属少见。该法的颁布与实施对全面提高俄罗斯新增劳力的职业素养，恢复和加速俄罗斯经济发展等产生了深远的影响。①

（二）战略规划

俄罗斯在社会政治、经济体制转型期，确立了教育优先发展的战略规划。保障教育符合经济创新发展的要求、满足现代社会和每一个公民的需求、扩大公民接受优质教育的机会，是俄罗斯国家教育政策的战略目标。②

1.《教育与创新经济的发展：2009—2012 年推广现代教育模式的国家发展纲要》

《教育与创新经济的发展：2009—2012 年推广现代教育模式的国家发展纲要》（以下简称《纲要》）将 2020 年前俄罗斯教育发展的战略目标定位于：适应经济创新发展需要，采用现代教育模式，为社会和公民提供优

---

① 俄罗斯初等职教法剖析 [J]. 中国职业技术教育，1998 (6)：48-51.

② Концепции долгосрочного социально-экономического развития Российской Федерации на период до2020 года [EB/OL]. (2008-11-17) [2012-06-08]. http：//www. ifap. ru/of docs/rus/rus006. pdf.

质教育。① 现代教育模式，即为构建适应时代要求的全新教育体系，在继承和发扬俄罗斯教育传统的同时，融合世界教育实践经验，助力俄罗斯经济发展，提升其国际竞争力。《纲要》指出要以引进公共管理理念，创新公共管理体制为首要任务，完善终身教育体系，实现教育现代化，促进教师队伍专业化。

2.《2011—2015 年联邦教育发展目标纲要》

2011 年 2 月 7 日，俄罗斯通过了关于《2011—2015 年联邦教育发展目标纲要》的决议，② 这是对《2010 年前俄罗斯教育现代化构想》《2006—2010 年联邦教育发展目标纲要》等一系列国家教育政策的具体落实，体现了俄罗斯教育政策的连续性。《2011—2015 年联邦教育发展目标纲要》对推进普通教育和学前教育的现代化、完善更新职业教育的内容和结构、发展教育质量和教育服务需求评价体系三项任务及措施保障做出了明确规定，并对政策实施的社会和经济效应进行了预期评价。③

3.《2015—2025 年俄罗斯联邦儿童教育发展战略》

2015 年 5 月，俄罗斯颁布了《2015—2025 年俄罗斯联邦儿童教育发展战略》，规划了俄罗斯儿童未来十年教育发展的方方面面，旨在培养俄罗斯新时代新青年新公民。其主要内容为：（1）构建社会儿童教育机制。重视孩子的家庭教育，对父母相关责任义务做出规定，整合社会资源。（2）改革、完善、优化国家儿童教育系统。该发展战略规定要健全法律法规、加强组织管理，加速人才队伍建设，加大资金投入；体现了内容要素的全

---

① 冉江渝. 新时期下俄罗斯教育发展趋势研究 [J]. 科教文汇（中旬刊），2011（6）：26-27.

② Постановление Правительства Российской Федерации от 7 февраля 2011 г. № 163-р О Федеральной целевой программе развития образования на 2011—2015 годы? [EB/OL]. (2011-02-07) [2012-06-18]. http://mon. gov. ru/dok/prav/obr/8311/.

③ 李艳辉. 俄罗斯《2011—2015 年联邦教育发展目标纲要》教育政策内容分析 [J]. 比较教育研究，2013，35（3）：92-98.

面性、目标任务的科学性、保障措施的完整性、实施效果的可预测性。①

4.《2018—2025 年联邦教育发展实施纲要》

《2018—2025 年联邦教育发展实施纲要》明确提出了教育发展的三个迫切需要：提升国际竞争力、实现教育现代化和建设创新型国家。以这三个需要为目标，俄罗斯对人才特质也提出了新的要求，有专家将其整合归纳为培养四个方面的能力：创造力、批判性思维、合作和沟通。② 根据《2018—2025 年联邦教育发展实施纲要》，俄罗斯在着力建设创新型国家的过程中，创新型思辨型人才的选拔与培养将是高等教育的重要任务，围绕人才培养的时代需求，集普通中等教育毕业水平和高等学校入学水平评价功能于一身的国家统一考试制度，仍需要进行新的探索。

5.《2001 年前俄罗斯教育现代化构想》

《2001 年前俄罗斯教育现代化构想》（以下简称《构想》）是新时期俄罗斯各级各类教育发展的纲领性、指导性文件。《构想》确立了职业教育改革使命是建立有效的职业教育发展模式，在教育体系、权力机构、商业界和社会组织开展合作的基础上，将职业教育转变为地区社会经济发展资源。③《构想》还确立了初中等职业教育优先发展战略。俄罗斯以相关法律法规为基础保障，不断发展职业教育、优化职业教育结构体系；提高职业教育质量及普及度，大力发展职业教育；注重职业观培养，以深厚理论

---

① 周常稳，周霖.《2015—2025 年俄罗斯联邦儿童教育发展战略》政策内容分析［J］. 外国中小学教育，2017（10）：1-7.

② На круглом столе "Известий" эксперты обсудили нововведения системы образования［EB/OL］.（2018-08-01）. http：//obrnadzor. gov. ru/ru/press_ center/press/index. php? id_ 4＝6846&m_ 4 ＝0&q_ 4＝%D0% B2% D1% 81% D0% B5% D1% 80% D0% BE% D1% 81% D1% 81% D1% B0% D1% B0% D1% 81% D1% BA% D1% B0% D% F+% D0% BE% D1% BB% D% D% BC% D% BF% D0% BF% D0% B8% D0% B0% D0% B0+&from_ 4＝1.

③ 姜晓燕. 中俄职业教育比较研究之俄罗斯部分报告［C］//中国地方教育史志研究会，《教育史研究》编辑部. 纪念《教育史研究》创刊二十周年论文集（20）——外国教师教育史、职业与成人教育史研究. 2009：115-121.

基础指导职业实践发展。

（三）援助计划

1. 青年教育政策

俄罗斯青年教育政策是针对全俄罗斯的教育政策，其主要是支持和援助俄罗斯天才学生，主要包含三个方面的内容：保护和发展青年政策的地区框架；为地区青年政策工作创建法律基础；保证地区青年政策工作财政投入增长。[①] 青年教育政策体现了俄罗斯重视青年教育问题，对青年寄予厚望。以法律建设为基础、资金供给为保障，政府与学校合力保障青年教育政策贯彻实施。

2. "我们的新学校"创新方案

"我们的新学校"是一项国家教育创新方案，主要包含五个方面的内容：一是出台新的教育标准，中小学生学习内容、教科书审定、教师职业技能培训等严格遵照新的教育标准；二是进一步完善天才儿童支持体系，开展相关竞赛，加强学校与补充教育之间的联系；三是为教师创建个性化培养培训模式，充分发掘教师潜力；四是为学校提供资金，更新基础设施；五是加强中小学生的健康发展。国家拨专款用于"我们的新学校"相关政策贯彻落实。

3. "俄罗斯儿童" 2007—2010 年联邦专项计划

"俄罗斯儿童" 2007—2010 年联邦专项计划旨在为俄罗斯儿童的生活和综合发展提供国家援助，主要由"健康一代""天才儿童"和"儿童与家庭"三个子项目组成。项目的目标是为俄罗斯儿童的生活和综合发展创造良好环境，为贫困儿童提供国家援助。[②] 项目实施以来，超 400 万名儿童

① 安德烈·富尔先科 об основ ных направлениях молодёжно й политики в российской феде рации и государственных мер ах по её реализации народно［J］. Еобразование，2006（4）：11-12.
② 刘杉杉. 俄罗斯学前教育简况［J］. 基础教育参考，2011（15）：28-30.

健康生活状态得到改善。

4."5-100计划"

"5-100计划"是俄罗斯在2012年推出的,目标是在2020年建设5所世界一流大学。到目前为止,共有21所俄罗斯大学参与该计划。迄今只有莫斯科国立大学入围QS世界大学排名和世界大学学术排名百强。

5.奖学金、助学金计划

俄罗斯设置学术奖学金和社会资助基金为贫困大学生助学。社会资助基金按照一定程序指定发放给以下大学生:孤儿和没有父母照顾的学生、残疾人、受切尔诺贝利事故和其他放射性灾害影响的学生。① 除各类奖学金以外,还有公费助学金。2012年,各大学总共向大学生和研究生拨付了助学金230亿卢布。2018—2019学年,大学生最低助学金达到1 633卢布/人,加上社会助学金共计2 453卢布/人。② 目前,俄罗斯享受公费助学金的人数多达170万。

三、俄罗斯教育扶贫的主要实践与经验

(一) 实践成果

第一,构建了俄罗斯多元文化教育体系。俄罗斯多元文化教育源于其历史和文化传统,以《俄罗斯联邦宪法》《俄罗斯联邦教育法》《俄罗斯联邦语言法》《2010年前俄罗斯教育现代化构想》等国家法律法规和政策为基础,提倡多民族文化对话、包容和尊重,目前已成为促进社会公平正义和人类生存发展的重要力量之 。俄罗斯在公民教育以及某些地区和学校的各种项目中,检验和传播现代多元文化教育的新思想,并在宗教、语言、

---

① 赵伟. 俄罗斯实现高等教育公平的障碍与解决政策 [J]. 现代教育论丛, 2019 (5): 89-96.

② Стипендия для российских студентов в году [EB/OL]. (2019-05-18). https://fin. com /cash/stipendiya-v-rossii-2019/.

移民和公民教育方面取得了一定进展。[①]

第二，建立了健全的全纳教育体系。在全纳教育方面，俄罗斯联邦教育部批准了《残障儿童全纳教育跨部门综合计划项目》，一方面，保障1.5—7岁残障儿童的幼儿园入学名额；另一方面，增加学校心理教师及专家数量，建立心理教学中心、社会医疗中心以及联邦资源中心，为残障儿童提供指导与帮助。与此同时，促进职业教育平稳发展。一方面，俄罗斯政府通过完善职业教育体系，建立高级职业技术培训中心，为希望进入职业技术学校学习的人员提供教学、设备等教育资源；另一方面，联邦教育部通过使职业教育同市场需求、科研、创新等相结合，优化职业教育发展，完善职业教育评估体系。

第三，提高了师资队伍建设水平。俄罗斯通过引入教师职业发展系统、举办师资竞赛、出台教师资格认证新方案、总统为优秀教师颁奖等措施，保障了教师的权利、提高了教师的社会地位、激发了教师的工作热情、激励了教师不断地提升自身素养，进而提高教师队伍质量，提升教育质量。[②]同时，在教学中使用数字技术，营造现代化教育环境。俄罗斯联邦教科部通过信息资源库和"一站式"服务为学生提供在线课程教育，学生可以通过远程学习，在网上接受课程培训，并获得相关培训证书，在一定程度上为气候寒冷、交通不便的北部及西伯利亚和远东等农村地区存在的教育资源不足的问题提供了解决方案。

（二）经验和教训

关注弱势群体的入学资格，保障全部儿童受教育的权利。俄罗斯联邦

---

① 刘畅，祝高波，白红梅. 俄罗斯多元文化教育的发展图景与当代启示［J］. 民族教育研究，2020（5）：87-94.

② 李明华，梅汉成，于继海. 2018年俄罗斯教育发展概况［J］. 世界教育信息，2019（5）：19-24，38.

政府重视弱势群体的教育需求，针对弱势群体物质及精神层面的需求，制定了相关政策以及措施，保障他们受教育的权利，通过帮助使他们在教育中健康成长并获得一技之长。例如，俄罗斯不仅关注保障残障儿童的入学资格和心理健康，而且在师范学院增加了残障儿童教育学这一新学科，为残障儿童的教育制定培养大纲。

改进教育的质量标准，保证贫困群体受教育的质量。《俄联邦 2016—2020 年教育发展目标纲要》强调，重视中等职业教育改革，发展高质量的俄罗斯教育。一方面，在国家财政大力支持的前提下，俄罗斯引入并创新职业教育经济管理体系与运行机制，提升了职业教育管理体制和职业教育水平，加强对职业教育师资和管理人员的培训制度建设，对已有的职业教育组织（至少 100 个）的管理团队和人员进行培训。另一方面，由于现行的教育质量评价体系过于侧重学生的终评成绩，导致职业技能的社会适应度方面占比较低，因此，俄罗斯制定了职业教育质量标准并对现代化职业教育质量评价体系进行了完善，力图构建国际化职业教育质量标准。[①] 同时，俄罗斯也注重优化职业教育的可持续发展，例如：强调让高职院校的学生接受全面的教育，重视自然科学、人文科学、编程、外语等的学习，教育部也对职业教育体系的评估流程进行了完善。另外，俄罗斯教育系统也存在人才培养与劳动力市场需求不协调、专业与市场需求不能接轨、专业与职业人才培养质量较低、缺乏系统性的职业教育实践体系等问题，这导致学生毕业后找不到工作，出现失业率升高的现象。因此，中等职业教育相关部门制定了学生培训方案，方案针对雇主的具体要求，培养出符合俄罗斯社会经济产业结构所需的人才，提高了就业率，从而加强了职业教育与市场的联系，使职业教育培养的人才适应时代发展和企业用人需求。

---

① 周玉婧，张力跃. 俄罗斯职业教育改革新动向探析——基于对《俄联邦 2016—2020 年教育发展目标纲要》的解读 [J]. 中国职业技术教育，2017（36）：55-58.

　　以多元文化教育理念保障教育反贫困的实施效果。中国与俄罗斯一样，也是一个多民族的国家，不同的民族拥有各自不同的宗教信仰、语言和文化，因此，俄罗斯采取的多元文化教育对我国教育反贫困的实施具有重要的借鉴意义。俄罗斯规划了《发展俄罗斯多元文化教育的构想（草案）》，指出多元文化教育的发展目标、内容和支持因素，建立多元文化教育体系。俄罗斯借鉴外国多元文化教育模型中的有利因素，将宗教基础教育加入学校必修课程中，俄罗斯也举办语言、文化、历史等基础知识学习班，为缺乏多元文化知识与经验的教师提供专门的课程培训，使教授者先了解多元文化知识与理念，再教给学生。此外，俄罗斯还组织学生参加课外社会项目，使学生从活动中了解不同地区、民族和宗教团体的风俗、文化与信仰。这都是我国在教育扶贫过程中值得借鉴的经验。

　　优化教育反贫困的发展环境与条件。俄罗斯在改善教育环境和条件方面也有很多地方值得我们借鉴，联邦基础教育部关注职业教育基础设施建设，加大对中等职业教育体系的财政支持与技术支持，扩建职业学校、学生宿舍以及教学实验地。在农村地区落实"校车计划""网络学习""远程教育"等措施，促进教育现代化。此外，俄罗斯准备为中等职业院校的学生提供更多的实习机会，促进学生在短期内掌握新的技能。但同时也要注意，俄罗斯在职业教育发展过程中缺乏有依据的构想来处置职业技术学校网络的合理布局，导致360多个中、小城市各自滥设培养工人的学校，而近2 000个农村地区中只60%的地区设有必需专业的职业学校。在整个俄罗斯，这类学校中有三分之一的房屋要求大修和重建，约300座危房应当拆除①，这就造成了教育投入的分配不均和浪费。

---

① 王义高. 俄罗斯教育现状——"无须注释"的数据 [J]. 教育理论与实践, 2000 (6)：54-57.

第六章　其他国家教育扶贫的政策、实践与经验

第一节　斯里兰卡教育扶贫的政策、实践与经验

斯里兰卡全称为斯里兰卡民主社会主义共和国，旧称锡兰，1948 年 2 月 4 日独立，是一个位于印度洋上的热带岛国，是南亚区域合作联盟的创始成员，也是英联邦成员国之一。斯里兰卡 2017 年人均 GDP 达到 4 403 美元。该国以种植园经济为主，矿产资源丰富。据统计，2017 年斯里兰卡人口数为 2 144 万。斯里兰卡是一个多民族国家，多民族国家有多对民族矛盾，这使得斯里兰卡的教育政策带有民族性的特征。

一、斯里兰卡教育扶贫政策的演进历程

斯里兰卡的教育政策因需要坚持继承殖民地制度而建立了统一的教育

制度。推行教育改革后，教育改革的执行主要由官员和教师承担。[①] 1942
年，斯里兰卡建立了免费教育体制，公立学校和政府资助学校免除学费。
1960 年和 1961 年政府通过立法，将所有学校收归国有。斯里兰卡国家教育
条款规定，除免收学费外，还免费为中小学学生提供课本费、校服费，甚
至在某些地区还为中小学学生提供免费午餐，为大学生提供生活津贴。[②]
2000—2010 年，斯里兰卡家庭条件较好的学生倾向于去教育资源集中的国
际学校。2017 年政府教育开支达 2 011.6 亿卢比，比上年增长 8%。斯里兰
卡的教育政策从建立统一的教育制度，到提供免费的公立教育，再到补充
私立教育完善整个教育体系，教育改革的步伐逐步加大。通过这一演进历
程，斯里兰卡进一步普及了教育，教育体系建设越来越完善，基础教育、
中等教育、高等教育都得到了较大发展。

二、斯里兰卡教育扶贫的主体

（一）官方机构与协同机制

斯里兰卡教育部和高等教育部是中央政府的两个独立部门，直接对总
统负责，分别负责基础教育和高等教育管理。其中，教育部是全国基础教
育的最高领导机构，直接管理 323 所国家级重点学校；各省教育厅负责除
国家级重点学校以外的本辖区内其他中小学校的管理。高等教育部是负责
大学、高等教育职教院和佛学院的领导机构。大学奖学金委员会代表高等
教育部具体实施管理，主要职责包括：计划和协调高等教育，向高等教育
院校拨款，保障学术水平，管理高等院校学生入学，等等。

1991 年成立的高等与职业教育委员会通过统筹规划和监督管理，保障

---

① LITTLE A W. The Politics, Policies and Progress of Basic Education in Sri Lanka [R]. Sri Lanka:
Consortium for Research on Educational Access, Transitions and Equity, 2010: 10.

② PETERSON P, BAKER E, MCGAW B. International Encyclopedia of Education [M]. Oxford UK:
Elsevier Science, 2010: 813-825.

了斯里兰卡职业教育系统的顺畅运转。高等与职业教育委员会是根据斯里兰卡 1990 年国会第 20 号法案《高等与职业教育法案》设立的。[①] 高等与职业教育委员会通过设立法案，进一步明晰了教育的职能服务、认证体系、质量管理、劳动市场、计划实施、经费资助和发展框架等细则，进一步加速了教育法规化进程。

斯里兰卡职业教育扶贫的协同机制可以概括为"多层级、跨部委"。所谓"多层级、跨部委"，是指由"国家协调委员会—项目管理委员会—专门工作小组"3 个层级和 14 个主要部委组成的职业教育扶贫管理架构。其中，国家协调委员会处于管理架构的顶端，它负责统筹协调各个项目管理委员会，主要履行制定扶贫决策、批准项目规划、监管项目执行等几项职责。项目管理委员会共计 6 个，其数量与职业教育扶贫对象的类别保持一致，每个项目管理委员会又涉及多个国家部委，通过建立资源共享网络，有效整合多个相关部委的资源，确保扶贫项目的协调推进。专门工作小组的数量也是 6 个，它们负责更加具体的扶贫事务，主要包括制定具体的职业教育扶贫方案，提供细致的项目执行建议，并将方案和建议提交给国家协调委员会与项目管理委员会参阅。[②] 国家协调委员会、项目管理委员会和专门工作小组层层递进，分工合作，职能划分日益明确，确保了扶贫项目的落实。

（二）社会各界

斯里兰卡职业教育与培训体系主要包括四类正规培训机构和行业企业的非正规职业培训，包括国家学徒与工业培训局、职业训练局、技术教育与培训部门、职业技术大学。[③] 社会各界的组织和政府部门相互协作，共

---

① 张振. 斯里兰卡职业教育系统的实践样态及启示 [J]. 中国高教研究, 2018 (10): 104.
② 张振. 斯里兰卡职业教育扶贫的顶层设计与实施框架 [J]. 比较教育研究, 2019, 41 (4): 45-51.
③ 宋晶. 斯里兰职业技术教育的现状与发展趋势 [J]. 深圳职业技术学院学报, 2019 (3): 72.

同促进斯里兰卡教育的发展。

三、斯里兰卡教育扶贫的制度安排

（一）法律法规

《高等与职业教育法案》是指导斯里兰卡职教培训的主要法律文件。2012 年，斯里兰卡提出了对该法案的修正案。修正后的该法案的主要内容包括：（1）根据经济社会对人力资源的需要规划发展高等教育与职业教育；（2）开放国家资格证书体系；（3）建立职业教育的学术标准与培训标准。① 就经费配置而言，斯里兰卡政府部门主要承担了三项职责：一是拟定职业教育扶贫项目的总预算和支出；二是准备职业教育扶贫项目的年度财务报表；三是募集职业教育扶贫的国内外潜在捐赠款。

《"马辛达·琴萨纳亚"十年发展规划：斯里兰卡的新愿景（2006—2016 年）》是斯里兰卡国家层级的规划，该规划不仅传达了对弱势群体的最高关切，而且强调了职业教育扶贫的重要意义。2009 年第 80 号政策《面向弱势群体的专门职业教育与谋生技能培训》是斯里兰卡部委层级的重要文件，该文件对斯里兰卡各类职业教育机构的职业教育扶贫任务进行了规定。②

（二）战略规划

1. 1981 年教育白皮书

斯里兰卡政府 1981 年以白皮书的形式提出了新的教育政策。白皮书尤其建议通过创建学校集群来引入学校之间的资源共享系统，并指定一所学

---

① MAJUMDAR S. Emerging Challenges and Trends in TVET in the Asia-Pacific Region ［M］. Rotterdam：Sense Publishers，2011：213-218.

② 张振. 斯里兰卡职业教育扶贫的顶层设计与实施框架 ［J］. 比较教育研究，2019，41（4）：48-49.

校作为核心学校。当时在许多地方建立了学校集群，但是到了 1984 年，因为这种新的管理形式存在人员和后勤等方面的问题，集群系统不再在全国范围内采用。斯里兰卡教育行政体制的改革始于 1984 年。为了进行教育规划，斯里兰卡在部门一级引入了更多的行政机构，行政人员在区域办事处和地区一级工作。[①]

2. 斯里兰卡国家战略

斯里兰卡国家战略规定了九个战略目标，构成了提高弱势群体职教培训的框架。九个战略目标包括：（1）认识到弱势群体的培训是实现包容性经济和社会发展的国家优先事项；（2）建立信息系统，协调行动和绩效评估；（3）确保职业技术教育与培训的资金充足；（4）提高认识，建立职业指导与咨询；（5）扩大培训供应商网络，扩大外联；（6）采用灵活和创新的培训方法；（7）合并生计和生活技能培训；（8）培训与就业支持相结合；（9）包容性地提供职业技术教育与培训，扩大受众面。[②] 这九个战略目标重点关注弱势群体，并给弱势群体提供一套完整的职业培训体系，有利于他们掌握一门生存技能，解决职业生涯的发展问题。

（三）援助计划

为发展高等教育和职业技术教育，国家设计了一系列的政策框架，比如《高等教育、职业技术教育国家政策框架》。该框架为职业技术教育与培训设置了如下的具体目标：（1）创设一个促进职教培训发展和有效实施的法律环境；（2）确保所有的国立职教培训机构为高等教育和职业教育委员会提供相关年度的统计数据；（3）要求所有的私立职教培训提供者给高

---

① LITTLE A W. The Politics, Policies and Progress of Basic Education in Sri Lanka [R]. Sri Lanka: Consortium for Research on Educational Access, Transitions and Equity, 2010: 12-13.

② Technical and Vocational Education and Training [EB/OL]. (2017-09-29). https://search. yahoo. com/search; _ ylt = A0LEVzx3mOVZAKMALTdXNyoA.

等教育和职业教育委员会提交年度财务和统计报表；（4）鼓励国立和私营部门的供应商使用基本的成本信息并上传到高等教育和职业教育委员会，生成财务会计报告；（5）高等教育和职业教育委员会应该建立信息管理系统，以方便各机构财务管理报告的生成；（6）国家职教培训机构提供的课程内容和课程设置应严格适应经济社会需求并保持在国家和国际竞争的水平；（7）加强工业部门的雇主在设计国立职教培训机构提供课程的积极性；（8）国家职教培训机构的法律规定应确保更多的财政自主权；（9）课程设置优化应最大限度地使用国家职教培训机构的资源；（10）国家在必要时向非国有部门的职教培训机构提供援助；（11）鼓励正式、长期的公私合作机构和培训中心的建立；（12）捐助者与贷方资金的使用与国家发展计划中对职教培训部门的规定一致；（13）提供充足的职教培训机构资金；（14）国家职业资格认证应在职业教育与培训机构、内容传授方法和教育与培训的综合评价过程中设置能力标准；（15）为认证的工艺人员建立起与国家职业资格证书相匹配的工资表；（16）确保国家职业资格能力标准在招聘国有部门岗位和授予政府合同中得到应有的重视；（17）鼓励职教培训机构建立伙伴关系，为工业发展开展培训课程；（18）为职教培训人才创造更好的国外就业机会；（19）发展创业技能，提高就业能力；（20）为弱势群体设计个性化的职教/民生培训；（21）发展员工职前培训和在职工业实践；（22）在每个培训组织网络中建立传输方案，根据可接受的原则，确保满足学生利益的培训方案进行最优化传递；（23）制定和实施绩效评估，要基于员工是有能力的专家、机构框架的存在是为了支持员工的发展而制定；（24）针对每个培训组织，制定并实施有效、公平、系统的内部提升方案；（25）通过短期技术项目将职教培训领域的资源拓展到学校系统；（26）为没有直接进入高等教育的离校生提供无缝衔接，使他们在职教培训体系内继续接受教育；（27）在研究、课程发展和政策领域内与高等教育机构建立联系；（28）建立一个标准化体系，识别国家职业资格证书框架下的非国家资格课程项目。①

四、斯里兰卡教育扶贫的主要实践与经验

（一）实践成果

斯里兰卡建立了免费教育体制，免除公立学校和政府资助学校的学费，让适龄儿童的入学普及率得到大幅增长，整个国家的识字率达到91%，促进义务教育的普及和国民整体素质的提升，公立学校教育体系逐渐形成并得到较大的发展。

国际学校的出现，让优质教育资源更加集中，满足了中产阶级及以上的家庭对教育质量的更高要求。此外，国际学校作为公立学校的补充，让整个教育体系更加有竞争活力，促进了教育的进步。

《高等与职业教育法案》的颁布和实施，为国家职业教育的发展提供了行动指南。该法案对职业教育领域涉及的人力资源、国家资格证书体系、职业教育的学术标准与培训标准做出较为明确的规定，确保了职业教育施行的科学性。

职业教育实施权责分明、层层分级，形成了国家协调委员会、项目管理委员会、专门工作小组的体系，职教工作开展得井然有序。此外，国家学徒与工业培训局、职业训练局、技术教育与培训部门、职业技术大学等社会机构的出现，为初中毕业后学生的分流提供了现实的可能性，部分学生选择升入高中学习，部分学生则选择务农或成为学徒，从而可以培养学生学习并熟练掌握一门劳动技能。

---

① PANTH B, CAOLI-RODRIGUEZ R B. Competence-based Training in South Asia［M］. Berlin: Springer International Publishing, 2017: 455-456.

（二）实践后的经验和教训

增加职业教育经费的投入，优化职业教育的资源。经费不足和资源匮乏限制了职业教育的质量提升，较低的人均 GDP 和相对落后的经济发展水平使得斯里兰卡在职业教育领域的支出十分有限。此外，斯里兰卡素有"有教无费"的传统，职业教育领域也不例外，由此进一步降低了职业教育机构用于事业发展的可支配收入。

建立职业教育的平等地位，促进职业教育观念的转变。传统文化和文化适应制约职业教育的发展。像大部分亚洲国家的传统观念一样，斯里兰卡的父母都期望子女进入大学接受学术训练，职业教育的吸引力不大，往往只能沦为诸多家庭的"第二选择"。

改革职业教育管理体制，成立跨部门的领导机构。跨部门领导机构的主要职能包括两项：一是统筹规划职业教育系统的发展，监督管理各类职业教育机构的活动；二是明晰国家资格框架的概念谱系和层级划分，建设具有特色且与国际接轨的国家资格框架。在斯里兰卡职业教育中，质量监控体系构建滞后、师资队伍建设乏力、战略规划制定延迟等，这一系列因素致使斯里兰卡职业教育的发展速度缓慢。政府需要更加严格地执行已经颁布的法令，教育机构应配合法令的实施，做到权责分明。

熟知市场与人才的供求关系，培养熟练掌握劳动技能的人才。一方面，服务业对技术技能人才的需求增加。职业教育系统将通过更新专业与课程、改革人才培养模式等途径为服务业输送大量人才，以满足服务业对技术技能人才的需求。另一方面，私营企业对技术技能人才的需求不断增加。在不久的将来，私营企业将成为职业教育系统毕业生的主要吸纳者。

第二节　马来西亚教育扶贫的政策、实践与经验

马来西亚地处东南亚，于 1975 年独立，属热带雨林气候，2018 年人口数为 3 238.5 万。马来西亚居民以土著和马来西亚华人为主，是一个多民族、多元文化的国家；马来西亚实施马来族和原住民优先的新经济政策。2018 年，马来西亚的人均 GDP 达到 11 239 美元，其橡胶、棕油和胡椒的产量和出口量居世界前列。马来西亚重视马来语的普及教育，华文教育较普遍，有完整的华文教育体系。

一、马来西亚教育扶贫政策的演进历程

20 世纪 60 年代，随着国家工业化进程的加速，职业技术教育在马来西亚历史上第一次取得了较大发展。为了配合经济发展的需要，马来西亚着手调整教育结构，在发展普通教育的同时，扩充职业技术教育。

20 世纪 70 年代，马来西亚实行了新经济政策，规定职业教育与学术教育并轨，这在一定程度上提高了职业教育的地位。马来西亚在大学内提倡学习与经济民生相关度大的学科，创办了马来西亚工艺大学、农业大学等，着重培养实践应用型人才，以适应经济的转型。

20 世纪 80 年代，马来西亚开始侧重发展重化工业，以便进一步提高工业化水平，增强国民经济的基础和独立性。譬如，1987 年，马来西亚决定在职高一年级结束时分流，按学习成绩编入职业班和技术班，职业班侧重理论学习，技术班侧重实际操作。1989 年，马来西亚将工艺、家政、商科、农艺四科合而为一，称为"生活技能科"，并作为所有中学生的必修课，目的在于使学生对农工商业有所认识，从而适应急速变化的工业发展。

216

20 世纪 90 年代，马来西亚通过提高人力资源的素质来增加产业各部门的劳动生产率，改善产业部门之间的关系，推动产业的升级换代。在职教发展方面有如下举措：（1）用"综合生计划"取代"生活技能科"，目的在于使学生熟悉科学技术并掌握经济知识；（2）设立就业与训练委员会，推出一系列人才培训计划，并决定扩建职业学校和工业学校，提高高中阶段职业学校学生的比例；（3）增强同本地区其他国家的横向联系，提高教学质量和人才培养的地区通用性，并积极争取亚洲发展银行和世界银行的贷款以创造良好的职校办学环境。[①]

二、马来西亚教育扶贫政策的主体

（一）高等教育部

马来西亚高等教育部（Ministry of Higher Education）是一个负责马来西亚高等教育、职业技术学院、社区学院、学生贷款、资格证、学生志愿者工作的政府机构。马来西亚高等教育部实施了职业技术教育与培训计划，政府已确定职业技术教育与培训部门是提供高技能人才的主要途径，也是马来西亚成为高收入国家的主要经济驱动力之一。职业技术教育与培训旨在提高国家的生产力和竞争力[②]，并将帮助马来西亚实现经济的转型。

（二）学校

随着人口的增长，政府必须建立更多的学校，并从战略上对它们进行定位，以便为所有学生提供服务。大学需要实现两个目标：一是培养熟练的工人以支持经济的持续发展，二是帮助将社会和经济上处于不利地位的

---

① 黄志红. 新加坡、马来西亚职业技术教育的改革发展及启示［J］. 现代教育论丛，1997（1）：46-47.

② RAJADURAI J, SAPUAN N M, DAUD S, et al. The Marketability of Technical Graduates from Higher Educational Institutions（HEIs）Offering Technical and Vocational Education and Training（TVET）：A Case from Malaysia［J］. The Asia-Pacific Education Researcher，2018：138.

农村人口纳入主流。① 学校将成为一个场所，用以培养技术熟练的应用型人才，为马来西亚的经济转型提供强有力的支持。

三、马来西亚教育扶贫的制度安排

1. 《教育法》

1996 年颁布的《教育法》是马来西亚教育的最高立法，规定了学前教育、初等教育、中等教育、高等教育、教师培训、特殊教育、宗教教学、私立教育和技术教育等一系列制度。中等职业教育采用基础广泛、无终点方式。中等职业教育学生可以升入高等院校并获取结业证书、毕业证书或学士学位。目前，马来西亚教育部正在强化职业教育与培训。根据第十个马来西亚规划，所有国立中等学校均可开展职业教育，其目的是使所有学生均能获得马来西亚技术证书。该证书将确保学生在即使没有获得马来西亚教育文凭考试证书的条件下，也能获得就业机会。②

2. 第十一个马来西亚计划

2016 年，马来西亚中央银行数据显示，马来西亚的青年失业率达到 12.1%，是全国失业率 3.3% 的三倍多。尽管马来西亚为经济增长和消除贫困付出了大量的人力资本，但该国在很大程度上依靠中低技能工人从事低附加值的活动，这些活动强调成本效益并依赖廉价劳动力。③ 因此，马来西亚继续面临吸引高质量投资的挑战，从而产生劳动力市场上的收入更高、技能更高的工作。第十一个马来西亚计划的实施，有效地推动了马来西亚

---

① MALAKOLUNTHU S, RENGASAMY N C. Education Policies and Practices to Address Cultural Diversity in Malaysia: Issues and Challenges [J]. Prospects, 2012, 42 (2): 148.

② 李玉静, 程宇. 马来西亚职业技术教育与培训介绍 [J]. 职业技术教育, 2010, 31 (24): 80.

③ RAJADURAI J, SAPUAN N M, DAUD S, et al. The Marketability of Technical Graduates from Higher Educational Institutions (HEIs) Offering Technical and Vocational Education and Training (TVET): A Case from Malaysia [J]. The Asia-Pacific Education Researcher, 2018: 138.

成为高收入国家的目标，对未来马来西亚经济发展的重点领域和战略方向进行了规划和部署，经济的发展为马来西亚教育奠定了扎实的基础。

3. 新经济政策

马来西亚于 1970 年首次宣布了新经济政策，作为 1969 年 5 月选举后种族骚乱的主要政策回应，这也导致了重大的政权更迭。[①] 新经济政策有两个目标，即"消除种族歧视"和"重组"。新经济政策在维护民族团结方面做出了重大贡献。

新经济政策规定，要扩展教学大纲和课程内容、提高教学效果、改进教育过程、设置教育辅助系统、优先发展农村教育、加强以马来语为主要语言的教学活动、继续加强英语教学、开展伊斯兰教育和道德教育等。这些具体的政策对于消灭贫困、建立一个风尚良好、团结统一的马来西亚起到了积极的作用。[②] 马来西亚政府通过新经济政策将该国的贫困水平从 1960 年代的 49% 降低到 1990 年的 16%。[③] 新经济政策在消除贫困人口，促进经济发展方面起到了促进作用。

4. 2020 年愿景

1991 年，马来西亚提出 2020 年愿景，在教育方面，2020 年愿景意味着建立一个世界一流的教育体系，致力于培养世界一流的劳动力。更重要的是，国家愿景强调了"马来西亚种族"的兴起。教育部以新的使命进行了重新定位，即发展一个世界一流的素质教育体系，该体系将充分发挥个人的潜力，并实现改革和体制变革的愿望。[④] 此外，在 2020 年愿景中，政

---

① JOMO K S, SUNDARAM J K. The New Economic Policy and Interethnic Relations in Malaysia ［M］. Geneva：UNRISD, 2004：18.

② 李韧竹. 马来西亚的教育发展与改革 ［J］. 比较教育研究, 1994 (5)：34.

③ JOMO K S, SUNDARAM J K. The New Economic Policy and Interethnic Relations in Malaysia ［M］. Geneva：UNRISD, 2004：3.

④ MALAKOLUNTHU S, RENGASAMY N C. Education Policies and Practices to Address Cultural Diversity in Malaysia：Issues and Challenges ［J］. Prospects, 2012, 42 (2)：154.

府希望国民大多数能接受高中教育，培养较高文化水平的劳动力，来建设马来西亚经济和消除种族歧视，增强马来西亚的文化认同。

5. 职业技术教育与培训计划

职业技术教育与培训计划提出，高等教育的目标应该是提高技术毕业生的显性和隐性知识，并继续提高学生的硬技能和软技能，促进学生智力能力与个性发展。这一计划强调，学习的课程要与市场需求紧密结合，这样学生不仅可以获得知识的增长、技能的熟练，还可以在就业市场中发挥自己的劳动价值，由此增加个人的收入、促进国家经济的增长和维护社会稳定。

四、马来西亚教育扶贫的主要实践与经验

（一）实践成果

促进多民族文化融合，实现了职教普教的一体化。职教普教一体化指的是职业教育与普通教育互相渗透、互相靠拢、改制合轨。世界各发达国家及马来西亚的成功经验表明，职教普教一体化是全球范围教育改革的共同趋势之一。[①] 马来西亚在多元种族、多元文化并存的独特背景下，逐渐建立了规模巨大、类型多样、层次多元、独具特色的一体化的适应终身教育需求的教育体系。

加速教育的普及程度，建立了完整的教育体系。1996 年的法案促进了小学、中学和高等教育层次教育系统的进一步整合和扩展。基础教育将学前教育纳入了国家教育体系，政府政策可以更加全面地覆盖儿童的早期教育。另外，学生完成高中教育后，根据自己在普通公开考试中的表现，可

---

① 黄志红. 新加坡、马来西亚职业技术教育的改革发展及启示 [J]. 现代教育论丛，1997（1）：47-48.

能会选择学术专业或职业学科，有针对性地进行学习。① 早期教育和高中教育外延的拓展，更利于建立一个完整的教育体系。

明确划分职教培养的类别，适应劳动力市场转型的要求。在工业化过程中，职业市场分为"初级劳动力市场"和"次级劳动力市场"两种。政府为减少浪费并适应劳动力市场的需求，将技术和职业教育的服务方向集中于初级劳动力市场，而次级劳动力市场则由普通学校系统提供服务。划分职业教育的类别，有利于更加精准地对不同的劳动人才进行专业化的培训，更好地服务于社会经济的发展。

（二）经验和教训

职业教育与学术教育并轨，提升职教的战略地位。国家为了促进工业化发展，培养与此相适应的劳动人才，将学术教育与职业教育并轨，提高职业教育的地位。职业资格证书是连接职业教育与生产经济活动的主要纽带，是政府对劳动力质量进行认证与监控的主要工具。② 此外，职业资格证书的颁发也有利于规范职业教育的培训体系，提升职教的战略地位。

调整职教的发展方向，适应社会经济发展的需要。职业教育的发展方向始终要与市场紧密结合，根据市场的需求来设置职业技能培训的课程，职业教育的培训必须落实到具体的劳动实践中，培养的劳动人才能够直接对生产做出贡献。

拓宽职教的办学渠道，采取多种形式办学。政府办学、企业办学、政企合办、政府与外国政府或厂商合作办学等多种形式的办学，一方面，分担了政府教育支出的压力，政府的各项财政支出处于平衡状态，维持整个

---

① MALAKOLUNTHU S, RENGASAMY N C. Education Policies and Practices to Address Cultural Diversity in Malaysia: Issues and Challenges [J]. Prospects, 2012, 42 (2): 154.

② 黄志红. 新加坡、马来西亚职业技术教育的改革发展及启示 [J]. 现代教育论丛, 1997 (1): 47-48.

国家经济的健康运转；另一方面，多种形式办学有利于增强职业教育的灵活性，企业办学可以直接解决学生技能培训基地的问题，实现企业和学校的深度合作，这是只靠政府办学所不能达到的。

加强对外合作交流，培养外向型职业人才。职业教育范围并不局限于本国传统行业、本国现代行业所需技能的学习，职业教育需要有国际眼光。德国的双元制职业教育基本实现企业和学校的深度合作，学生一边学习知识，一边进行劳动实践，同时进行，实践性强。这是值得我国职业教育借鉴的地方。

第三节　墨西哥教育扶贫的政策、实践与经验

墨西哥是北美洲的一个联邦共和制国家，墨西哥是一个自由市场经济体，自由贸易发展较好，经济实力在美洲和世界的排名均比较靠前。墨西哥拥有现代化的工业与农业，盛产玉米，有"玉米的故乡"之称。1521 年墨西哥沦为西班牙殖民地，1810 年墨西哥人民掀起了反抗西班牙殖民统治的战争，1821 年取得了独立，1824 年建立了墨西哥合众国。在西班牙殖民统治时期，墨西哥所有的学校为天主教教会所控制，文盲率高达 95%。

一、墨西哥教育扶贫政策的演进历程

（一）早期探索期（1945—1994 年）

1957—1970 年，墨西哥经济增长率达到 6.8%，在稳定的经济的支撑下，墨西哥教育越来越倾向于民主性和民族性。1959 年，墨西哥全国十一年教育计划开始执行，其致力于解决小学教育问题，力图缩小城乡青少年

学校教育的差距。① 团结互助计划（1988—1994 年）主要针对土著印第安人、农民以及城市贫民进行扶贫，重点向贫困居民提供卫生保健、教育、营养、住房、基本服务等，以改善他们的生活条件，促进地区的协调发展，提高生产力。

（二）持续发展期（1994—2001 年）

从 20 世纪 90 年代后期起，墨西哥开始实行扶贫政策。20 世纪 90 年代颁布了教育、卫生和食品计划，它涉及贫困人口的健康、卫生、教育等多个方面，旨在通过对贫困人口加大在人力资本方面的投资，特别是教育、饮食和健康领域，提高贫困家庭的自救能力。在教育领域，新自由主义改革造成了墨西哥教育分配的不均，基础教育和高等教育发展失衡，教育质量低下，学前儿童人数稀少，严重制约着教育扶贫的进程，从而在一定程度上加剧了社会的分化。② 国家将提高教育质量、保证弱势群体受教育权、促进社会参与教育作为教育发展的重点。

（三）全面发展期（2001—2017 年）

福克斯总统提出了 2001—2006 年国家社会发展计划，又称为"减少贫困：一项与你共处的任务"。③ 该计划在教育、食品、安全、卫生等方面都做出了重要贡献。2006 年政府提出了"保证国家安全和主权独立，维护法治国家，实现经济可持续增长"的发展目标。2007—2012 年国家社会发展计划的出台，主要保障了弱势群体尤其是贫困地区和民族地区儿童和青少年的受教育权利。④ 发展计划的先后颁布使墨西哥的教育发展日益规范化、

① LECHUGA J, CHAVEZ F. Estancamiento Económico y Crisis Social en México, 1983 - 1988: Sociedad y Política [M]. México: Universidad Autónoma Metropolitana, Unidad Azcapotzalco, División de Ciencias Sociales y Humanidades, 1989.

② 朱艺丹. 发展中国家教育扶贫政策比较研究 [D]. 西安：陕西师范大学, 2018：62, 63-64.

③ 徐世澄. 墨西哥政治经济改革及模式转换 [M]. 北京：世界知识出版社, 2004：233.

④ 朱艺丹. 发展中国家教育扶贫政策比较研究 [D]. 西安：陕西师范大学, 2018：63-64.

法制化，逐渐步入正轨。

二、墨西哥教育扶贫的主体

墨西哥现行教育制度以 1917 年《墨西哥合众国宪法》和 1973 年《墨西哥联邦教育法》为依据，全国教育体系由正规教育和非正规教育两个系统组成。联邦政府公共教育部是领导全国教育工作的中央机构，公共教育部对各州教育工作的领导，实行分权制，由该部派驻各州的总代表团负责。

（一）联邦政府

在职业教育管理方面，联邦政府设有三个隶属于中、高教育司的总局来统管高中阶段和高等教育阶段的职业教育：工业技术教育总局、农牧业技术教育总局和海洋科技教育总局。

（二）州政府

州政府在墨西哥教育战略的影响下，与联邦政府合力共同参与国家教育扶贫。在联邦政府层面设立了公共教育部，具体机构有产业工作培训中心和产业技术教学中心。

1. 产业工作培训中心

产业工作培训中心隶属于墨西哥就业培训学院，开设 40 余种专业，在全国拥有近 230 所学校，提供专门的技术培训，特别是机器与手工操作训练，并应企业或者劳动者的要求更新不同行业的专业技术。

2. 产业技术教学中心

产业技术教学中心作为墨西哥联邦政府的下设公共机构，具有独立法人资格，自负盈亏。其目的是培养中职和高职级别以上的高素质干部队伍，在技术、科学和教学层面上开展基础性和应用性研究项目，并培训技师。

（三）非政府组织

墨西哥的非政府组织主要分为两类：民间协会和私人救助机构。民间协会主要致力于公益性事业，减贫为其关注的重点。2004 年《联邦公民社会组织活动促进法》的颁布，标志着联邦政府正式承认非政府组织有参与国家政策制定和实施以及尊重关于组织内部事务的决定的权利，明确表示其在国家发展中的重要作用。民间协会和私人救助机构相互合作，共同承担着墨西哥非政府组织在地方上发展教育的责任。

三、墨西哥教育扶贫的制度安排

（一）法律法规

1.《墨西哥合众国宪法》

1910—1917 年，墨西哥正处于资产阶级革命时期，1917 年，墨西哥政府制定了《墨西哥合众国宪法》。宪法第一章第三条是墨西哥教育扶贫的主要法律依据，其主要内容如下：第一，阐明墨西哥教育的宗旨，即"国家（联邦区、各州和市政府）办的教育，应以协调地发展人的所有能力为宗旨，同时使人们树立热爱祖国的思想以及和全世界在独立和正义基础上团结一致的思想"；第二，明确指出教育是世俗的；第三，指出教育是民主的；第四，强调教育是民族的；第五，指出教育应是人本主义的；第六，明确提出初等教育是义务的。综上所述，教育应该是世俗的、民主的，教育可以促进全民族自由进步、共同发展。

2.《墨西哥联邦教育法》

墨西哥政府 1973 年颁布的新的《墨西哥联邦教育法》指出，教育应向缺乏教育的人提供，以消除社会发展中的不均衡现象，要创造条件，让没有受过适当教育的青少年和成人上学或重新上学。根据《墨西哥联邦教育法》所建立起来的教育体系，是一种正规教育与非正规教育、普通教育与职业教育结合在一起的崭新的国民教育体制。另外，《墨西哥联邦教育法》中对墨西哥政府今后的教育改革指明了方向，尤其是在发展贫困地区的教育方面。具体来说，墨西哥政府要为贫困儿童、青少年、成人提供公平均等的基础教育、高等教育、成人教育；要加强各级各类教育中的双语教学以满足少数族群教育的需要；要改善各级各类教育的基础设施，通过改善学校外部条件来为教育的实施提供优良的环境。[①]《墨西哥联邦教育法》主要强调教育的平等，着重教育扶贫，让优质的教育资源更加公正化。

(二) 战略规划

1. 国家发展规划

1989 年 5 月，萨利纳斯总统公布了国家发展规划（1989—1994 年）。该规划强调教育在国家发展中的意义并确定了教育发展的目标：第一，提高教育质量，使之与国家的发展目标相一致；第二，提高人民受教育的程度；第三，实行教育分权制，并要根据现代化的要求和社会各部门的特定需要对教育进行改革；第四，促进社会参与教育。为此，墨西哥政府需要做到以下几点：第一，制定新的教育计划，并使之能适应新的情况；第二，努力消除在地理和社会方面出现的不平等和不公平；第三，扩大教育服务范围，实施多样化教育并引进非正规化教育模式。[②]

2. 团结互助计划

20 世纪 80 年代末到 20 世纪 90 年代初，社会贫困人口数逐渐增加，劳动者收入减少，社会犯罪率、暴力活动等不断增加，墨西哥政府在 1988—1994 年期间推行了团结互助计划。该计划主要针对土著印第安人、贫困的农民、城市贫民，通过改善贫困人口的生活条件和环境、协调地区之间的发展等方式来救助和减少贫困。团结互助计划包括了社会福利计划、生产团结计划、地区发展计划。团结互助计划为贫困居民提供教育属于社会福

---

① 朱艺丹. 发展中国家教育扶贫政策比较研究 [D]. 西安：陕西师范大学，2018：68.
② 朱艺丹. 发展中国家教育扶贫政策比较研究 [D]. 西安：陕西师范大学，2018：69.

利计划中的一部分，主要体现在更新贫困地区的学校设备、为贫困学生提供奖学金等方面。[①] 该计划在促进社会发展、减少贫困方面发挥了重要作用。

3. 有条件现金转移支付计划

有条件现金转移支付计划是指在特定的一段时间内，通过直接的现金补贴方式，促进贫困人口，特别是赤贫人口的人力资本投资，要求受益家庭必须保证家庭中适龄儿童入学，并达到一定的出勤率作为基本的领取补贴的条件。[②] 此计划以提高和改善儿童的受教育水平为基本目的，为学龄儿童提供一定数额的现金补贴作为助学金，帮助他们完成基础教育阶段的学习。

(三) 援助计划

1. 终结性教育发展计划

终结性教育指的是在整个教育系统的初等教育和中等教育阶段之后所接受的教育。终结性教育发展计划保证了墨西哥的劳动力在进入市场之前的职业训练，提高了劳动者素质，尤其是对贫困地区的人口来说有重要的意义。[③] 终结性教育发展计划延伸了完整教育体系的外延，促使学生在接受普通教育之后，还能顺利衔接到职业教育体系，接受专门的职业技能训练，这对于贫困人口的生存和发展影响深远。

2. 社会一体化计划

墨西哥重视印第安人的教育，20 世纪 80 年代以来，墨西哥政府在职业教育领域为 12—14 岁未能迈入双语和双文化学校的印第安学生设立"社

---

① 朱艺丹. 发展中国家教育扶贫政策比较研究 [D]. 西安：陕西师范大学，2018：69.

② 郑皓瑜. 论拉丁美洲国家教育扶贫政策在消除贫困代际传递中的作用 [J]. 山东社会科学，2016（4）：174

③ 朱艺丹. 发展中国家教育扶贫政策比较研究 [D]. 西安：陕西师范大学，2018：72.

会一体化中心"，主要为学生提供食宿，负责他们的教授课程，保证他们在3年内学完小学课程，并对其进行职业培训。据统计，墨西哥全国有30多个社会一体化中心，学生达到4 000多人。此外，"生产宿舍"也应时建立，其具有经济和教育的双重目的。① 社会一体化计划培养了兼具文化常识和职业技能的劳动人才，对于社会稳定、经济发展有促进作用。

3. 全面资助计划

墨西哥政府为农村职业教育的培训提供免费资金，每年投入5 000万美元发展农村家庭的技能培训，提高他们自我脱贫的能力。另外，墨西哥政府还十分重视保护农村职业教育的办学环境、改善农村职业教育的基础设施、提高农村职业教育教师的教学水平，通过对农村家庭骨干成员在职业技能方面的教育培训，来提高他们发展自身并接受教育的意愿，从而来提高他们实现自我脱贫的能力，这有助于打破贫困家庭的贫困代际传递。②

四、墨西哥教育扶贫的主要实践与经验

在职教体系总框架范围内，墨西哥建立了多层次、宽领域、重实践、求创新的职业教育和职业培训体系运行机制。③ 围绕职教体制机制，设立多个联系紧密、沟通协作的核心机构，形成了职能完善的管理体系，并借助产学合作项目积累了一定的教学资源。墨西哥职业教育与培训运行体系具有机制创新、学制灵活、中职教育水平高的特点。

（一）实践成果

提高了教育的普及程度，降低了全国的文盲率。第二次世界大战以后，墨西哥教育发展迅速，全国城市基本普及了初等教育。1980年文盲率降至

---

① 朱艺丹. 发展中国家教育扶贫政策比较研究 [D]. 西安：陕西师范大学，2018：72-73.
② 朱艺丹. 发展中国家教育扶贫政策比较研究 [D]. 西安：陕西师范大学，2018：73.
③ 高羽. 墨西哥职业教育与培训体系运行机制与特点 [J]. 职业技术教育，2018，39（35）：77.

6.2%，比之前大大下降，这归功于墨西哥建立了完整的普通教育和职业教育的衔接机制。

建立了较完善的升学体制，保证了教育的连续性。初始教育、学前教育、小学教育、中等教育和高等教育继承式发展。与此同时，职业教育被纳入并行轨道，完善的升学体制，不仅保证了教育的连续性，还培养了兼具文化常识与熟练劳动技能的劳动力。

实施中等教育的分流，提供了职业培训的渠道。初中分普通初中、技术初中、电视初中、职工初中和开放初中，高中分普通高中、技术高中、开放高中。不同的初中和高中，教学任务的侧重点有所差别，技术型工种着重于进行技能的训练，普通中学更多地强调常识性知识的学习。实施中等教育的分流，不仅提高了职业培训的渠道，让部分学生在学校阶段就接受技能的训练，还把技术类的中学与普通中学并轨，有利于提高职业教育的地位。

（二）主要经验与教训

不断加大教育经费的投入，确保适龄儿童的入学率。有条件现金转移支付计划在特定的一段时间内，通过直接的现金补贴方式，促进贫困人口必须保证家庭中适龄儿童入学，这极大地保障了适龄儿童的入学率。人们解决了温饱问题，才有条件和可能去接受学校系统的教育，因此，国家加大教育经费的投入，有利于教育的普及。

积极调动多方主体参与，政府和非政府手段相结合。联邦政府、州政府、民间组织相互协调、合作，多方主体积极参与，在减少贫困人口、让适龄儿童接受基础教育方面，做出了重要的贡献。这有利于促进教育的普及化，让贫困人口的素质得到提高，掌握谋生的技能，甚至解决贫困人口的代际贫困根源性问题。

缩小国内贫富差距，确保教育的公平发展。2007—2012年国家社会发展计划，主要保障弱势群体尤其是贫困地区和民族地区儿童和青少年的受教育的权利。[①] 教育均衡是一个非常重要的事情，教育资源分配不均的差距要尽可能地缩小，可以采取兴办特殊学校、优秀教师下乡、国家经济补贴、远程教育、社会捐赠等多种方式，让弱势群体和偏远地区的适龄儿童享受到与城市适龄儿童基本类似的教学环境，并促进区域间教育资源的流动，尽可能保证教育的公平性。

注重职教课程内容的更新，培养市场所需的劳动力。职业教育要始终与市场紧密结合，制定职业技能的课程时，需要调研现在市场所需的人才标准和所需技能，再把市场企业的要求融汇到职教培训的课程中，做好职教课程和实践与市场需求的衔接，去除职教课程内容中与市场需求相关性较弱的部分，通过职教课程内容的更新，来培养市场所需的熟练劳动力。

第四节　泰国教育扶贫的政策、实践与经验

泰国位于中南半岛中部，1932 年结束封建专制，实行君主立宪制。2014 年泰国总人口数为 6 450 万，90% 以上的民众信仰佛教，2018 年泰国 GDP 总计 5 049.93 亿美元，人均 GDP 7 274 美元。泰国是世界上新兴工业国家和世界上新兴市场经济体之一，同时也是世界上天然橡胶最大出口国，制造业、农业和旅游业是泰国经济的主要产业。

一、泰国教育扶贫政策的演进历程

19 世纪末，职业教育的系统形式包括在国家教育计划 BE2441 中，作为特殊教育或针对特定学科的教育以增强职业技能和专门知识。"职业教

---

① 朱艺丹. 发展中国家教育扶贫政策比较研究 [D]. 西安：陕西师范大学，2018：63-64.

育"一词直到 1936 年才在国家教育计划 BE2479 中首次出现。此后，人们
开始有了职业技能教育意识的萌芽，泰国的职业教育变得越来越普遍。

1965 年，泰国职业教育部与德国政府合作，建立了孔敬技术学院。
1979 年，职业教育系下的 159 个职业教育机构中有 90 所学院；1981 年泰
国颁发职业教育证书；1984 年引入了职业教育和高等技术文凭；1990 年，
开设了教学技术高级文凭；1997 年，政府支持建立了 70 所工业和社区教
育学院、19 所技术学院、2 所商学院和旅游学院。[①] 职业教育在这一时期得
到了快速发展。

1999 年，泰国政府在国家教育计划 BE2542 的修正案中，要求为所有
层次和类型的教育建立教育质量保证体系。该法案确立了泰国职业教育的
框架，职业教育发生了根本性的变化。截至 2015 年 6 月 24 日，泰国有 426
个职业教育学院，隶属于职业教育委员会。[②] 此后，泰国的职业教育朝着
法制化的方向发展。

二、泰国教育扶贫的主体

（一）全国教育委员会、教育部、高等教育办公室

全国教育委员会主管教育规划、教育研究与教育评价；教育部主管全
国教育发展、国际教育活动、文化事务与宗教团体教育机构；高等教育办
公室负责全国各类型的高等教育事业的改革与发展。

（二）学校教育

泰国实行 12 年制义务教育。中小学教育为 12 年制，即小学 6 年、初
中 3 年、高中 3 年。中等专科职业学校为 3 年制，大学一般为 4 年制，医

---

① FRY G W. Education in Thailand [M]. Springer Nature Singapore Pte Ltd., 2018：165-168.
· ② 赵守辉. 泰国发展高等教育的经验 [J]. 外国教育资料，2000 (5)：74.

科大学为 5 年制。正规学校开设普通科目，非正规学校开设医学、助产、护理、英语、商业和教学等职业科目。

高等教育占适龄人口在学率超过 23%，跨越大众化阶段，泰国正在向高等教育普及化迈进。① 玛哈佛塔和拉差布拉那的商学院成立于 1910 年，是泰国的第一所职业学校。1973 年石油危机导致泰国出现财政危机，政府加速了国有部门的私有化进程，私立学校快速发展。此外，泰国在 1979 年设立了入学自由、授课灵活和学费低廉的素可泰大学、蓝勘恒国家开放大学等。

三、泰国教育扶贫的制度安排

（一）法律法规

1999 年泰国政府颁布了《国家教育法案》。该法案提出泰国将建立一个教育质量保证系统，它将根据相关的标准对教育机构进行质量考核，促使教育机构对教育设备、师资力量、学生质量等进行提高，从而达到提高教育质量的目的。②

《国家教育法案》的教育目标是增强泰国的自信心和自尊心。该法案把义务教育的年限延长，"每个公民将得到至少 12 年的免费基础教育"，并包含了 9 年强制教育，利用法律的强制手段保证国民接受教育，提高全体国民的受教育水平。此外，该法案在教育科技方面也做出了基金投入，教育科技的发展有利于促进教育的进一步普及。

《国家教育法案》指出，泰国现阶段在教育改革方面表现出了对教师工作的重视和加强师资培训的趋势，主要表现在以下两个方面：一方面大力培养师资，另一方面又对现有的教师进行培训，以配合教育改革的顺利

---

① 赵守辉. 泰国发展高等教育的经验［J］. 外国教育资料，2000（5）：76.
② 李有江. 当前泰国教育改革趋势研究［J］. 东南亚纵横，2004（12）：50.

进行。此时，泰国政府根据当前国内的具体情况和国际上的一些教育发展趋势，开始大力抓教育质量，以达到真正提高泰国国民素质和国民竞争力的目的。

（二）战略规划

泰国教育委员会办公室对外表示，国家教育计划确定了国家教育管理的目标和方向，有助于激发泰国各年龄段国民的潜能，帮助他们寻求知识，不断提高自我。计划的目的主要有四点：一是提高教育管理过程的质量与效率；二是培养泰国人成为人品好、懂技巧的良好公民；三是建设学习型社会，实现国家的可持续发展；四是引导泰国早日进入中等收入国家行列，减少社会贫富差距。

1. 国家教育计划（1989—1991 年）

1989 年泰国政府颁布了国家教育计划（1989—1991 年）。该计划重点鼓励了民办学校的发展和提高，政府将增加正规初中 130 所、速成初中 120 所。在这个五年计划期间，全国各级各类学校的在校人数将从 1982 年的 1 050.56 万增至 1986 年的 1 126.46 万（不包括开放大学生人数）。1986 年非正规教育在校人数达到 125.30 万人，增长 17% 左右。[①]

2. 国家教育计划 BE2475

1932 年泰国政府颁布了国家教育计划 BE2475。该计划将非正规教育定义为根据国家背景和地理条件进行的职业课程，例如农业、手工艺品和商业。这些课程为学生提供了农业和工业的基本技能。

3. 国家教育计划 BE2479

1936 年政府颁布了国家教育计划 BE2479，"职业教育"一词首次被提出。当时，职业教育分为基础、中级和高等职业教育三个层次，招收完成正

---

① FRY G W. Education in Thailand ［M］. Singapore：Springer Nature Singapore Pte Ltd.，2018：166.

规学校教育的学生。1936 年的"国家教育计划 BE2479"还规定，那些希望接受大学教育的人必须完成学业或 2 年制高中教育，为进入大学做好准备。该计划强调了职业教育的阶段划分的重要性，并且认为教育是有持续性特征的。

4. 国家教育计划 BE2542

1999 年泰国政府颁布了国家教育计划 BE2542。该计划规定，职业教育应出现在属于国家或私营部门的教育机构、企业，或根据《职业教育法》和相关法律由教育机构与企业合作组织的机构。[①] 该计划强调了职业教育要以企业实训为重点，要加强学校和企业的交流。

5. 国家教育计划（2002—2016 年）

2002 年泰国政府颁布了国家教育计划（2002—2016 年）。该计划规定"发展教育科技"是要实现的目标之一，具体措施包括：（1）制定一系列的政策、措施和计划，在教育领域引入新科技，大力发展媒介特别是新兴媒介的作用。（2）鼓励教学机构对教育科技的更新和使用。该计划要求到2010 年，所有的学校必须能够联网；计算机必须是各个层次的教学中必不可少的一部分。[②] 此外，该计划还强调要在十五年内，"使所有的泰国人都获得学习的机会"并"提高泰国人和泰国社会的知识水平"。此后，泰国教育的普及率越来越高。

四、泰国教育扶贫的主要实践与经验

（一）实践成果

设立灵活的开放大学，促进了高等教育的发展。1979 年泰国设立了素可

---

① FRY G W. Education in Thailand [M]. Singapore：Springer Nature Singapore Pte Ltd.，2018：166，169.
② 李有江. 当前泰国教育改革趋势研究 [J]. 东南亚纵横，2004（12）：50.

泰大学、蓝勘恒国家开放大学。入学自由、授课灵活和学费低廉是这些大学的主要成功之处。设立灵活的开放大学、入学门槛放低、学费降低、授课形式多样化，使得高等教育群体增长较为明显，促进了高等教育的发展。

实施了精准扶贫的援助计划，有利于教育公平的实现。1995 年 3 月，泰国政府颁布了"私立教育投资援助计划"，该计划为私立高校设立了 400 亿泰铢的发展基金和奖学金贷款，使得低收入家庭的子女享受和中等、高等收入家庭子女一样的教育机会，有利于教育公平的实现。

提升义务教育普及化程度，教育发展逐渐法制化、规范化。1997 年泰国第一次提出"泰国人民平等享有接受 12 年免费、高质量基础教育的权利"，从法律上保证了每个儿童都有上学的机会，进一步提升了义务教育的普及化程度，此外，通过一部部法律来促进教育的发展，教育发展逐渐规范化。

（二）主要经验与教训

避免学科和地区教育的失衡，促进区域间教育资源的公平。泰国的大城市如曼谷等地 20% 的教育工作者拥有研究生学历，但在泰国北部的湄洪森省，只有 9% 的教师拥有相关资格证书。[①] 在泰国，文科、社会、科学等人才过剩，科学及工程技术等人才相对紧缺。发展过程中，泰国政府提出文科和理科、工科应协调发展，共同促进社会经济的良性循环。此外，教育资源要合理分配，通过多媒体远程教育让偏远地区也享受到优质教育，强调区域间教育发展的公平性。

强化学校教育与企业实训的合作，适应社会经济发展的需要。泰国在教育改革中越来越重视教育与社会经济发展的关系。教育与经济发展关联

---

① OXFORD BUSINESS GROUP. Thailand's Education Sector Struggles to Produce Positive Results［EB/OL］.［2020-12-08］. https：//oxford business group. com/overview/learning curve despite premium placed learning sector has struggled show positive results. html.

的核心，在于学校要根据市场需求来制定课程内容，培养市场所需的劳动技能，让学生在学校和企业的实训合作中增长经验，更好地适应社会经济发展的需要。

注重国际视野的培养，增强自主创新能力。泰国的教育改革重视国际间的教育交流，积极保持和发展与国际教育组织的合作，利用国际项目促进国家间的交往和合作。泰国注重国际视野的培养，有利于借鉴外国的教育、经济发展模式，取长补短，打破传统的教育发展模式，为新一轮的教育改革提供新的动力，由此来增强自主创新能力，提高泰国的教学质量。

增强学生的社会职业认同感，树立正确的职业教育观。大多数泰国人认为职业教育劣于普通教育，民众参与职业教育的意愿较低，这需要从国家政府层面出发，自上而下树立一个新型的职业教育观，让人们意识到职业教育在扶持贫困人口生存与发展、培养熟练技能的劳动力、帮助学生适应社会劳动环境方面的优势，增强人们的职业认同感，平等地看待普通教育和职业教育，树立平等的职业教育观念。

第七章 中国教育扶贫的政策演进与现实路径

    贫困是当前世界各国发展道路上共同面临的巨大问题。我国作为世界上最大的发展中国家，贫困同样是中国发展道路上的拦路虎，自 1949 年中华人民共和国成立以来，我国便长期致力于扶贫事业。在中国共产党的领导下，我国在扶贫方面的工作取得了举世瞩目的成就，开拓出了一条具有中国特色的扶贫道路。教育扶贫作为我国扶贫系统中重要的组成部分，能够将我国大批农村贫困人口转化为人口红利，将科学技术转化为生产力，为我国减贫事业做出卓越贡献。教育扶贫是指采用一定的手段向帮扶对象提供一定的教育资助服务和教育投入，使人们具备脱贫致富的能力，以提高他们的劳动技能与科学文化素质，进而促进当地的经济发展与社会进步，其扶贫对象是贫困地区的贫困人口，最终目的是摆脱贫困。[①] 因此，本章将纵观我国教育扶贫政策的整体演进脉络，进而对我国教育扶贫政策进行细致的梳理分析，总结当前我国教育扶贫中所取得的成就与存在的问题，并针对现存的问题，提出对未来教育扶贫工作的展望。

[①] 马巍. 我国教育扶贫的政策沿革、问题及其应对 [J]. 教学与管理，2019（1）：8-11.

第一节　中国教育扶贫政策演进的基本脉络与特征分析

在我国教育扶贫政策的演进过程中，教育扶贫包含着两层含义：一是扶助贫困偏远地区教育之贫，为贫困地区的教育事业提供基础设施保障，解决贫困地区子女失学问题与帮扶贫困人口开展职业所需的教育培训；二是将教育作为扶贫工作的重要手段，即通过教育的传递功能，将科学技术知识传递给贫困地区的人民，提高贫困地区的生产力水平，切实改善贫困人口的生活质量。教育扶贫的内涵，足以表明教育在我国扶贫事业中具有阻断贫困代际传递的重要作用。

一、中国教育扶贫政策演进的基本脉络

综观我国教育扶贫的总体历程，2000 年是我国教育扶贫事业的分水岭。2000 年，我国基本完成了普及九年义务教育的重大任务，迎来了我国教育扶贫新的历史时刻。2000 年以前，我国教育扶贫的重点是扶助贫困地区的教育之贫，发展我国广大贫困地区的教育事业，主要任务是不断建设学校，提供教育教学基础设施，加强贫困地区师资建设，以期提高儿童的入学率与升学率。在这一个大的历史时期内，教育扶贫主要是以普及九年义务教育为重点，侧重于增加受教育的学生数量，扩宽贫困地区接受教育的机会与渠道，缓解因贫穷而造成的失学现象。全国学龄儿童平均入学率由 1949 年的 20% 上升到 1978 年的 86.4%。[①] 普及九年义务教育这一重大任务直到 2000 年才基本完成。普及九年义务教育任务的基本完成，意味着我国广大贫困地区的贫困人口基本接受了基础教育，为下一个阶段的教育扶

---

① 张德元. 中国农村义务教育发展历史评述 [N]. 光明网光明观察，2004-11-09.

贫打下了坚实的基础。2007 年西部地区"普九"人口覆盖率已达到 98%，全国共有 3 022 个县级行政单位通过"两基"验收，初中毛入学率达到 98%；2008 年国家全力支持西部地区尚未"普九"的 42 个边远贫困县推动普及义务教育；2011 年全国最后 42 个边远贫困县通过"两基"验收。① 由此我国的教育扶贫大方向由扶教育之贫转向将教育作为扶贫的手段，职业教育也在"普九"任务完成后成为教育扶贫的重要手段。通过职业教育，农村贫困人口的生产与生活技能得到增强。

基于此，以 2000 年为基准，我们可以将我国教育扶贫政策从 1949 年到 2000 年划分为酝酿期（1949—1977 年）、启动发展期（1978—2000 年），2000 年至今划分为制度化建设期（2001—2012 年）、精准化建设期（2013 年至今）。

（一）扶贫政策的酝酿期（1949—1977 年）

1949 年中华人民共和国成立，意味着中国共产党带领着中国人民推翻了"三座大山"，但由于长期的战乱，国家积贫积弱，国民经济受到了严重摧残，教育文化事业同样处于待兴的状态。20 世纪 50 年代，我国产业类型单一，以农业发展为主。但根据统计，之后 20 年间，国内大旱或特大干旱灾难频发，造成粮食大量减产，1959—1961 年更是遇上了大饥荒，解决温饱问题成为国家长期关注的重点。这一时期国家各方面的物资都比较匮乏，国家整体处于贫困的状态，因此，这个阶段教育领域的扶贫主要集中在农村教育扶贫的实践中，更侧重于"扶教育之贫"，以救济式扶贫为主，教育扶贫的相关政策尚处于酝酿阶段。

"扶教育之贫"是指这一阶段国家"以输血式扶贫为主，最大限度扩

---

① 王定华. 中国义务教育改革发展的回顾与展望 [J]. 中国教育科学，2013（4）：3-23.

大贫困群众受教育机会"。① 中华人民共和国成立时，全国总人口约为 5.4 亿，其中 80% 以上为文盲，农村的文盲率更是高达 95%。② 1949 年 12 月第一次全国教育工作会议提出"教育为工农服务""学校为工农开门"，在全国范围内开展以识字为主要目标的大规模扫盲运动。这一阶段主要通过接管和改造旧式学校，开办工农速成初等学校、建立职工业余学校等，在全国范围内广泛推广、普及速成识字法，为工农大众提供受教育的机会。扫盲运动从北京逐渐扩展到全国各地，在 20 世纪 50 年代达到了高潮。这一阶段的扫盲运动，大幅度提高了我国人民的文化素质，为广大农民群众打开了知识文化的大门，为农村的技术革命与改变农村经济的发展奠定了坚实的基础。"扶教育之贫"体现了教育具有能动的反作用，发展教育事业能够改变农村落后的面貌，促进经济的发展。但在这一时期，我国尚未出台专项的扶贫政策，主要是从农村的教育实践中体现出扶贫的初步思想。

（二）扶贫政策的启动发展期（1978—2000 年）

经历"文革"十年，我国的教育文化领域遭到了严重的破坏，随着十一届三中全会的召开，我国开始全面的拨乱反正，党的工作重心向经济建设方向转移，聚焦民生发展，实施改革开放战略，国内各个领域都进入了发展的新时期。党将教育列为国民经济发展战略的重点之一，教育扶贫初见雏形。

第一，教育扶贫政策由相关扶贫政策的配套措施向专项政策逐渐发展。1984 年中共中央、国务院在《关于帮助贫困地区尽快改变面貌的通知》文件中明确提出，要重视贫困地区的教育，重点发展农业职业教育，加速培养适应山区开发的各种人才。该文件的颁布，标志着我国教育扶贫政策的

---

① 姚松，曹远航. 70 年来中国教育扶贫政策的历史变迁与未来展望——基于历史制度主义的分析视角 [J]. 教育与经济，2019，35（4）：12-18.
② 燕文堂. 20 世纪 50 年代的北京市扫盲运动 [J]. 党史博览，2018（4）：50-54.

开端。1985 年《中共中央关于教育体制改革的决定》提出要改革人民助学金制度，对于毕业后工作环境艰苦的相关专业的学生，国家供给膳宿并免收学杂费。1994 年《国家八七扶贫攻坚计划（1994—2000 年）》（以下简称"八七计划"）强调了农村扫盲教育与成人职业教育，并发挥大专院校、科研单位的人才和技术优势，与贫困地区直接挂钩，提高贫困地区科技发展水平。该计划为职业教育扶贫提供了可实施的路径与方向，国家重点扶持的贫困县进一步明确由 699 个调整为 592 个，并把扶贫的重点转移到西部。① 1995 年"国家贫困地区义务教育工程"是中华人民共和国成立以来，投入资金最多与规模最大的教育扶贫工程，为全面普及义务教育，带动当地经济与社会发展奠定了基础。1996 年颁布的《中华人民共和国职业教育法》，从立法的角度确立了职业教育在我国教育体系中的重要作用，同时强调了促进农村等偏远地区职业教育发展的重要性。职业教育领域扶贫开始从边缘性的配套措施逐步向专项政策发展。

第二，教育扶贫机制开始设立并且逐步规范化。国务院于 1986 年 5 月专门针对贫困地区设立了贫困地区经济开发领导小组，负责贫困地区的调查研究、协调社会各界扶贫等工作，于 1993 年更名为国务院扶贫开发领导小组。教育部是该扶贫开发领导小组的重要成员之一。专门的扶贫机构的设立，确立了我国教育扶贫工作的开展以政府为主导力量的方针。"八七计划"中指出，扶贫工作由国务院扶贫开发领导小组统一组织，中央各有关部门和各省、自治区、直辖市具体实施，确立了自上而下分级管理的扶贫机制。因而，教育扶贫同样采用在国务院统一领导、分级管理、地方为主、政府统筹、社会参与的教育管理体制。② 教育扶贫工作除了政府以外，

---

① 李全利. 扶贫治理理论演进轨迹及其引申 [J]. 重庆社会科学，2017（4）：28.
② 游明伦，侯长林. 职业教育扶贫机制：设计框架与发展思考 [J]. 职教论坛，2013（30）：19-22.

社会公益组织在这一阶段得到了发展与壮大。改革开放后，社会主义市场经济蓬勃发展，社会公益组织通过捐款助学与教育培训等方式，扶助偏远落后地区的教育事业。

第三，教育扶贫开始重点关注少数民族地区职业教育。改革开放后，虽有一部分少数民族在文化教育方面发展良好，但大多数少数民族，尤其是偏远的边境、高寒山区等少数民族，文化教育十分落后，青少年文盲率有的地区高达90%。1980年，《关于加强民族教育工作的意见》指出，要抓好中小学基础教育与发展少数民族中等职业教育，肯定了职业教育对少数民族地区"四化"建设培育各类科学技术人才的重要作用。[①] 1992年，《关于加强少数民族与民族地区职业技术教育工作的意见》指出，职业技术教育的发展要面向农（牧）民脱贫致富的需要。[②] 2000年，《关于加快少数民族和民族地区职业教育改革和发展的意见》指出，农村要把职业教育与扶贫结合起来，将职业教育的发展目标与农村经济的发展目标结合起来。这一时期的少数民族教育政策都突显了职业教育对边远少数民族地区脱贫具有重要的推动作用。

总体而言，囿于经济社会发展水平，这一阶段我国的职业教育扶贫尚处于启动阶段，但是在国家出台的相关政策中，职业教育在教育扶贫工作中的重要性已逐渐显现出来，并作为一种手段被使用到贫困地区的扶贫工作中。

（三）扶贫政策的制度化建设期（2001—2012年）

根据《全国人民小康生活水平的基本标准》规定的指标测算，从总体

---

① 蓝洁. 新中国成立70年来少数民族和民族地区职业教育发展的变迁与展望——基于政策的视角 [J]. 当代职业教育，2019（5）：10-18.

② 房风文，邵苗苗，王向太. 我国贫困地区职业教育精准扶贫的政策与实践分析 [J]. 职业技术育，2019，40（21）：8-13.

上看，到 1999 年我国已走完温饱阶段 94.6% 的路程。[①] 2000 年我国已基本达到温饱阶段，这意味着我国大范围的贫困已经基本得到解决，并且我国文盲比率已从 80% 下降至 6.72%，加上 2000 年基本完成"普九"的重大历史任务，我国扶贫主要任务发生了从"以解决温饱为主"到"巩固成果、加快脱贫致富"的转变，扶贫方式从以往的救济式向开发式的方向转变[②]，这一阶段我国教育扶贫政策进入了制度化建设时期。

第一，这一阶段的教育扶贫政策具有连续性的特征。如 2001 年国务院发布的《中国农村扶贫开发纲要（2001—2010 年）》指出，实行农科教结合，有针对性地通过各类职业技术学校和各种不同类型的短期培训，增强农民掌握先进实用技术的能力。2011 年继上个十年发布了《中国农村扶贫开发纲要（2011—2020 年）》，继续强调了农村贫困人口职业培训，并提出对农村贫困家庭接受中等职业教育给予生活费、交通费等特殊补贴。教育扶贫政策前后相互衔接，具有阶段的连续性，有助于政策稳定且有效地实行。

联合国教科文组织将职业教育视为一种可以减贫的方法，我国职业教育在新阶段也被当作一种扶助贫困地区脱贫致富的手段。职业教育是面向全民的教育类型，具有较强的社会普及性，并且入学门槛低，经济回报率高。因此，在这一阶段，我国进一步将职业教育作为贫困地区扶贫开发的手段，如《国家中长期教育改革和发展规划纲要（2010—2020 年）》指出，"发展职业教育是推动经济发展、促进就业、改善民生、解决'三农'问题的重要途径，是缓解劳动力供求结构矛盾的关键环节，必须摆在更加突出的位置"。

第二，职业教育扶贫资金投入的专项政策增多。2006 年国务院开启面

---

①　佚名. 小康初期阶段基本达到［J］. 党政干部文摘，2001（1）：15-16.

②　马巍. 我国教育扶贫的政策沿革、问题及其应对［J］. 教学与管理，2019（1）：8-11.

向贫困山区实施"雨露计划"，该计划通过对农村贫困家庭子女参加中等、高等职业教育采取建档立卡的方式进行救助。同年教育部与财政部联合发布的《关于完善中等职业教育贫困家庭学生资助体系的若干意见》，针对参加中等职业教育的贫困家庭学生的扶助，在助学金制度、奖学金制度、学费减免制度、助学贷款或延期支付学费制度、社会资助制度的建立等方面提出了具体的指导意见。2007年国务院发布的《关于建立健全普通本科高校、高等职业学校和中等职业学校家庭经济困难学生资助政策体系的意见》，强调继续完善国家奖助学金制度和助学贷款制度。2009年教育部等多部门联合发布了《关于中等职业学校农村家庭经济困难学生和涉农专业学生免学费工作的意见》，从当年秋季起，针对农村家庭经济困难学生和涉农专业学生在公立中等职业学校就读的全日制在校生，逐步免除学费。2012年的《关于扩大中等职业教育免学费政策范围进一步完善国家助学金制度的意见》将中等职业教育助学力度加大，从2012年秋季起对所有农村家庭经济困难学生和涉农专业学生在公立中等职业学校就读的全日制在校生免除学费，艺术类相关表演专业学生除外。从这一系列的助学政策可以看出，我国在职业教育扶贫领域的资金投入逐渐加大，并且十分重视中等职业教育领域的扶贫助困，给予了中等职业学校贫困学生充分的资助。

总体而言，这一阶段的教育扶贫政策已经开始进入持续稳定的制度化建设时期，并将职业教育作为扶贫的手段，尤其注意对中等职业教育领域贫困学生的扶助。

(四) 扶贫政策的精准化建设期 (2013年至今)

2013年11月，在湖南省湘西贫困地区考察期间，习近平总书记首次提出"精准扶贫"这一概念①，这标志着我国扶贫工作进入精准化的新阶

---

① 黄超. 习近平再谈精准扶贫：我正式提出就是在十八洞村 [EB/OL]. (2016-03-08). http：// politics. people. com. cn/n1/2016/0308/c1024-28182678. html.

段。扶贫政策精准化意味着我国教育扶贫政策要对贫困地区扶助对象进行精准识别，具有针对性地对这一部分特定的贫困群体进行扶助。而职业教育作为我国扶贫开发体系的重要组成部分，在脱贫攻坚的重要时期被认为是"脱贫见效快，返贫概率低"的教育扶贫模式。

第一，职业教育扶贫对象精准聚焦区域的特性。一方面是扶贫对象的识别具有精准性，落实贫困之需。充分发掘当地贫困人口的内在潜力，进行针对性的职业培训，将贫困人口转化为巨大的人力资本，推动当地经济的发展。另一方面更加注重各个贫困区域的差异性，根据区域的不同特点，因地制宜制定合适的政策，将职业教育扶贫与区域支柱产业紧密衔接。如2015年颁布的《关于打赢脱贫攻坚战的决定》指出，贫困地区要发展符合自身实际需要的职业教育，加大职业技能培训工程的实施力度，着力提高培训的针对性和有效性，确保贫困家庭劳动力至少掌握一门致富技能，实现靠技能脱贫。① 这意味着我国已从输血式扶贫向贫困地区自主造血脱贫的转变。

第二，东西部协作，开展对口帮扶。2016年，经国务院同意、多部门联合印发的《教育脱贫攻坚"十三五"规划》提出，实施职业教育东西协作行动计划，实现西部地区职教集团、高职院校、中职学校结对帮扶全覆盖。② 同年，《职业教育东西协作行动计划（2016—2020年）》指出，实施东西职业院校协作全覆盖行动，实施东西中职招生协作兜底行动，支持职业院校全面参与东西劳务协作。③ 为进一步加强东西职业院校的协作，我国于2017年又颁布了《贯彻落实职业教育东西协作行动计划（2016—

---

① 汤婷婷，谢德新. 改革开放40年我国职业教育扶贫政策的回顾与前瞻［J］. 中国职业技术教育，2018（33）：25-31.

② 吴霓，王学男. 教育扶贫政策体系的政策研究［J］. 清华大学教育研究，2017，38（3）：76-84.

③ 两部门将联合印发《职业教育东西协作行动计划（2016—2020年）》［EB/OL］.（2016-10-18）. http：//www. gov. cn/xinwen/2016-10/18/content_ 5120378. html.

2020 年）》。2018 年印发的《深度贫困地区教育脱贫攻坚实施方案（2018—2020 年）》，再一次强调了东西部职业院校之间的协作，实现需求与帮扶的精准对接，以独特模式促进贫困地区职业教育的发展。

总体而言，在扶贫政策的精准化建设阶段，教育在精准扶贫中的作用得到了重视，注重教育对贫困区域经济发展的作用，重视教育资源具有优势地区对落后地区的对口帮扶。

二、中国教育扶贫的整体特征分析

一是中央政策设计与地方创新相结合。从我国教育扶贫实践看，立足我国体制优势，突出中央权威和体制动员能力，充分利用政策杠杆，发挥地方政府的主动性与创造性。由于我国贫困现象存在较大地区差异，在充分执行国家教育扶贫政策的同时，各地出台省级层面教育扶贫路径和具体执行方案，以国家政策为导向，带动地方政策和经费配套，凸显教育扶贫模式与路径的区域特色，形成多元化、多路径的教育扶贫中国模式与中国经验。

教育扶贫的第一要义是谁来帮扶，即教育扶贫的主体是谁的问题。在我国，教育扶贫的主体是我国的政府部门。政府是我国扶贫工作的主导力量，在教育扶贫中发挥着主导作用。我国教育扶贫治理结构仍然呈现出自上而下由政府行政推动为主导的特征。[①] 作为公共服务和社会管理部门，政府是推动整个工作开展的中坚力量，是教育精准扶贫政策的制定者和实施者，亦是协调各参与主体的行为和关系的纽带。[②] 从官方层面而言，我国教育扶贫是在国务院的领导之下，由教育部、国家发展和改革委员会、

[①] 姚松，曹远航. 70 年来中国教育扶贫政策的历史变迁与未来展望——基于历史制度主义的分析视角 [J]. 教育与经济，2019，35（4）：12-18.

[②] 张家军，唐敏. 教育精准扶贫运行机制的构建 [J]. 教育理论与实践，2018，38（25）：19-24.

民政部、财政部、人力资源和社会保障部以及国务院扶贫办会同有关部门建立工作协调机制，加强制度设计，研究解决教育脱贫有关的重大问题。[①]从非官方层面而言，市场主体和社会组织分别扮演中国教育扶贫政策制定和实施的不同角色。市场主体主要通过捐资助学、教育培训等方式积极践行"企业社会责任"，同时服务于企业自身的利益，满足自身对市场、劳动力等方面的需求，实现贫困治理目标和企业利益目标的平衡。社会组织在教育扶贫中主要践行公益使命，同时提升机构的美誉度，帮助机构更好地成长。[②]学校是我国教育扶贫政策的具体实施者。学校在政府指导和社会组织帮助下开展扶贫工作，将政策付诸实践，实践中检验政策的可行性与合理性，再根据扶贫的效果，因地制宜进行反馈，有利于教育扶贫政策的制定。因此，我国教育扶贫政策的首要特征便是：扶贫政策的制定以政府为主体、社会参与，具体由学校来实施。

二是形成了基本健全的教育扶贫政策体系。经过多年的发展，尤其是党的十八大以来，我国教育扶贫政策进一步完善，普惠型与补缺型专项教育扶贫政策紧密结合，构建起全面覆盖的教育扶贫政策体系。我国陆续出台的近 30 项教育扶贫政策与措施，实现了对贫困地区义务教育普及与质量提高、贫困地区人群教育权利保障、教育基础设施建设、学生资助体系建设等多项教育扶贫工作的全方位覆盖，奠定了我国教育扶贫工作的基础，提供了政策保障。

与此同时，我国教育扶贫政策多以计划为载体出现。如《支援中西部地区招生协作计划》，该计划是高等教育资源丰富、办学条件较好的省份及直辖市面向高等教育资源相对匮乏、高考录取率相对较低的中西部地区

---

① 檀学文. 中国教育扶贫：进展、经验与政策再建构 [J]. 社会发展研究，2018，5（3）：223-241，246.

② 向雪琪，林曾. 改革开放以来我国教育扶贫的发展趋向 [J]. 中南民族大学学报（人文社会科学版），2018，38（3）：74-78.

招生，旨在为中西部学生提供更多接受优质高等教育的机会，缩小区域入学机会差距。据统计，从 2008—2016 年，每年从支援省份向受援省份安排的招生协作计划依次为 3.5 万人、6 万人、12 万人、15 万人、17 万人、18.5 万人、20 万人、20 万人和 21 万人，连续 8 年呈增长态势。① 根据教育部统计测算，仅 2008—2012 年，《支援中西部地区招生协作计划》惠及中西部 8 个省区，包括山西、广西、云南、河南、安徽、贵州、甘肃、内蒙古，招生规模等同于在发达省市建设了 68 所年招生量为 2 500 人的专门招收中西部地区考生的普通高校。② 又如 2012 年，《关于实施面向贫困地区定向招生专项计划的通知》开始针对贫困地区实施国家专项计划，该计划的招生对象包括城镇和农村地区的学生，采取"单报志愿、单设批次、单独划线，本科计划在本科提前批结束后、本科一批开始前进行投档录取"的招生方式。③ 自 2016 年以来该项政策逐渐趋于稳定，2017 年国家专项计划安排招生名额扩大至 6.3 万名④，2018 年继续实施国家专项计划、地方专项计划、高校专项计划，完善长效机制，进一步促进教育公平。⑤

三是构建了教育扶贫长效机制。一方面，基于阻止贫困现象代际传递的目标，我国确立了"智力扶贫优先"的基本思想，形成了教育强民、技能富民、就业安民的总体路径。另一方面，以精准帮扶的方式，我国根据地区、对象的不同，确定教育扶贫的重点与方式，精准满足教育需求。此

① 关于下达 2008 年全国普通高等教育招生计划的通知［EB/OL］.（2008-04-28）. http://old. moe. gov. cn/publicfiles/business/htmlfiles/moe/moe_ 1892/201001/xxgk_ 77150. html.

② 支援中西部地区招生协作计划［EB/OL］.（2012-09-03）. http://www. moe. edu. cn/public-files/business/htmlfiles/moe/s6811/201209/141512. html.

③ 教育部 国家发展改革委 财政部 人力资源社会保障部 国务院扶贫办关于实施面向贫困地区定向招生专项计划的通知［EB/OL］.（2012-03-19）［2018-10-01］. http://www. moe. gov. cn/srcsite/A15/s7063/201203/t20120319_ 134392. html.

④ 教育部关于做好 2017 年重点高校招收农村和贫困地区学生工作的通知［EB/OL］.（2017-04-06）［2018-10-09］. http://www. moe. gov. cn/srcsite/A15/moe_ 776/s3258/201704/t20170414_ 302572. html.

⑤ 教育部关于做好 2018 年重点高校招收农村和贫困地区学生工作的通知［EB/OL］.（2018-02-27）［2018-10-10］. http://www. moe. gov. cn/srcsite/A15/moe_ 776/s3258/201803/t20180320_ 330724. html.

外，明确了"如何扶"的问题，根据教育扶贫任务的重点和需求差异，我国形成了多元化教育扶贫模式，既有发达地区学校对口帮扶贫困地区学校，实现优质教育资源向贫困地区输出，也有通过促进区域内教育资源均衡发展来促进贫困地区教育扶贫工作。因此，目标、对象和方式的互动，形成了我国教育扶贫的有效机制。

我国教育扶贫呈现模式多元化与路径多样化的特征。如电子科技大学打造"电子信息+教育"扶贫新模式，深入推进"1234"基础教育强基工程。电子科技大学高度重视定点帮扶岑巩县的工作，聚焦"两不愁三保障"突出问题，坚持"扶贫先扶智，扶贫必扶志"，充分发挥教育资源优势，构建"电子信息+教育"扶贫新模式，大力实施基础教育强基工程，全县义务教育入学率达99.89%。岑巩县教育和科技局因控辍保学措施有力，受到贵州省教育督导室和教育厅的通报表扬。岑巩县第一中学高考本科上线率从2016年的67.5%提升至2018年的92%，8个教育质量评价指标位居黔东南第一，这为岑巩县打造"黔东基础教育高地"奠定了坚实基础。① 又如南京农业大学的"南农麻江10+10"行动计划，针对麻江县脱贫攻坚新形势与乡村振兴新需求，南京农业大学同麻江县充分沟通协调，创新性地提出并深入实施"南农麻江10+10"行动计划，由南京农业大学农学院、动医院、资环院、植保院、生科院、动科院、食品院、人发院、园艺院和经管院分别结对帮扶麻江县咸宁村、乐坪村、新场村、水城村、仙坝村、河坝村、兰山村、卡乌村、谷羊村和黄泥村，严格落实《中央单位定点扶贫工作责任书》，按照《教育部关于做好新时期直属高校定点扶贫工作的意见》，深入开展党建扶贫、智力扶贫、产业扶贫和消费扶贫，协

---

① 电子科技大学. 电子科技大学精准扶贫精准脱贫典型项目［EB/OL］.（2019-10-14）. http：// www. moe. gov. cn/jyb_ xwfb/xw_ zt/moe_ 357/jyzt_ 2019n/2019_ zt27/dsj/201910/t20191014_ 403219. html.

同开展教育扶贫、健康扶贫、精神扶贫以及招商引资、人才培训等工作，助推 10 村产业、人才、生态、文化和组织振兴，取得了积极成效。① 在这些直属高校的精准帮扶之下，贫困地区走上了脱贫致富的康庄大道。此外，在职业教育领域也形成了如"校地合作""职业学校+农户+公司"的扶贫方式，有力地推动了贫困地区的脱贫工作。

四是建立了贫困群体的教育资助体系。为践行"不让一个孩子因贫困而失学"的政府承诺，我国构建起了面向贫困人群的全方位资助体系，以经费资助保障教育扶贫质量与效果。从义务教育"两免一补"到贫困地区学前教育发展支持与资助，从高等教育学生贷款资助政策到中等职业教育免学费和补助生活费政策，既充分保障了每一位学生的受教育权利，又为贫困学生享受优质教育资源提供了便利条件。通过财政补贴、转移支付和奖补结合等方式，以奖学金、助学金、贷款、生活补助等各种形式，为贫困学生提供全面而充足的经费保障。

五是形成适应精准扶贫战略的教育扶贫内容结构。我国早期教育扶贫重视贫困地区人群的扫盲工作和农业技能培训，随着扶贫形势的发展和教育需求的不断变化，教育扶贫不仅将普及义务教育和提高贫困地区义务教育水平作为重点，同时，面向贫困地区和贫困人群的幼儿教育、学前教育、职业教育以及高等教育也得到了全面重视与发展，内容体系与结构不断完善，教育资源逐步丰富，满足了贫困地区各个年龄阶段、不同群体的教育需求，形成了与精准扶贫战略相适应的教育扶贫体系。

---

① 南京农业大学. 南京农业大学精准扶贫精准脱贫典型项目［EB/OL］.（2019-10-14）. http：//www. moe. gov. cn/jyb_ xwfb/xw_ zt/moe_ 357/jyzt_ 2019n/2019_ zt27/dsj/201910/t20191014_ 403197. html.

第二节 中国教育扶贫的成就与现存问题

一、中国教育扶贫取得的巨大成就

改革开放 40 多年来，我国历经《国家八七扶贫攻坚计划（1994—2000年》《中国农村扶贫开发纲要（2001—2010 年）》《中共中央国务院关于打赢脱贫攻坚战的决定》《"十三五"脱贫攻坚规划》等一系列政策举措，7 亿多农村人口摆脱贫困，占全球减贫人口的 70% 以上，我国成为全球最早实现联合国"千年发展目标"中减贫目标的发展中国家，走出了一条中国特色的减贫道路。[①] 按照 2010 年标准（2 300 元，2010 年不变价），中国农村贫困人口数从 1978 年的 77 039 万下降到 2017 年的 3 046 万，共减少了7.4 亿，农村贫困发生率从 97.5% 下降到 3.1%，中国农村贫困人口减少对世界减贫的贡献率超过 70%。[②] 2013—2018 年，我国农村贫困人口从 9 899万减少到 1 660 万，每年减贫人数都保持在 1 200 万以上，832 个贫困县已脱贫摘帽 436 个。[③]

目前，全面改善贫困地区义务教育薄弱学校的基本办学条件已覆盖了全国 2 600 多个县、22 万所义务教育学校。中国教育部副部长孙尧在"2019 教育扶贫论坛"会上指出，一年来，教育部扎实推进义务教育有保障、中央单位定点扶贫、定点联系滇西扶贫等工作，各项扶贫工作取得了积极进展。2012 年至今，我国累计招聘了 35.5 万名教师，覆盖了中、西部

---

① 改革开放与中国扶贫国际论坛取得重要共识 [N]. 人民日报, 2018-11-05.
② 李培林，魏后凯. 中国扶贫开发报告: 2016 [M]. 北京: 社会科学文献出版社, 2016.
③ 人民日报网络版. 国务院扶贫办: 预计年底 95% 的贫困人口脱贫 [EB/OL]. (2019-10-12).
https://www.chinanews.com/gn/2019/10-12/8976689.shtml.

3万多所农村学校，28个省份实施地方师范生公费教育政策，每年吸引4.1万名高校毕业生到农村中小学任教；全面落实义务教育"两免一补"政策，从2017年秋季学期起，将义务教育阶段建档立卡等四类家庭经济困难的非寄宿学生也纳入生活补助范围；实施支教、东西协作计划，东西协作参与院校近800所，开展教师培训8 600余人次，双方学生交流2万余人次，参与各类技能培训8万多人次；实施重点高校招收农村贫困地区学生专项计划，年度招生规模从2012年的1万人扩大到2018年的10.38万人，2019年，累计有100余万名大学生、22万名教师、23.8万个创新创业项目深入革命老区、贫困地区和城乡社区，对接了农户74万余户，企业2.4万家。实施推普脱贫攻坚、全国大学生暑期社会实践专项活动，赴"三区三州"242个县的345个贫困村开展相关活动。①

在职业教育领域，职业教育采取学校教育与培训的方式，主要从贫困人口的技能、证书与思想三个层面提升人力资本，进而影响贫困人员生活水准，推进脱贫。② 职业教育在服务脱贫攻坚中取得关键性进展：一是职业教育成为国家反贫困战略的重要组成部分；二是构建起从中央、省级到地州市级的职业教育反贫困政策体系；三是职业教育在促进贫困人口脱贫增收致富中发挥着积极作用。③ 以湖南职业教育扶贫为例，湖南职业院校积极招收贫困地区、农村地区、贫困家庭学生，与自身规模相比，承担了更大比重的培养任务。全省从事学历教育的中职学校有来自贫困地区的学生30.09万人，占在校生的45.49%；高职院校有来自贫困地区的学生12.64万人，占在校生的22.56%。全省中职学校农村学生比例高达

---

① 中国农网. 2019国家扶贫日系列活动之教育扶贫论坛：贫困地区义务教育条件全面改善［EB/OL］.（2019-10-15）. http：//www. moe. gov. cn/jyb_ xwfb/xw_ zt/moe_ 357/jyzt_ 2019n/2019_ zt27/yw/201910/t20191017_ 404144. html.

② 胡莉娅，杨晶. 精准扶贫背景下职业教育扶贫的机理研究［J］. 现代商贸工业，2019（31）：64-65.

③ 瞿连贵，石伟平. 我国职业教育反贫困的限度与突破进路［J］. 职教论坛，2019（4）：6-14.

89.10%，是农村常住人口比例的 2.03 倍；全省职业院校农村学生比例高达 73.42%，是农村常住人口比例的 1.67 倍。目前，湖南职业院校共有建档立卡贫困家庭学生 10.99 万人，占在校生总数的 8.99%。[①]

二、中国教育扶贫的现存问题

虽然经过多年努力，我国教育扶贫事业在各个层次的教育领域获得了较大的成就，但依旧存在着问题。

（一）政策执行有待强化

教育扶贫在国家的大力支持与倡导下，国内各地在实践中积极推进，但教育扶贫政策从制定到各个地方落实，受到主、客观因素的影响，部分深度贫困地区的政策实施主体采取机械化、敷衍化，以及选择性落实，致使教育扶贫政策执行受阻。政策实施机械化指部分地方政府在政策的实施过程中忽视本地区实际情况，照搬上级制定的政策，如部分深度贫困地区在扶贫对象的遴选中，按照政策的标准生搬硬套，以单纯的居民年均纯收入为标准划定帮扶对象，极易使界于贫困线附近的贫困家庭学龄人口被排斥于精准扶贫对象之外。[②] 政策实施敷衍化是指部分地方政府在政策的实施过程中带有形式主义的工作作风，对上级颁布的政策仅仅停留于表面的工作，做表面文章，部分基层组织遵循"不出事"的行动逻辑，将策略活动主要用于应对上级检查，以消极的"数字扶贫""书面扶贫""会议扶贫"等形式进行敷衍塞责。[③] 政策的选择性实施是指部分地方政府对上级颁布的政策通过衡量利弊，选择性地实施对自身有好处的部分，而舍弃对

---

① 蒋昌忠. 论职业教育在教育扶贫攻坚中的主渠道作用 [J]. 中国职业技术教育，2019（21）：5-12.

② 张翔. 教育扶贫对象精准识别机制探究 [J]. 教育探索，2016（12）：94-96.

③ 刘磊. 精准扶贫的运行过程与"内卷化"困境：以湖北省 W 村的扶贫工作为例 [J]. 云南行政学院学报，2016（4）：5-12.

自身不利的部分，如为改善贫困地区村落、学校和学生分散问题，可以采取撤点并校，合理规划布局的方式，但是部分贫困地区为了方便管理，大规模撤点并校，极易导致偏远地区学生上学距离增加，求学成本上升，引发学生辍学、流失等问题。①

教育扶贫政策执行过程受阻，较大原因可归咎于当前扶贫制度设计缺乏协同性。教育扶贫是一项系统性的工程，虽然政策实施主体是地方政府，但涉及多部门的协同运作及多领域的相互配合。

（二）贫困地区教师队伍总体建设不完善

首先，我国深度贫困地区多处于我国中西部不发达的地区，交通不便、基础设施不完善，不论是生活环境还是工作环境，都较为艰苦，因此，深度贫困地区教师岗位依旧存在招不到人的情况。其次，我国贫困地区教师队伍建设不完善体现在教师的综合素质有待提高，师资力量良莠不齐，部分教师教育教学能力有待提高。最后，我国深度贫困地区多为少数民族地区，使用本民族语言，而具备双语教学能力的教师不足，给教育扶贫带来了一定的困难。

（三）扶贫主体单一化

我国的教育扶贫是从国家层面出发，在国务院统一领导下，由教育部、国家发展和改革委员会、民政部、财政部、人力资源和社会保障部以及国务院扶贫办会同有关部门建立工作协调机制②，以政府为主体，自上而下进行的，缺乏社会扶贫主体的参与。虽然在一些政策文件中明确提出"积极创造条件，引导非政府组织参与和执行政府扶贫开发项目"，给予了社

---

① 胡春梅，刘伟，丁巍. 教育扶贫视域下西部农村中小学校布局调整问题研究：以陕西省为例［J］. 理论导刊，2016（6）：71-74.

② 檀学文. 中国教育扶贫：进展、经验与政策再建构［J］. 社会发展研究，2018，5（3）：223-241，246.

会力量参与教育扶贫工程的机会，但是在实际的教育扶贫实践中，社会力量的参与依旧十分缺乏。同时，社会力量参与教育扶贫中的权责问题并未在法律层面上界定清楚。而从教育治理视角来看，推进教育精准扶贫的责任主体不应只是各地教育行政部门，还应包括各级各类社会组织以及公民个人在内的多元主体。① 实践证明，以单一政府为扶贫主体无法解决教育扶贫中的现实困境，需要政府协调各方力量，如学校、社会组织等多方力量，共同努力。

（四）高等教育扶贫与就业对接脱节

高等教育扶贫的初衷是促进贫困群众的全面发展和改变，但是贫困群众具有更加朴素的意愿，就是希望通过高等教育扶贫，最终找个好工作，能够赚钱养家。② 目前高校并非所有专业都能与市场进行良好的对接，甚至出现部分专业培养人才与市场所需人才相脱节的情况，贫困人口对教育成本非常敏感，如果大学毕业后不能顺利就业，不能改变收入状况，便可能出现"教育致贫"的情形，他们便会对高等教育扶贫成效产生质疑，进一步导致高等教育扶贫整体成效下滑。

（五）职业教育扶贫有待进一步深化

以能力为本位的职业教育在扶贫事业中具有十分重要的价值。不同于学历教育，职业教育以就业为导向，能够通过职业培训将脱贫技术技能知识传授给贫困群众，在教育扶贫工作中具有重要作用。然而，在现实的职业教育扶贫中却存在着发展相对不足的现象。一是精准性有待提高，精准人群获取、精准培训还不够；二是职业教育质量有待提高；三是职业教育在服务贫困人群可持续续发展方面有待加强。

---

① 余应鸿. 乡村振兴背景下教育精准扶贫面临的问题及其治理 [J]. 探索，2018（3）：170-177.
② 鲁石. 高等教育精准扶贫的价值、问题及对策 [J]. 教育理论与实践，2019，39（18）：3-5.

第三节 对未来中国教育扶贫的展望

随着我国教育扶贫事业的不断深入，教育扶贫工作中存在的问题，需要进行不断的优化协调，以期达到更好的扶贫效果。因此，针对教育扶贫的问题，我们提出几点简单的展望。

一、深刻理解教育价值，构建精准扶贫的教育立场与实践框架

各个国际组织和机构将发展优质教育作为消除贫困的手段，认为接受教育是贫困地区民众的一项基本权利。从理念层面来说，充分理解教育在促进人的发展和改变生存状态过程中的深刻意义与价值，既要认识到基础教育能为贫困地区儿童一生的发展奠定基础，又要看到职业教育与培训在促进贫困人口非农就业和满足体面就业需求过程中的关键作用，还要充分重视早期教育对贫困人口的长期意义，确立精准扶贫的教育立场与教育标准，形成以教育发展水平为标准的贫困地区减贫进度与经济社会发展水平。

在理解了教育促进人和社会发展的价值的基础上，构建教育精准扶贫的实践框架，需从以下几方面入手：一是重点理顺政府与市场的关系，强化政府职能，突出政府对教育扶贫的规划、投入、监管以及服务，完善教育扶贫治理机制。在确保政府教育扶贫的责任前提下引入市场机制，提升教育精准扶贫效率，推进教育精准扶贫的个性化、多样化，不断完善投入机制、管理机制、质量保障机制等。构建以政府为主导，教育市场、社会以及学校等多元主体共同参与、协同推进的教育精准扶贫格局。政府负责制定教育精准扶贫的顶层设计与推进方案，并承担教育精准扶贫资源的购买与配置；教育市场负责扶贫资源的开发与优化，社会参与调节，学校参

与实施等。二是制定教育精准扶贫基础标准。结合各地经济社会发展实际需求，确定细致、科学的教育精准扶贫标准，通过以教育发展水平的整体提高和教育资源总体增量改革的方式，满足贫困人群的教育需求。三是同步推进与教育精准扶贫政策配套的社会政策改革，创造教育扶贫的良好社会政策环境。如完善劳动力市场和就业政策，为贫困人群就业提供更多的公平发展机会和补偿性发展机会。四是建立健全社会力量参与教育扶贫的体制机制，将国际组织、企业、非政府组织吸引到教育扶贫的整体布局中来，形成多方互动、共同创造的教育扶贫协同机制。

二、以农村为重点，通过制度精准配置实现教育扶贫政策分类实施

在精准扶贫总体方案之下，我国的教育扶贫政策要突出面向农村的教育扶贫政策精准配置，有效供给，为精准施策奠定基础。从教育扶贫具体策略上看，根据地区和人口特征，突出分类与精准，营造重视教育、发展教育、突出教育的总体氛围。在具体内容上，要重视发展贫困农村地区幼儿教育与学前教育，提高义务教育水平，增加农村地区学生接受高等教育的机会，同时多途径开展劳动力转移职业培训，完善教育扶贫专项规划，对贫困农村地区教育资源、师资队伍、学生资助、就业安排等方面进行前瞻性组织实施，并与农村教育发展、乡村教师队伍建设等有关国家政策相衔接，强化经费和政策支持，突出需求导向。与此同时，基于不同地区、不同贫困人群的禀赋特征与发展需求，制订区域化教育扶贫方案，依据个体需求开发个性化教育与培训方案，配置相应的教育资源，实现教育扶贫政策与扶贫方案的分类建构，精准施行，提高教育扶贫的总体标准。

三、资源建设和质量监测机制并重，构建教育扶贫质量保障体系

教育精准扶贫应发挥信息技术在教育扶贫资源建设、教育精准扶贫对

象遴选与数据库建设以及教育扶贫具体实施方面的功能，充分保障教育扶贫的质量。一方面，要加强贫困地区教育信息化基础设施和设备的建设，利用国家目前所大力推动的相关教育信息化平台建设工程，如"三通两平台工程"，职业教育领域的专业课程"专递课堂"，以及一些省份的创新探索，等等。另一方面，借鉴国际经验，将信息技术充分运用到教育扶贫工作的具体实施过程中，如利用信息技术建立教育扶贫数据库，甄别与遴选教育精准扶贫的对象，制订个性化的教育扶贫方案，提供定制化的教育扶贫内容，实现资源精准推送，提高效率，建立教育精准扶贫数据库，实现教育扶贫过程监管，提升管理效率与水平，保证教育精准扶贫的质量。

教育扶贫质量保障也应注重监测与评价体系建设，首先，利用我国现有的各级各类教育质量监测与评价体系，实现教育数据与精准扶贫数据的互通，提升精准扶贫资源共享水平。利用全国贫困地区数据库、贫困信息建档立卡信息档案数据库、教育部基础教育质量监测中心数据、国家统计局农民工调查数据等，为教育精准扶贫具体方案与实施途径提供精准依据与决策参考，形成定点定向的个性化教育精准扶贫方案。其次，建立教育精准扶贫质量评价体系，利用评价结果实现对教育扶贫工作方案的动态监管和有序改进。根据教育扶贫的类型，制订相应的考核、质量监测以及评价方案，基于考核结果调整教育扶贫方案。再次，实现教育扶贫质量监测机制与教育扶贫政策衔接以及协同改进。这既为改进教育扶贫总体政策与制度提供及时的反馈与依据，也为教育扶贫退出机制提供切实可靠的依据[1]，为贫困人群及其脱贫后的可持续发展提供教育服务与全方位质量保障。

---

① 檀慧玲、李文燕、罗良. 关于利用质量监测促进基础教育精准扶贫的思考［J］. 教育研究，2018（1）：99-107.

四、重点关注职业教育与培训，以体面就业促进贫困人群可持续发展

从国际经验看，促进贫困人群实现体面就业是改变贫困人群生存状态和具备可持续发展能力的基础。推动教育精准扶贫，要将贫困地区和贫困人群的职业教育与培训作为重点，提高教育扶贫的针对性，帮助贫困人群掌握一技之长并顺利就业，这是教育扶贫的一项重要内容，同时也是高质量完成"产业扶贫""异地搬迁扶贫"的条件。重点发展贫困地区职业教育与培训，推动体面就业，需要在我国教育精准扶贫总体方案中，一方面，大力推动农村职业教育发展，将贫困地区的职业教育与培训机构的建设作为重点，将职业教育培训与贫困地区精准扶贫、乡村振兴等项目同步规划、同步发展。通过建设基于贫困地区技能培训的基地，满足贫困地区各类人群职业技术培训需求，提高职业教育与培训质量。另一方面，强化贫困地区政府的人力资源开发责任，整合贫困地区职业教育与培训资源，统筹安排教育部门、人保部门、扶贫部门以及其他社会力量共同参与的培训项目，精准调研、深入分析贫困地区和人群的培训需求，将培训计划、经费、项目需求相互对接，分类管理，以技能预测和就业需求调研为基础，发展与产业相适应的职业教育与培训服务，促进贫困人口体面就业。

纵观我国教育扶贫政策的演进脉络，本书对改革开放以来教育扶贫所取得的重大成就进行梳理，并对当前教育扶贫实践中所存在的问题进行分析，以存在的问题为基点对未来教育扶贫事业进行展望，以期为我国教育扶贫事业的发展添砖加瓦，切实帮助贫困群众脱离贫困，走向全面小康。

后　记

　　教育扶贫一直是世界组织及各国反贫困战略中重点关注的问题。一个国家教育普及的程度、教育发展水平的提升，既是反贫困的目标，也是消除贫困的重要途径。本书是基于对世界范围内教育扶贫问题的观察和对我国教育扶贫战略的理解而策划的，笔者既尝试从多学科视角对教育扶贫进行深入的分析，又通过对经济合作与发展组织、世界银行等国际组织推动教育扶贫的政策、实践与经验进行全面整理，同时对主要发达国家、主要发展中国家等 12 个国家教育扶贫的经验进行梳理和总结，试图明确教育在扶贫体系中的地位。在此基础上，本书总结了根据群体特征确定的教育扶贫的内容，构建"教育与就业"互动的教育扶贫体系，重视教育扶贫的质量保障与监控等一系列重要国际经验。基于国际经验，本书提出在现行框架下对我国教育扶贫的展望：深刻理解教育价值，构建精准扶贫的教育立场与实践框架；以农村为重点，通过制度精准配置实现教育扶贫政策分类实施；资源建设和质量监测机制并重，构建教育扶贫质量保障体系；重点关注职业教育与培训，以体面就业促进贫困人群可持续发展。

　　本书是笔者主持的教育部人文社会科学研究规划基金项目"职业教育扶贫的国际经验与中国路径研究"（课题批准号：19YJA880055）和全国教育科

学"十三五"规划 2016 年度教育部重点课题"对接'精准扶贫'的连片特困民族地区农村职教定向培养模式研究"（课题批准号：DJA160266）的研究成果之一。在课题研究及本书的写作过程中，笔者得到了湖南省教育科学研究院领导的亲切关怀和院里的经费资助；湖南师范大学职业教育研究所的艾雯、郭欢、王池名、黄鑫楠、田琳双、肖亚、郑志玲及杨儒雅等同学参与了大量前期工作，在此表示深深的感谢！这个课题是在课题组成员的积极参与和配合下集体完成的，作为课题主持人，在此向他们表示衷心的感谢！

　　在撰写本书的过程中，笔者大量吸收了国内外同行的研究成果，参考了很多相关的文献资料，除在书中注明之外，在此一并表示感谢！

　　本书的出版得到了湖南大学出版社的大力支持，并得到了刘锋老师和向彩霞老师的具体指导，值此书付梓之际，特向他们表示感谢！

　　撰写本书，笔者深感力不从心，缺点、错误和欠妥之处在所难免，敬请专家、学者和广大读者不吝赐教，竭诚致谢！

陈波涌　唐智彬
2020 年 9 月 28 日于教育街